U0035110

1989-2021

我所經歷的

中國海外民運

三十年

秦晉——著

前言

　　人生處處十字路，隨波逐流須自誤。求田問舍羞見劉，猛志長懷高瞻矚。哀嘆仲永重器晚成，天生知恩點滴在心，老吾老，幼吾幼，及人之老幼。困惑猶豫之時總得冥冥之中的啟迪和引領，深深感恩上天的眷顧，因此常懷敬天畏地之心，感謝天地父母的養育呵護，一生十字路口總能被動地或主動地做出選擇得以走到今天的地步。出生是被動的；從鄉間到城鎮是被動的；自幼勤奮好學是主動的；中學畢業後下鄉務農是被動的；「鯉魚跳龍門」逃離土地是主動的；早年出洋是隨波逐流順其自然，而進行東西方制度的比較是主動的；去國赴澳洲是主動的，而且是一生中最重大的命運抉擇；尋找當代孫黃是青少年時期的朦朧、始於而立之年的具體實踐；三十多年來堅守中國海外民運則是一生最為重要的志事，是主動為之。民運艱難，如精衛填海，如夸父逐日，能看到民主在中國實現是畢生的幸事；若不能，雖抱憾終生，但也無怨無悔在所不辭。

　　海外民運的短暫輝煌以後，我就意識到了中國的政治轉型，隨著一九八九年天安門事件，政治機會已經遠逝。近代中國政治變化都是機會的突現而引起的連鎖反應：辛亥革命的成功源於四川保路運動，而使得武昌軍力空虛為起義提供契機；一九一四年塞拉耶佛街頭暗殺奧匈王子的槍聲，如同亞馬遜河上的蝴蝶展翅引起了阿拉斯加鵝毛大雪，導致了中共一九四九年席卷中國大陸，內因都是其中的機會和機緣巧合。對此我深信不疑。

從本世紀初起，開始意識到政治機會對中國未來政治變化的關鍵作用，遂把自己的重心逐漸轉移到中共政敵不同板塊的合縱連橫上，在無奈的困守中耐心等候政治機會的重新出現。從中看到了大中國的五大反對運動，在一九九九年九月一次集合抗議集會上，根據實地場景冒出了「五毒俱全」的概念，用於自嘲。江澤民下榻雪梨的洲際酒店（Intercontinental Hotel），在酒店周圍有五個不同的抗議群體：民運、臺灣民進黨人的隊伍和旌旗、自由西藏雪山獅子旗、維吾爾人的月牙旗、一身黃色練功服的法輪功學員。二〇一四年認識了以後的博導，在他的指導下寫博士論文，題目自取，理論自選。我選了「政治機會理論」，再一查，發現這個理論發源於上世紀的七〇年美國社會學學者艾辛格（Peter Eisinger）教授。從那時起，就用這個理論督導自己以民運為基，運動於其他政治板塊的縱橫捭闔中的具體實踐，書中所記錄和呈現的都是這三十年來的具體事件。以前是朦朧的思考，之後就是有針對性的具體運作。屈身守分以待天時，以時間換取空間，以漫長的枕戈待旦，等待天時地利人和轉向民主自由一邊，從而獲得後中共時代的政治空間。

我認為中國政治之變的根本，在於白宮從美中關係的睡夢中澈底醒來。自一九四九年以來，尤其是一九八九年以後，白宮主人對中共的認識一直在錯誤之中，美中關係是一場龜兔賽跑，中共如龜、白宮如兔。兔子在烏龜爬到終點之前醒了，烏龜就無法贏得賽事。川普是白宮第一隻醒來的兔子，可惜川普下課了。新充數的兔子拜登看似繼續倒頭又睡，促使中國政治變化的外部因素如「大河上下頓失滔滔」。

不禁回想起姜伯約事敗自刎前的仰天悲嘆：「吾一心恢復漢室，終不能成功，乃天命也！」而我已經花甲耳順之年，不禁自

問尚能飯否,為中國之變恆兀兀以窮三十餘年,眼見習共進入上方谷命懸一線,卻晴天霹靂驟雨傾盆,習共逃出生天。

舉頭三尺必有神明,我感恩並且敬畏神。萬潤南先生與我們視訊聊天,說到了人的三性:靈性、悟性和韌性,而且最根本的是韌性。而我心知肚明是神的大能在一直引領我,我則謹小慎微,如履薄冰,如臨深淵,不敢自誇,感知都是神的創造和旨意。不會停息,不會後退,生命不息,奮鬥不止。我相信神耶和華與我同在,這條道路是窄門、小路,路途上坎坷、艱難、充滿誘惑,我會行在神的這條艱難道路上,直到神的應許之地。

皇天后土,實所共鑒。是為自序。

西元二〇二一年五月十日於澳洲雪梨

目次

第一章　朦朧中的思想

　　我投入民運並且矢誌不渝，似乎是冥冥之中的命中註定，而非一時興起。牽引我走上這條不歸路的，卻是為我生來所遇的微不足道的日常小事所觸發，主要有以下三個可循蹤跡。

少年的朦朧

　　早年剛進校門時候的課文和老師在課堂上講的一些歷史故事可謂對我啟發之深，至今不忘。「細水長流，吃穿不愁；一頓省一口，一年省幾斗；豐年要當欠年過，有糧常想無糧時」至今縈繞，永不忘懷。孔融四歲能讓梨教誨我謙遜；西漢開國謀臣張良忍受黃石公呵斥教會了我忍耐；北宋史學家司馬光的砸缸救小夥伴讓我懂得了臨危果斷；〈小貓釣魚〉教誨我恆心不變；〈烏鴉喝水〉教導我變通；說謊的孩子故事讓我懂得了為人誠信；盲人摸象的寓言故事教誨了我個人智力的局限；一捆箭讓我懂得了力量的源泉；瓦特觀察水壺冒蒸汽而發明蒸汽機的故事指引了我向高遠浩瀚之處的求索。生而俱有很強的求知欲，我極其喜歡閱讀，對於課外閱讀物如飢似渴，愛不釋手。雖然識字有限，常常是囫圇吞棗，憑自己的猜測看完全書。那個時代和家境對我的求知願望簡直就是洪荒貧瘠難以滿足。中國古往今來仁人志士的志向高遠無不感染了我少年時代的憧憬，班主任老師講了「二十八畫生」和〈徵友啟事〉，我從中感受到了人生在世的鴻鵠之志，也在我心中埋下了一顆關懷社會大志向的種子，激勵我朦朧中有

心效仿前人砥礪品行，儲蓄才能，做有益於社會之人。

境外短波觸發的思考

經過四年臉朝黃土背朝天田間苦熬，迎來了一九七六年毛澤東死後中國政局和政策的變化，一九七七年復出以後的鄧小平主政，恢復高等考試，恢復全國各地的大專院校，培養實現四個現代化的人才。我得以鯉魚跳龍門離開農田就讀青島海運學校，專攻船舶輪機專業。雖然這是我趣味索然的專業，但是命運的眷顧，驅使我走進航海領域，也為我以後人生最大改變創造了客觀條件。而在這個時期對我產生影響最大的則是短波段的澳洲廣播電臺的點歌節目和《美國之音》，偶然會接收到傳播福音和聖經故事。所有這些電波都可以勾起我對外部世界的熱切嚮往和神思遐想，想像著外面未知的世界一定是很精彩，恨不能張開一雙翅膀，背馱著一個理想，飛過那陌生的山川，去到我嚮往的地方。當時的想法，讀者可參考附文〈我與澳廣〉。

遠涉重洋走向世界

這個因素最為決定性。那個年代我們那一代人當時的遠大理想就是能夠在生於斯、長於斯的城市有一份工作，守著這個城市生活一輩子，就是最高目標和境界，如同蘇聯共產主義運動追求的最高目標，人人可以吃上「馬鈴薯加牛肉」。中國共產黨人的最高目標則是解放全人類，世界上還有三分之二的人民生活在水深火熱之中，而中國的無產階級只有在解放了全人類以後才能最後解放自己。不過對於這套說教我是持強烈懷疑態度的。

一九八一年初，我被指定去了上海遠洋運輸公司的清水輪，開始我人生中一次極具意義航程，從上海出發去西歐列國。這次航程真正打開了我的眼界，對我人生的追求起了決定性的作用。時值隆冬嚴寒，清水輪從上海出發，經過臺灣海峽，船上開始武裝戒備，政委要求所有船員提高警惕，防範臺灣國民黨軍隊來犯。繼續向南航行，船停馬來西亞檳城，第一次看到異國風光，也從一個星期前的隆冬變成了盛夏。更讓我驚詫的是中國以外的華人世界，那裡的華人講閩南話、廣東話、客家話，普通話不普及，與他們溝通還是有障礙。我注意到了，他們的精神面貌比我們上海的好，他們的生活水準比上海的高。而上海是中國的掌上明珠，全中國最令人嚮往的地方，我在這個城市成長，有一種天然的自豪感。與檳城一比較，我心裡一陣涼，我們原來是夜郎自大啊。

　　清水輪走麻六甲海峽，繼續西行入印度洋，掠過斯里蘭卡可倫坡（班達拉奈克女總理的國度），進入亞丁灣、紅海、蘇伊士運河，停泊在大、小苦湖。十幾個埃及人上了船，船員人人開始防備，謹防埃及人入門行竊。出了運河進入地中海，出直布羅陀海峽，進入大西洋，經過素有海員之墓的比斯開灣，進入英吉利海峽，進入泰晤士河，停泊倫敦港。啊，這是我自幼耳熟能詳的地方，心中嚮往首位的地方，倫敦、紐約、巴黎、柏林、上海、東京、莫斯科，是我那個時候心目中排名列位的世界大城市。也許我的評判有錯，因為我只是生活在上海，尚沒有去過其他任何城市。

　　格林威治天文臺、白金漢宮、大笨鐘、西敏寺、倫敦塔、馬克思墓坐落其中的海德公園等是我首航倫敦光顧的景點。卡爾·馬克思被埋葬在海格特公墓的海德公園是中國海員神聖和必

訪之地，因為據毛澤東說：「領導我們事業的核心力量是中國共產黨，指導我們思想的理論基礎是馬克思列寧主義。」馬克思主義曾經是，現在仍然是中共執政的最高圭臬。倫敦所見不僅極大地刺激了我的觀感，更是刺激了我的內心，讓我第一次真實地看到了中國與西方的鴻溝般的差異。接下來繼續航行前往比利時安特衛普、荷蘭鹿特丹、西德漢堡，更加強化了我所親身考證得到的中西方之間的巨大差異。清水輪百日航次回到上海，已經是五月初夏。迎面撲來的熱浪和渾濁嘈雜的上海市容讓我從心裡感覺厭煩。回航中不斷思考這麼一個問題，西方國家的人民沒有生活在水深火熱之中，世界人民不需要共產主義去解放他們，而中國的無產階級才真正地需要重新獲得解放。中國的教育和灌輸本來對我的作用幾乎沒有，但是中西方的巨大差異還是第一次親眼目睹、親身體會。這個思想反差埋下了我以後離開中國去西方國家尋求理想的主觀條件和動機。

　　苦苦求索的同時，不虛度時光，強化了自學探究，涉及英美政治、歷史、文學，尤其是英美政治制度中的三權分立，與中國的政治制度迥異。這段強化自我訓練和思索，極大地幫助我進行橫向比較，比較中國與主要西方國家之間的差別，而我的職業使我有遊歷西方發達資本主義國家的親身經歷，我親眼目睹了西歐諸國的繁榮富足，普通民眾的禮貌和盎然精神面貌。我生活的上海在全中國居於首位，但與西方國家相比，差距遙遠。即便就是與我親眼所見的馬來西亞檳城和新加坡相比，也有相當的距離。這些促使了我在內心深處發生了深刻的覺醒，意識到中國與西方更為重要的是制度差別，中國等級森嚴，社會不公，輿論千篇一律，西方資本主義明顯地優越於中國的社會主義。當時的中國雖然進入了改革開放時期，而且當時政治寬鬆度非常地高，但是我

還是深深感覺到中國的制度要達到西方三權分立的地步，還有很遙遠的路要行走。

我再回望歷史，看到了孫中山和同盟會。孫中山和同盟會發源於國外，我也就異想天開地希望中國以外有當代孫中山和同盟會，那麼我就要走出國門去尋找。哥倫布堅信地球是圓的，向西航行可以抵達東方的印度。我就夢想效仿哥倫布，走出國門尋找當代孫中山和同盟會，緊隨其後。

一九八六年末，我得知日本向中國開放，接受中國人前往日本學習日語，我就躍躍欲試，希望能學習前人東渡日本。旋即得知澳洲教育輸出，接受中國語言學生。我立刻進行權衡：去日本還是澳洲？從語言能力上，我當時的英語能力略強於日語，對兩個國家的比較，我已經去過澳洲，但是沒有去過日本。從文化傳統來看，日本與中國相近，而澳洲則相去甚遠。日本是一個古老的帝國，而且近代屢次侵略過中國；澳洲則是一個新的國家，生機勃勃。經過快速但又深思熟慮，天平傾向了澳洲，我因此豪賭一把前往澳洲。

冥冥之中有牽引，歷經千辛萬苦，艱難險阻，舉債遠遠超過當時中國工資水準條件下我一生都不可能償還的天文數字。最終得蒼天保佑，成功突破非人力所能完成的瓶頸，終於於一九八八年十月中旬獲得了澳洲駐北京大使館簽發的學生簽證，簽發日期是一九八八年十月十四日。稍事準備就如飛鳥出籠般啟程，一九八八年十一月十三日抵達澳洲，揚起了全新的生活風帆。

【附文】

我與澳廣

六月四日中午，接到澳廣節目主持陸陽先生來的電話，要求訪談一下對「六‧四」事件的想法。

這個意外的訪談又重新引起了我對往事的追憶。澳廣與我有一段特別的緣分，這段難以讓我忘懷的特殊淵源。一九七七年，中國經歷了文革磨難以後，似有大地回春之感，對我來說，就是高等考試的恢復，讓臉朝黃土背朝天做修補地球工作的我有了一絲機會。一九七八年初入學，就讀於山東青島。由於年紀尚小，閱歷短淺，誤信了這麼一句話：「學好數理化，走遍天下都不怕。」遂捨本逐末，報考理工科，揚短避長，考場大敗，勉強晉級，從此走了一段不算短的彎路。

一天夜自習，偶然地短波收聽，聽到了沁人心脾的美妙歌聲，有點「此曲只應天上有，人間能得幾回聞」的感覺。收聽時間是北京時間晚間六點三十分到七點，也許是七點到七點三十分的時間段，流逝的時間已經很遙遠了，依稀彷彿。這個電臺就是澳廣。從此一發不可收拾，以後數年的學習生涯，每天晚上都是這個短波電臺的忠實聽眾，除了週末。那個時候，通過收聽澳廣，了解到在中國以外，週末是指星期六和星期天，有兩天的休息時間。主持聽眾點播節目每天都不同，最風趣的是星期五晚上的賈凡（書寫是否正確到現在還不清楚，因為是聽來的），其餘的主持風格也是各有千秋，遠勝於中國電視廣播主持人的呆板風格。星期四的主持人好像是廖增強，還有幾個能記住的是夏雪、王恩喜、馬健媛，其餘的就不能記住了。大約在數月前從SBS節

目中聽到了對夏雪的訪談，還一陣內心的激動和親切。只記得當時每天晚上這個時間段，打開自己的七管二波段的半導體收音機，戴個耳塞，用一隻手捂住另一隻耳朵，全神貫注閉目靜靜地欣賞。時間長了，很多歌曲都已經能夠哼唱了。所以直到現在，我最喜歡聽的，卡拉OK的時候能夠唱一唱的，也還都是那些歌曲。

通過澳廣，我知道並且欣賞了不同於中國境內歌手的美妙歌曲和歌喉。最著名的還是有「管著中國夜晚的小鄧」之稱的鄧麗君，不但是鄧麗君前無古人後尚無來者的歌喉，而且有些歌詞，對一個人的行為和處事原則都產生重大影響。有一首歌是這麼唱的：「做人不要太計較，冤冤相報何時了，今天得意開顏笑，明天落魄誰能預料。海闊天空白雲飄，世界本來就美妙，做人何必太計較，只求快樂與逍遙。」以上這段歌詞全憑回憶，而非通過網路去谷歌搜尋而得。令我難忘的還有齊豫的成名曲〈橄欖樹〉、張小英、黃曉君的〈當月亮升起的時候〉，馬艾妮的〈愛的祝福〉，余天的〈汪洋中一條船〉，劉文正的〈三月裡的小雨〉，青山的〈追〉，葉佳修的〈鄉間小路〉，還有急智歌王張帝用〈時光一去永不回〉曲子回答現場聽眾的提問。當然，張帝的這段不是點歌中的內容，是我以後第一次遠航歐洲途經新加坡買來的錄音帶中的一段。鄧麗君一九九五年英年早逝，讓我心慟不已，常去臺灣，特意數次去祭奠還願。

澳廣節目分普通話和廣東話兩種，還是通過澳廣，第一次聽到了廣東話，到現在我還能模仿澳廣的播音字正腔圓地用廣東話說上一句「這裡是澳洲廣播電臺」，引得說廣東話的交口稱讚：「說得很準。」澳廣的點歌節目是我放眼世界最早的窗口，對此我感激影響並且改變我人生航向的歌曲、歌手和澳廣節目主持人。一九八八年到澳洲，一直想找到澳廣，由於當時的生活顛

簸，未能如願。六月四日那天接到路陽的訪談電話，心中又重新燃起了對澳廣的特別情懷之火。

　　我到澳洲已經二十餘年，光陰似箭，彈指一揮間。聽歌的時日更加久遠，從一九七八年到一九八一年開始算起，算來已過三十年。陸陽告訴我，這些澳廣前輩已經退休，但還有聯繫。我謹祝先前提到過的賈凡、夏雪、廖增強、王恩喜、馬健媛，還有已經記不住姓名的澳廣前輩健康幸福。拾蘇東坡牙慧：「但願人長久，千里共嬋娟。」

第二章　人生的轉折，畢生奮鬥的不歸路
——一九八九——一九九三

　　澳洲雖然被基廷總理（Paul Keating，1944-）自嘲地稱之為世界的屁股，但是在整個海外的中國民運中具有標誌性的作用和意義。澳洲民運的起伏興衰可以作為整個中國海外民運起伏興衰的參照。

　　人生沒有選擇，只有順從，服膺於自己主觀意念主導以外的看不見摸不著的力量。無論是何種境遇，只可隨遇而安。這一生，生活在中國，一個當年還是經濟窮苦、思想封閉的國度；也生活在澳洲，一個富庶幸運的國度。一介中國社會底層人士，何以發生如此重大的變化？全憑命運的驅使和召喚，而在人生轉折點上服從冥冥中的主觀意識以外的神奇力量的引領，從一個第三世界的中國轉換到了第一世界的澳洲。

　　經過千辛萬苦，債臺高築，在上蒼的惠顧之下才完成了根本不是我個人能力所及的人生場所的轉換，人生道路重新選擇，從中國上海到了澳洲雪梨。那一天是一九八八年十一月十三日的清晨。夏日雪梨的藍天、雪梨大橋、環形碼頭、歌劇院，盡收眼底。只感覺自己是飛鳥出籠，可以在無邊無際的藍天中自由翱翔。初到雪梨，舉目無親，一切從零開始。經過幾個月的身心煎熬，開始逐漸平靜下來。我來澳洲做什麼？要尋找什麼？不禁自己問自己。

按圖索驥找到民聯

　　首先是自由，然後是尋夢。性格中有一種嫌棄已知數，轉而尋求未知數的欲望。好似哥倫布西行，堅信能夠抵達東方的印度，卻意外發現美洲新大陸。此行澳洲，前途未卜，但相信可以開拓新的生活道路和方向，也希望找到青少年時代的一次夢境，找尋當代孫中山。唐人街對我初來乍到者有一種自然的親近，在雪梨唐人街的「寶康」和「藝風」報刊雜誌書店看到了刊物《中國之春》，通過閱讀這本刊物，了解到在美國有一個民運組織「中國民主團結聯盟」，始知有個創始人王炳章，在澳洲有聯絡人。按圖索驥找到了澳洲雪梨的聯絡人田廣，在田廣的介紹下加入了民聯，從此走上了追求實現中國大陸民主的一條不歸路。那是在一九八九年北京爆發學運的之前。

　　此時的中國，經濟改革在一九八八年前後已逐漸陷於瓶頸，一度的政治寬鬆也即將走到盡頭。中國民眾經過這十年的政治寬鬆時期，思想活躍了，行為大膽了，對自由民主的追求和嚮往日趨強烈，開始認識到中共這個體制有問題，民眾對體制的不滿逐漸轉向執政的中國共產黨，愈來愈不信任中共領導人。而知識分子對政治改革的呼聲愈來愈強烈，與中共老人的特權、地位和意識形態形成了強烈的對立。在中共上層，改革派與守舊派形成了對峙，中國社會已經孕育了深刻的政治、經濟社會矛盾，中國進入了一個不穩定的、矛盾一觸即發的歷史階段。一九八九年一月方勵之致函鄧小平，二月中國三十三位文化知名人士寫公開信給中共中央，要求實行大赦，釋放魏京生，成為一九八九年天安門學運的先聲。四月十五日被罷黜的胡耀邦猝然去世，直接引發波瀾壯闊的中國八九民運。

北京天安門廣場的民主追求，立刻牽動了眾多海外遊子和莘莘學子，唐人街和中共駐外使領館是我們去表達對天安門廣場支持的地方。五月初的一個星期天，我與民聯雪梨聯絡人田廣相約去雪梨唐人街募捐，用來支持中國的學生。當時感覺到捐款活動欠缺什麼，很是意猶未盡，遂提議建立一個沙龍，經常聚會，探討中國未來的政治問題。也許這是雪梨，甚至是澳洲，最初建立的一個鬆散的、以中國政事為話題的言論群，田廣為之取名「民主沙龍」。

　　六月四日星期日早晨，雪梨的電視和電臺都在播放天安門的軍事鎮壓的震驚場面，同屋夥伴叫醒了睡夢中的我，告訴了發生在北京天安門的血腥鎮壓。二話不說，我立刻跳將起來，直奔雪梨唐人街。只見那裡已經人頭攢動，絕大多數是中國留學生和本地華人，一片哀哭，痛罵中共野蠻暴行，人們揮舞拳頭悲憤地呼喊「打倒共產黨」。當天，「紐省中國留學生支持民主運動聯合會」成立，宣布兩天以後在雪梨市政廳廣場舉行集會和遊行示威。六月六日悼念天安門死難者集會在雪梨廣場舉行，據稱參加人數有兩萬，幾乎集聚了絕大多數來自中國大陸中國留學生。澳洲聯邦總理霍克（Bob Hawke，1929-2019）為天安門屠殺痛哭流涕，並且做出了一個慷慨而又情感的決定，庇護所有持中國護照的中國人士，受益者當時全澳約有兩萬人。紐省工黨祕書長慷慨地提供了中國留學生會一間寬敞的辦公室，還為若干個辦公室人員支付薪水。

　　沙龍第一次聚會是天安門事件以後第一個星期天，六月十一日，地點是田廣在恩莫爾（Enmore）的家。我和田廣共同主持了這個聚會，出席的人大約三十至四十人之間，最引人注目的是一九七八年北京民主牆人物，魏京生的戰友楊光。那天的聚會

上有一個大笑話：田廣提議眾籌集資，買一顆導彈，直接轟炸北京中南海。在澳洲和西方的中國人通過電視和廣播比較清晰目睹了六四大屠殺的血腥場面，因此激起對中共強烈憤慨。但是熱情不能維持長久，尤其是澳洲總理霍克宣布了在澳中國人士的庇護政策，中國人對中共的憤怒情緒逐漸消去。反映到民主沙龍也是與會者熱情衰退，沙龍不過維持了數月。民主沙龍還是努力做了兩件事情：印刷了兩期刊物，取名《自由呼聲》，組建了一個政黨，取名「新黨」，與臺灣從國民黨內部分裂出來的「新黨」同名，比臺灣的要早四年。豪情沖天的楊光是這份刊物和這個政黨的公推領袖，但是他的熱情只保留了前後不過四個月，最後一次見到他的時候曾問他淡出的理由，他的回答是「No comment」（無可奉告），從此，他雪梨民運中短暫一現後消失。

民陣問世

　　法國最先敞懷接受天安門流亡者，流亡到法國巴黎的天安門流亡者於九月二十二至二十三日成立了民主中國陣線，簡稱民陣。澳洲有三位代表前往巴黎出席民陣成立大會，一位是雪梨的余俊武，一位是坎培拉的楊光（此楊光非彼新黨領袖楊光），再一位是墨爾本的李瑩女士。余俊武民陣成立以後返回澳洲負有組建澳洲分支機構的使命，李瑩則留在了巴黎，以後輾轉去了美國。一九八九年十二月十四日民陣雪梨支部在新洲大學舉行，履行了民主選舉的程序，學習美國總統搭檔競選方式，兩對競選人，一對是黃濟人（來自中國杭州）、齊小平（中共南海艦隊副司令齊勇的女兒），另一對是李克威（中國大文豪李準之子，本人也是劇作家）、李絹（來自中國青島）。競選雙方唇槍舌劍，

你來我往。最後李克威當選支部主席，李絹當選副主席。另選出有五位支部委員，馬冬（中國著名相聲演員馬季之子）、楊兮、黃濟人、吳健剛和韓以文。余俊武被選為支部會長，相當於大法官職能或者一人監事會。

民陣雪梨支部的組建背後有故事。天安門事件以後民聯雪梨支部藉此機會有一個大發展，一次田廣向我炫耀組織發展的迅速，讓我過目了他所掌控的民聯盟員花名冊，我被安排到一個分支部，雪梨一地就有十個以上的分支部，每一個分支部平均有成員十五至二十人不等，估計當時民聯雪梨支部有成員超過三百人，還不算數不清的擔心身分披露遭受中共迫害的祕密成員。田廣後來把民聯雪梨支部升格為雪梨分部，引起落戶墨爾本的民聯澳洲分部負責人——一位來自香港的叫黃凡的——強烈反彈，出現民聯在澳洲第一次內部紛爭。值此民陣雪梨支部成立之際，遠在美國的民聯總部暗中部署，希望影響民陣雪梨支部選舉結果，讓新成立的民陣雪梨支部或多或少地聽從民聯。當時很多民聯成員受指派參加民陣雪梨支部成立大會，我也是其中之一。有趣味的是，後來得知，參加民陣雪梨支部主席競選的另一對的黃濟人，也受遠在美國的民聯總部丁楚的指令，足見民聯當時對民陣「滲透」之心切。

民陣與已有的民聯有很大的區別，當時民運圈內有一種認識和理解，民聯人對中共苦大仇深，所以民聯人反共立場堅定。而民陣人原中共體制內，因為天安門事件而流亡出來，一直被人懷疑有等待中共招安之嫌。而民陣人也當仁不讓，當被問及民陣與民聯有何區別的時候，民陣總部的人就會說，民陣在國內有「根」。當時普遍認為，共產黨的統治不會長久，中國一出現新的政治風波，民陣就可以回中國尋「根」主導未來的中國政治局

第二章 人生的轉折，畢生奮鬥的不歸路——一九八九－一九九三 021

面。我因出生中國社會底層，與中共體制基本絕緣，雖然沒有民聯的苦大仇深，但實在不喜歡民陣的「曖昧」政治姿態，因此加入民陣本並不情願。不過民陣雪梨支部成立以後，我被慰留在了民陣雪梨支部，從此就再也沒有返回過民聯。

民陣的起步

　　民陣結構是：總部設在法國巴黎，世界各地不同國家隸屬於民陣的則是國家分部，不同城市的則為支部。成員以中國留學生為主體。澳洲民陣結構與世界上其他國家不同，澳洲人口集中在幾大城市，全澳有雪梨、墨爾本兩個大支部，分別轄眾三五百人，有坎培拉、昆士蘭、西澳和南澳四個小支部，會員人數有限，具體多少人不清楚。一九九〇年五月民陣澳洲分部在雪梨舉行全澳代表大會，雪梨支部代表人數超過其他各支部的總和，我陰差陽錯地在民陣澳洲分部成立會上被選為澳洲分部監事會主席，這是我在民運組織中出任的一個重要職務，為以後在民運中發揮個人作用奠定了最初的基礎。

　　不過這次民陣澳洲分部會議留下了隱患，雪梨支部主席李克威原本有意問鼎分部主席，卻遭到坎培拉支部、墨爾本支部，以及其他支部的杯葛，理由是李克威在霍克政策宣布以前已經在澳洲逾期滯留，不適合擔任分部主席。當時民陣總部副祕書長曹務奇從法國巴黎趕來觀摩指導民陣澳洲地方工作，同時也是對當年九月在舊金山舉行的民陣二大進行摸底和安排。李克威表現得體，並非志在必得，求全退讓，以求得民陣澳洲國家分部的成功組建。但是在推舉新人選出任分部主席的時候卻選錯對象，沒有徵求他的副手李絹的意向和態度，想當然地舉薦了楊兮，為以後

雪梨支部發生兩次分裂埋下了禍根。事過三十年後，我再問李克威當時是做何想法，李克威很坦誠地承認，這是他的錯誤，錯待了李絹。

民陣二大於一九九〇年九月下旬舉行於美國舊金山，首任主席嚴家祺（中國社會科學院政治研究所所長）不謀求連任。民陣總部「陳、萬之爭」已經明朗化（陳一諮，一九八〇年代在中國主持農村、經濟和體制改革的智囊首腦、農村體制改革的主推手；萬潤南，原四通公司總裁），萬潤南出馬競選呼聲最高，還有誰有可能問鼎民陣？主席競選最後在萬潤南和朱嘉明之間展開，萬潤南勝出對手朱嘉明成為第二任民陣主席。澳洲一個地區的民陣會員可能超過全球其他地區民陣會員的總和，出席民陣二大的代表高達二十二人，澳洲有三位進入總部理事會，分別是澳洲分部主席楊兮、雪梨支部正副主席李克威和李絹。

根據章程民陣雪梨支部必須一年舉行一次換屆會議，會議必須在一九九〇年十二月十四日前後三個月內完成。支部主席李克威無心連任，副主席李絹希望競選。但是李絹心中意屬其他人接任，不希望李絹接任，但又擔憂舉行會員大會無法阻止支部內部有高聲望的李絹勝出，遂使用拖延戰術，不舉行換屆會議。兩邊矛盾陡起，支部分裂，一九九一年五月五日強勢一方舉行支部換屆會議，弱勢一方於五月十二日也舉行支部換屆會議，分別產生了「五・五」圓圖章雪梨支部和「五・一二」橢圓圖章雪梨支部。曠日持久的民陣雪梨地區的內部紛爭，長達一年以上。在一年內部紛爭中，「五・五」圓圖章雪梨支部逐漸由強轉弱，主帥李絹不勝心煩意亂掛印而去，代主席黃濟人也缺乏耐力，不久飄然離去，只剩我一個分裂雪梨支部副主席堅持留守和少數幾位支部骨幹中堅相伴左右，絕不後退。

東方不亮西方亮，避開與對方的直接火併，揚長避短，充分運用自己的語言能力，以民陣澳洲分部監事會主席之銜，直叩澳洲移民局大門，觸摸澳洲政府對中國留學生未來去留的底牌，將其公之於眾。並且獲紐省移民局難民審理署之邀，為審理官員講解中國的政治現狀、人權狀況和在澳民運參加者若返回中國可能遇到可怕後果。以此召回潰散離去的支部成員，繼續保持隊伍完整不散，維持與對方「五・一二」橢圓圖章雪梨支部分庭抗禮之勢，從而使「五・五」圓圖章雪梨支部扭轉頹勢走出困境。最後民陣總部監事會於一九九二年一月在美西諾娃托（Novato）民陣總部工作會議期間做出不得已的裁決，允許雪梨一個地區兩個支部分立。一九九二年二月十六日，雪梨地區民陣新支部紐省支部成立，我當選支部主席。紐省支部有會員近六百，而這個時候的雪梨支部有會員應該略高於紐省支部。

　　作為民陣總部正式承認的支部主席，我繼續保持在弱勢被動狀況下沉著冷靜和頑強，開始運用民運舞臺自我磨練，以此展現領導能力，培養對民運未來的政治預見。民陣主席萬潤南一九九二年四月再度來到澳洲，主旨是為民聯、民陣雙方在一九九一年末達成的，將於一九九二年末舉行的兩家組織合併大會進行熱身，爭取澳洲地區合併大會代表的支持。這次短暫的直接交往給了我機會學到也展示一些處事藝術和策略。緊接著是西藏精神領袖達賴喇嘛到訪澳洲雪梨，又一次不失時機鎖定了拜會的機會，初試啼聲運用縱橫捭闔，走出自己原來的民運圈地，連接其他政治板塊。這是一年以前在民陣雪梨支部內鬥處於下風時刻，用「東方不亮西方亮」走出困境的再度應用。當然這次主動求見尊者並非處境艱難，卻是一步閒著，為將來計。

海外民運最嚴重的挫折——民聯、民陣華盛頓合併會議

　　民聯與民陣合二為一是一九九〇年美國舊金山民陣二大上通過的議案，一九九一年民聯多倫多第五次代表大會上也通過議案與民陣進行合併。一九九二年一月在美國加州小城市諾娃托舉行民聯總部、民陣總部聯繫會議，確定民聯、民陣合併大會的舉行，舉行地點定在美國首府華盛頓特區，時間是當年的下半年，合併會議的籌備由民聯聯委會和民陣理事會共同負責。也就是在這個會議中民陣雪梨地區的長期紛爭得到總部監事會的最終裁決而塵埃落定。這個時候陳、萬之爭繼續發酵，在民陣內部有兩個派別，「擁萬派」和「反萬派」，「反萬派」無法在民陣內部勝過萬潤南，民聯民陣合併會議是借用民聯的力量戰勝萬潤南的良機，而且大會的籌備是取得大會主導的先機，這個先機被民陣理事長獲得，為以後大會出現嚴重危機種下了惡果。而萬潤南則躊躇滿志地準備與民聯前任主席胡平搭檔競選合併後組織的正副主席。原定萬潤南、胡平聯袂一九九二年四月走訪澳洲，就是為此目標，爭取澳洲民聯、民陣日後合併大會代表的支持，但是胡平未能來澳洲。我在一九九〇年民陣二大上見過胡平，為澳洲雪梨地區民聯分部梅開二度的紛爭和分裂代表其中一方「告御狀」遞交狀紙，感覺胡平就一介書生，難堪合併後海外民運大任。我問萬潤南為何屈居副手而承讓胡平，萬潤南倒是坦然，甘做副手。我感覺萬潤南沒有講真話，應該對我還是不放心。遂引大陸電影《東進序曲》劇情裡正副二劉，正司令逃避逍遙，卻是副司令劉大麻子主事，以此哂笑「胡－萬」搭配。

　　民聯、民陣聯合大會緊鑼密鼓地籌備，內部裂痕也在加大，暗爭洶湧。就在這個時候，一九九二年七月，七十四歲高齡的中國著名異見人士王若望被中共流放出國了。王若望先生一九八七年在中共反資產階級自由化運動中與另外兩位方勵之、劉賓雁一起被鄧小平點名開除出中共，一九八九年天安門事件以後又勇敢地率領上海知識界走上街頭，抗議北京暴行而再一次入獄十四個月。王若望的出現，給整個海外民運無疑注入了一針強心劑，由於他德高望重，立刻受到民運圈的歡迎。而王若望則文人氣重，不諳民運政治文化，當民聯民陣聯合邀請他領導海外民運時候，他就欣然允諾了。並且開始遊歷歐洲和澳洲，實地考察民運，以便在民聯、民陣合併大會以後有效地領導民運。

　　大概是十月，民陣總部主席萬潤南打來電話，希望我能夠在澳洲迎接王若望夫婦，並且告知我，民聯總部和民陣總部取得了共識，公推王若望為合併大會以後新組織的最高領袖。我當時就問萬：「你不考慮競選了？」萬回答，情況有變，既然有民運兩大組織內部各方能夠接受的領袖，就不必繼續為民運組織的領導權進行爭奪了，而且已經做了承諾，接受王若望為將來新組織的主席。我再問萬：「合併大會何時舉行？」萬回答很模糊：「會期尚未確定。」王若望先生攜夫人羊子對澳洲進行了旋風式走訪，離開澳洲後飛往臺灣，與總統李登輝有過會面，臺灣方面給了王若望八萬美元，王若望回到美國就把這張八萬美元的支票交給了合併大會的籌備組。合併大會因此確定在一九九三年一月三十日至二月一日三天舉行。

　　一九九二年十二月末的時候，「反萬派」在澳洲的主將專門約我談過一次，動之以情、曉之以理告訴了我華盛頓會議可能發生的事情，他透露的「反萬」陣營的三步方略：第一步，搞臭萬

潤南；第二步，切斷萬潤南歸國之路；第三步，把萬潤南踢出海外民運。何去何從由我自己選擇，要求我在下一撥北美重量級人物來到澳洲前給出一個答覆，在萬潤南和朱嘉明之間做一個明確的選擇。我沒有告知他我的選擇。

民運領軍人物雲集歐美，但是澳洲民運人數眾多，在整個民運中屬重鎮，又是巨大的票倉，頂層人物都重視澳洲，各方人物都要來澳洲爭取支持。我是一個支部的主席，本支部有四名代表，擁有四張選票，在民運高層的權爭中屬中立人物，儼然是各方爭取對象。為取勝合併大會的最終競選，每一張選票都需要爭取。一九九三年一月初，又一批北美民運重量級人物一行六人走訪澳洲，徐邦泰、朱嘉明、倪育賢、熊炎、周勇軍、李祿等。有意問鼎合併大會的候選人民聯聯委會主任徐邦泰寅夜與我會面，直言不諱地要求我在華盛頓合併大會上站隊到他們一方，給我的互利條件作為交換的是確保我在大會上當選總部理事。我沒有給徐直接回答，既沒有接受也沒有拒絕，其實在心裡卻是拒絕了。

華盛頓會議報到那天下午，我與亞衣等從紐約坐灰狗車去會場。剛安頓好房間回到大堂，朱嘉明笑容可掬地迎上來，熱情地與我咬了一下耳朵，希望我站隊到他一方，交換條件是新組織總部理事。沿用應對徐邦泰的方式，我沒有接受也沒有拒絕。晚上民聯、民陣各自預備會前，雪梨孫叔建坐到我身邊，悄悄對我說：「人中呂布，馬中赤兔。」我問孫：「何意？」孫擔心我像呂布多變，同時表示他跟民聯總部走。我怎麼是這種品格的人？太有眼無珠了。而隔天孫背棄民聯總部就轉而投向了徐邦泰和朱嘉明。孫這一改換門庭，把謝洪推到了退場派一邊。孫、謝是大路朝天，各走一邊。

民陣紐省支部代表四位，趕到會場的只兩位，我和李絹（民陣總部理事為當然代表）。第二天會議開始就發現我支部三個代表名額中一個被一位不認識的人替代了，又見到一位根本不具代表資格但來自澳洲的儼然坐於堂上，他的代表資格是由楊建利和汪岷出具。見此狀不由心中慍怒，找錢達要求更正大會對代表資格的錯誤裁定。在我和另一位來自澳洲的正式代表的據理力爭下此人當場被革去代表資格。遠在一九九二年十二月末「反萬派」在澳洲的主將專門約談我的時候，就知道這次會議必定是黑幕重重，依照我的個性，是一定不會無動於衷坐視不理的，反而會劍走偏鋒，破釜沉舟拼個魚死網破。在第二天會議的時候，我就澳洲理事候補名額人數要求發言，大會主持人同意我發言。藉此機會我詰難表示既然澳洲的代表可以由美國代表替代，同理澳洲可以理事、監事名額盡數放棄，全數由美國替代，引得哄堂大笑。三四位來自澳洲的與會代表藉此機會不顧大會秩序，一起發難，大會主席團出於無奈，只能暫時修會。記得一位容貌端莊的代表名叫王芳的還一個勁地安撫勸導我們。

大會就在明槍暗箭和激烈的明暗較勁中挨到了最後時刻，大會選舉。主席演講人的順序真是神來之筆，華夏子、徐邦泰在前，胡平、岳武在後，王若望壓軸。岳武的演講令人噴飯：以知識分子為主的民運組織是沒有力量的，如果我當選，我將以歐美為大本營，亞太和日本為前沿陣地，向中共發出新一輪宣傳戰。王若望做了簡短的演說宣布退出競選，發言完畢後就退場。洛杉磯的莫偉強第一個宣布杯葛，坐在前場的我緊跟其後，也上前宣布民陣紐省支部退出大會，不承認這次會議的任何結果，德國的廖天琪緊挨其後也宣布杯葛，然後大概三分之一人魚貫而出，登時會場秩序大亂。只見徐邦泰茫然坐在那裡，不知所措，倒是楊

建利急中生智，他在右後場揮舞著拳頭：「我們繼續幹，我們繼續幹。」澳洲的鄭郁在前半場立刻跳將起來呼應楊建利。會場穩住了。我當時一個閃念，好一個司馬光砸缸救小夥伴，此人楊建利必定是未來民運舞臺上一匹不可限量的黑馬。

這個時候我看到會議呈現混亂狀態，留在會場的與會者一片茫然不知所措。我退出會場，看到一人以頭撞牆嚎啕大哭，後來知道他叫徐英朗。我與盧陽在會場外也傷心抽泣流淚。然後我上去到了王若望的房間，有人勸他返回會場，有人按住他不讓他返回會場。錢達、白蒂兒哭成淚人，勸王老回會場。姚勇戰在一個角落裡使勁地抽煙，堅持不能返回會場。過了一會，我返回會場外面，朱嘉明見狀立刻熱情地幾乎是挾著我進入會場。錢達那天留下一段不朽的退選演說：我們是魔鬼的嬰兒。錢達引用了一首詩：「假如你不是淺薄，就會在痛苦中尋找，我願意在重軛下把你靜靜等待。」最後說到：「我將退出這次競選。」但表示將永遠不會退出民運組織。

這個大會開得昏天黑地，就要投票了，時間是後半夜。我手裡捏著三張不同顏色的選票，沒有投，卻帶回了澳洲，從心裡根本不承認大會結果。會場上鄭郁找到我，希望我能擔任澳洲區的理事，我拒絕了。理由為二：一是我內心不承認這個會議結果；二是如果後來各方都接受這個結果，我不應該藉與會之便占取這個席位，而應該帶回澳洲，與另外兩位未參加大會的雪梨支部主席和墨爾本支部主席協商產生。

華盛頓會議結束後隔天，帶著破碎的心情和對民運的迷茫，獨自離開華盛頓，沒有立刻返回澳洲，而是獨自一人坐灰狗車環遊美東，從紐約出發，西北向水牛城，沿途大雪冰封，觀賞美加邊境的尼加拉大瀑布，西行芝加哥，折向西南堪薩斯城，南下達拉斯，

第二章 人生的轉折，畢生奮鬥的不歸路——一九八九～一九九三

特意逗留總統甘迺迪（John Fitzgerald Kennedy，JFK，1917-1963）被刺地點和槍手奧斯華（Lee Harvey Oswald，1939-1963）行刺的倉庫，繼續南下休士頓，已是春暖和煦，東折紐奧良，壯觀的密西西比河河口，繼續向東進入佛羅里達州，南下坦帕，掠過邁阿密，同是二月天，這裡卻是赤日炎炎似火燒。繼續前行，沿途風光無限，車行似在茫茫海面上，彷彿又回到了航海生涯，不禁獨自陶醉，直至靠近古巴的最南端基韋斯特（Key West，又譯西礁島），那裡有美國大文豪海明威（Ernest Miller Hemingway，1899-1961）的居所。回頭北上亞特蘭大、夏洛特、里奇蒙，南北戰爭時期南方的首都，因此特意走訪了「邦聯白宮」，然後再回到紐約。全程近上萬公里，途經十二個城市，歷時十五天，又度過了一個春夏秋冬。適逢為彌補華盛頓會議民運分裂而在《中國之春》雜誌社舉行的辯論會，參加了兩天的辯論會，隔日飛往舊金山，在錢達家停留了約一個星期。我們談宗教，談老子。他還送我一本書，在書的扉頁上寫上「生正逢時」以示激勵。

回澳洲以後才知道局面大變，一九九二年時合法的兩個民聯分部和兩個民陣支部在一九九三年初在「毛粒子」〔Maons，毛澤東認為物質是無限可分的，質子、中子、電子和更小的物質也應該是可分的，一分為二，對立統一，直到無限。毛離世後，美國物理學家格拉肖（Sheldon Lee Glashow，1932-）提議將構成物質的所有這些假設的組成部分命名為「毛粒子」，以紀念毛澤東的物質可分思想。在我看來，毛是瞎貓碰上了死老鼠，胡謅出這個理論，而美國學者則是白左思想，崇拜毛，因而有了「毛粒子」這個提法〕的催化下又生成出了兩個新的民陣支部，聽說為爭正統在雪梨一家名為「馬可波羅」的汽車旅館大打出手，打

得頭破血流，還引來了警察干預。紐省支部副主席盛文問我何以處之，我回答繼續民陣紐省支部旗幟不倒。底下人擔憂民陣總部已經不再了，支部就是無根的浮萍了。我則立刻將之改為「澳大利亞紐省民主中國陣線」，我就是總部。

一段時間以後，鄭郁來電告知另一個民聯陣總部理事的席位將要確定人選，原民陣雪梨支部主席張力行呼聲最高，但是鄭郁希望我接受席位，把張擠走。我回覆大可不必，讓張擔任。鄭表示給我一天時間認真考慮，我回答不必考慮，讓張擔任吧。鄭還是做到仁至義盡，晚上來電問我態度，我對他的努力表示謝意，但絕不擔任民聯陣總部理事。

再過兩月左右，其他六個支部都已經併入民聯陣了，我的「總部」太孤單，唯獨我部繼續民陣的旗幟，拒不加入民聯陣。我的堅持引起支部內部成員的極大惶恐，合併大會結束，已經有了新組織民聯陣，而我們的民陣紐省支部（雖然改稱為民陣總部）如無根浮萍，不進入民聯陣就沒有總部了。底下人軍心動搖，希望我們支部開會討論。我理解支部成員恐慌的理由，他們加入民陣是為了獲得一個護身符，以此向澳洲申請難民身分，達到居留澳洲的最終目標。我同意舉行會議，祕書長立刻發出會議通知，復活節前支部內部進行公投，決定是否加入民聯陣。澳大利亞紐省民主中國陣線理、監事會和行政部門共三十六人參加，立刻討論易幟問題。投票結果二十八票對七票，我自己棄權，通過決議成為民聯陣雪梨第一支部。我推盤認輸，當即宣布辭去主席一職，拒不進入民聯陣。好幾百會員進入民聯陣，剩下的七人加上我共八人繼續堅持民陣的旗幟。中國自由民主黨雪梨支部聽聞我不擔任民陣支部主席，熱情邀請我轉到他們那裡出任主席，我婉言謝絕。

五月初洛杉磯「海外民運人權團體聯席會議」舉行，我再度來美國，此番可是孤身一人，後面已經沒有了隊伍。

民運的最後餘暉

為了應對華盛頓合併大會以後的局面，經二月二十至二十一日兩天在紐約《中國之春》編輯部進行了華盛頓會議矛盾雙方的當面協調，解決華盛頓會議的嚴重後果。會議沒有結果。王若望、方勵之、劉賓雁三人遂共同發起「關於召開人權與民運聯席會議的倡議」，定於五月初在美國洛杉磯舉行。我參加了華盛頓會議和後續的兩個會議，見證了民運內部雙方衝突。五月初，我再次赴會美國洛杉磯，與會者除美國當地的，還有來自法國、英國、德國、荷蘭、瑞典、日本、臺灣、澳洲等約七十人。洛杉磯會議上確定了不承認華盛頓會議的結果，原民聯、原民陣宣布繼續存在，各自籌備代表大會。定下民聯、民陣分別於一九九三年末在澳洲舉行。此行美國的意外收穫是與原新華社香港分社社長許家屯和香港《文匯報》副總編金堯如的一餐之緣，席間得知有關中英談判的祕辛，從中了解到中共在處理香港問題上的心態和具體的手段。隔年金堯如先生走訪澳洲，還是由我做東安排澳洲華文報界與金堯如先生進行了午間飲茶會談。

民陣第三次代表大會十一月末在墨爾本舉行。萬潤南先到雪梨，表示不再出任民陣主席，但是到了會議的墨爾本，在大會的一致要求下，勉為其難續任民陣主席。我在這次會議中當選總部理事，從此進入民陣總部層面。旋即民聯在雪梨舉行了第六次代表大會，旅居美國的吳方城博士出任第四任主席，前三任為王炳章、胡平、于大海。雖然民聯陣派專人到澳洲希望阻止這兩個會

議，但未能奏效。從此開始了民聯、民陣、民聯陣三足鼎立於民運舞臺的格局。

　　就在這個時候從根本上影響民運維持強勁發展的條件發生了根本性的異變。民運的主體是留學海外的學生和滯留西方的中國人士，美國總統老布希（George H. W. Bush，1989-1993）因為天安門的大屠殺，迫不得已在表面上譴責了北京，也給予當時已經滯留美國的大約八萬中國留學生和中國人士提供人道保護，這個行政令於一九九二年在美國正式實施，絕大多數因北京天安門事件獲利的中國人士開始在美國的新生活，大批參加民運的成員因為獲得了美國的綠卡而悄然無聲地離開了民運。發生在澳洲的同樣情況卻是我親眼目睹，切身體會。一九九三年的時候還能維持民運的聲勢，根本原因是旅澳中國人士的永久居留身分尚未獲得，他們還需要在民運中繼續表現來告訴澳洲政府，「我們是民運人士，我們被送返中國將有遭受中共迫害的巨大風險」。一九九三年十一月一日，澳洲工黨政府做出關於中國人士的最終決定，我們稱之為「十一‧一決定」，基廷政府給予中國人士四萬五千人按四個不同類別申請在澳洲的永久居留。那一天，雪梨學院（Sydney Institute）主持人傑拉德‧漢德森（Gerard Henderson，1945-）博士發了一份傳真給我：「Well done. Congratulations.」（做得好，恭喜啦！）本地華人社區領袖黃肇強和我一起接受ABC電臺的採訪，發表對新政策的反應。

　　這個決定一出，在澳洲的民運組織、爭取澳洲居留為目的的學生團體立刻做鳥獸散，分崩離析。從這一天起，澳洲喧囂的民運安靜了下來，一九九三年初熱火朝天不甘人後併入民聯陣的支部幾乎無一例外地自我解散了。對於這個結局，我是早有思想準備的。小學一年級的時候就讀過一篇課文〈烏鴉與狐狸〉。樹上

住著烏鴉，樹下有個洞，洞裡住著一隻狐狸。一天，烏鴉叼來一塊肉，狐狸很想從烏鴉嘴裡得到那塊肉。聰明的狐狸哄騙烏鴉，說烏鴉唱歌好聽，想聽烏鴉唱歌，烏鴉聽了就高興地唱了起來。剛一張嘴，肉就從嘴裡掉了下去。狐狸叼起肉就鑽到洞裡去了，只留下烏鴉在那裡歌唱。根據這個寓言故事，我就清楚這麼多的中國人都聲稱為了中國的民主，而實質上是為了在澳洲的永久居留，這就是烏鴉嘴裡的肉，一旦獲得了就不再來聽我們唱民主之歌了。我不想放棄對中國民主的追求，我只能隻身繼續走下去，成為中國民主運動長跑道路上一個孤獨的長跑者。

一九九三年基廷政府的最終決定，一攬子解決中國留學生的居留問題，使得高達四萬五千的絕大部分中國留學生在今後的一年之中陸續改變了身分，生根在了這片土地上。

澳洲民運的高漲始於一九八九年天安門事件，很快這個運動就扭曲了，到一九九三年十一月一日澳洲政府關於中國人士在澳身分的最終水落石出，澳洲民運從此陷於低迷，但實際上是恢復了正常。繼續堅持在這個低迷的民運中的就只剩下少之又少的理想主義者了。堅持追求中國民主的最具有標誌性的表現就是每年一度的天安門紀念活動。一九八九年天安門事件後兩天，在雪梨市政廳廣場上參加集會據稱超過兩萬人，第二年一九九〇年一週年紀念活動時候繼續維持了兩萬人，而到了一九九一年兩週年紀念的時候不足五千人，由我們的民陣支部籌畫，地點在中央火車站附件的貝爾摩（Belmore）公園，一九九二年我繼續籌備三週年紀念的時候，參加者銳減至不足三千人。一九九三年四週年紀念時候出席人數有所增加，根本原因還是澳洲政府對中國人的前途未定，許多中國人顯得惶惶不可終日。而一九九四年五週年的時候，集會已經由於參加者太少而不值得舉行了，改換為一個

室內的紀念會，出席人數不足百人，地點雪梨華人文教中心。而自那年以後，參加紀念天安門屠殺的人數很難超過二十人，除極少數如我這樣的「傻子」尚在堅持，其餘的人也不過是「十一‧一」決定不入圍的人士。

一九九三年華盛頓合併大會以後，我帶回澳洲關於什麼人投入民運的一個經典說詞，就是民運三種人：有病的，有仇的，有癮的。第一類，與共產黨無冤無仇，腦子不清楚，不知為何投入民運的，也解釋不了為何投入民運的，屬有病的。第二類，本人或者家人受過共產黨殘酷迫害的，甚至是有家人被中共迫害的，因而對共產黨產生了極大的仇恨，這一類屬「有仇的」。第三類是有遠大抱負的，以反對中共專制在中國建立起民主政體為畢生事業的，屬是「有癮的」。立刻有人讓我對號入座，問我屬哪一類的，我不加思索稱自己屬「有病的」，這是自嘲，中國式的謙卑，借用萬潤南的一句話來表達就是：「我們是打不倒的，因為我們已經躺在了地上。」

華盛頓合併大會的失敗，給整個海外民運蒙上一層厚厚的陰影，民運組織渙散了，民運人士由於失望而退出了民運，但這是一個表面原因。中共經受了國際孤立，重新為西方民主社會所接納，中共在美國為首的西方新綏靖政策下開始逐漸強勢起來。更為重要的是西方各國提供了對原中國國民的政治保護，民運人士中的大部分人屬這個群體，獲得了在西方國家安居樂業的機會以後，他們的人生最大追求目的已經達到，追求中國民主就被悄悄地放棄了，整個世界範圍內的中國民主運動從此處於長期的低迷，這兩點是實質的原因。雪梨一地能夠堅持從事民運的只剩下了可數的不超過兩位數的人了，也就是不超過十個人了，用中國的諺語典故就是「樹倒猢猻散」。

另一方面，毛粒子不斷裂變的效應在澳洲民運舞臺上不斷發生，民聯也經過了兩場分裂後的癒合，也從一個澳洲分部裂變為雪梨分部和墨爾本分部，雪梨分部再經過一輪分裂，變成了雪梨分部和紐省分部。這個時候雪梨一地的民運人士已經超過二千，全澳洲民運人士估計也超過了三千。但是這個時候的澳洲民運已經澈底變味了，追求中國民主已經是一件美麗的外衣，內涵是為了以此作為藉口向澳洲政府要求庇護。我當時就清楚地意識到我們民運組織就是一隻嘴裡銜了一塊肉停在樹上烏鴉，而紛至沓來的新會員則是樹下的狐狸，獻媚地讚美烏鴉的美麗歌喉。對旅居澳洲的四萬中國人的最大追求不是中國的民主，卻是在澳洲的永久居留。因此也認定，加入民運組織者一旦個人目標完成，絕大多數的將義無反顧地脫離民運組織，民運組織也將無可避免地縮水和消解，到最後低落期只剩下自己孤身堅守。

　　那個時候澳洲對中國民主運動還保持著一定的興趣和熱情，媒體、智庫、政界都很樂意進行專訪，安排演講，進行正式部長級會談。那個時候西方還把民陣作為北京中共政府的反對派中國未來政治勢力對待。新州（New South Wales，即新南威爾斯州，又簡稱紐省）反對黨領袖博卡（Robert Bob Carr，1947-，另譯鮑勃・卡爾，後來的省長和外交部長）、聯邦反對黨議員鮑勃・伍茲（Bob Woods，1947-）、聯邦政府議員安德魯（Andrew Theophanous，1946-）、移民部長韓德（Gerry Hand，1942-）、外長伊文斯（Gareth Evans，1944-）、雪梨學院等機構，我有幸陪伴民陣主席萬潤南參加了其中的大部分活動。

　　二十年後的二〇一三年，我在澳洲雪梨舉辦過一個「感謝澳洲」的紀念活動，作為「中國民主論壇」活動的一部分，以此表達一下對澳洲人民的感激之情，也是對中國人多年爭取在澳洲

居留下來的五花八門的努力盡自己所能進行了梳理。那次「感謝澳洲」的活動請來了當年流下熱淚並且做出讓全體在澳中國人士獲得庇護決定的霍克總理做主旨演講，陪同的還有他的工黨後輩副總理安東尼・阿爾巴尼西（Anthony Albanese，1963-）和移民部長托尼・伯克（Tony Burke，1969-），以及為中國留學生永居澳洲居功至偉的前工黨聯邦議員安德魯・西奧菲努斯博士。特別一提的是，我所舉辦的「感謝澳洲」的紀念活動，在我內心更深處是為了安德魯・西奧菲努斯博士。當年是他在澳洲國會中對我們中國人士極具同情心，在我們居留澳洲前途一片迷茫的時刻，最積極推動我們中國人士爭取最終居留澳洲的聯邦國會議員。他在以後的政治生涯中遭受不測，並且入獄一小段時間，而且被褫奪了國會議員的榮譽和薪俸。當我二〇〇八年再度在雪梨見到他的時候，他已經非常地潦倒。我總是於心不忍，「我不殺伯仁，伯仁卻為我而死」。這個「我」應該是放大的獲得霍克人道庇護的龐大中國人群體。

再聯想到自進入二十一世紀以後到二〇一七年長達近二十年山頭林立、名號相近的在美國的中國民主黨如火如荼地發展壯大，不禁感覺「曾經滄海難為水」，「似曾相識燕歸來」，美國這一幕都是一九八九年至一九九三年間在澳洲所上演的相同劇目。

【附文】

往事如煙，「英雄」何在？——中國留學生爭取永居歷史回顧

　　朋友！

　　你是一九九三年以前來到澳洲的中國留學生嗎？

你投身過當年中國留學生的居留運動嗎？

你是因一九九三年十一月一日政策而安居樂業澳洲的嗎？

你還記得中國留學生領袖們為了「四十大千」中國留學生整體居留澳洲所付出的艱辛努力嗎？

你還知道澳洲政治領袖們為了這「四十大千」和以後團聚到來的幾十萬中國人所承受的政治重軛嗎？

如果你已經忘掉的話，那麼你就聽一聽，想一想，重新勾起你二十多年前的回憶吧！

中國七八年開始改革開放，對外奉行「開門政策」，莘莘學子隨著開啟的國門向歐洲、北美求學深造。走出國門必須具備至少兩個基本條件：有經濟擔保和「托福」成績。南方的廣東和福建由於前代人「賣豬崽」和「下南洋」已經立足海外，這個時候回頭為自己在國內的親戚提供經濟資助和擔保，幫助移居海外。謀求出國深造並且通過「托福」英語考試的則獲得獎學金，他們主要進入歐洲、北美的各所大學。

這個時候的澳洲，一個「教育輸出」政策敞懷歡迎了世界上所有願意接受短期英語培訓的人士進入澳洲各地的私立語言學校。最初時候只需要交納四個星期的培訓費，每個星期的培訓費不過一百澳元。待到一九八六年底相當一部分中國人士得知這個訊息的時候，學費也不過只是上揚到了十週一千澳元，無須經濟擔保。當時上海政府屬下的市公安局為澳洲政策設置了小小的障礙，就是在申請護照的時候必須擁有一紙經濟擔保書。如果沒有海外的經濟擔保則可以自己在中國銀行開戶存入一千美元自保，這張存摺相當於發照機構需要的經濟擔保，定期幾個月以後可以自由取出，發照機構不再過問經濟擔保資金的去向。

即使是十個星期的學費和一千美元的擔保費，對於月收入不到五十元人民幣的普通中國人來說已經是一個天文數字，近似於三十年的工資收入。而到了一九八七年下半年以後更加碼到了二十至二十四週的學期，所有費用總和已經成為高達一輩子都償還不了巨大債務，下決心籌集或者借貸這筆大額資金就讀為期不到半年的語言培訓課程近乎就是一個瘋狂的行為。但在這個表面現象的背後，實際上是一場轉變人生前程與命運的一次重大的人生考驗，全中國各地聞訊而動者源源不斷滾滾而來，心照不宣地展開了一場中國版「勝利大逃亡」。

據悉一九八九年六月二十日以前，抵達澳洲的中國留學生已經高達兩萬，年齡介於十八至四十歲之間，受教育程度大多數在高中以上，就讀各語言學校，只有很小部分在澳洲各大學攻讀碩士和博士學位。這批中國留學生的絕大多數對未來幾乎沒有憧憬，學習英語不是真實目的。越洋來到澳洲是一次「洋插隊」，中國一九六七年到一九七七年時間段「土插隊」的知識青年時刻準備著返城，而「洋插隊」則盡快找到打工機會，抓住所有的時間打一份工、兩份工甚至有勇可賈者打三份工，目的只是為了掙錢還債再帶一筆回去中國，用上海話則是「扒分」，確保這一次人生豪賭不蝕本。

當時留學生的生活充滿了艱辛，到了澳洲這個陌生的環境，人與人的關係也都很陌生，中國社會的友情和相處的傳統和模式基本被放棄，在澳洲這塊新天地採取與中國社會完全不同的為人處世方式開始新的拚搏。人情和友情表現得非常淡薄，相互間存有不信任和防範的感覺和意識，互相之間提供的姓名以英文為主，大都有名無姓，就是互相交換的電話號碼，大都也是天知地知彼知己知特別暗號，一般不留地址，最多就是給個區和市郊名

字，以防被移民當局「一窩端」。總而言之，這一大批中國留學生基本生活在地下，據知到一九八九年六月天安門事件發生的時候百分之五十以上的中國留學生已經逾期滯留。

人算不如天算，天算不如不算。一九八九年六月四日，驚天動地的大事情發生在北京，當時的澳洲總理霍克留下了傷心的眼淚，並且做出了一個非常慷慨的決定，所有在澳洲的中國人士，不管持有何種護照、持有和種類別簽證，不管在澳是合法還是非法，都將無條件地獲得延長，不會違反其個人意願被強行遣送回中國。

霍克總理和澳州政府的同情和慷慨，給了當時兩萬在澳中國留學生新的生機和希望，他們紛紛從地下生活轉移到了地面。從一九八九年四月十五日胡耀邦去世到六月四日之間，北京是澳洲的重要新聞內容，也牽動了無數的中國留學生的心。應該說在這個時候還不太會有人想得到，轉機正在悄然出現，這批人會有機會最終永久地留在澳洲，從一個第三世界的國度用腳投票到第一世界的「洋插隊」淘金者會與幸運之神不期而遇。六月三日晚上和四日早晨發生在北京的令人髮指的悲劇一夕之間意外地改變這兩萬中國留學生在澳洲的命運。中國留學生為北京慘案發出了咬牙切齒的呼喊，留下了悲痛欲絕眼淚。六月六日下午，雪梨市政廳廣場聚集了上萬中國留學生、華僑領袖和澳洲政要齊聚一處。中國留學生因此組織了起來，定格那個時刻的領袖人物是楊軍，聲淚俱下的一句「我們中國留學生站起來了」，還有數不過來的中國留學生盡量地往廣場高臺處擁擠站立，好像就怕自己的義憤填膺不被人看見。站在臺上有後來的紐省省長、剛卸去外長職位的鮑勃・卡爾，他並且慷慨陳詞，在臺上的還有紐省工黨祕書長邁克爾・伊森（Michael Easson，1955-）、紐省上議員何

沈慧霞、華僑社區領袖何建剛、方勁武、卡市（Cabramatta，即卡布拉瑪塔市）議員吳景芳（後因紐曼政治謀殺案被判終生監禁），和輾轉從福建偷渡到印尼，再從印尼持假護照進入澳洲非法滯留七年以上的藝術家田廣，等等等等。在臺上還有幾位令人難忘的中國留學生，字字血、聲聲淚控訴北京屠殺的北海艦隊司令的女兒齊小平、被譽為民主詩人的曾仁軍以其無比的激情朗誦了他的新詩〈我們不會在槍聲中倒下〉、聲音嘹亮呼喊著文革時候紅衛兵式口號的李絹、頭上紮著日式繃帶領喊英語口號並且與集會人群相呼應的「What we want? Democracy! When we want? Now!」的韓以文。俱往矣，但依然歷歷在目。

　　大悲以後是大喜，中國留學生對霍克總理飽含激情的決定有如得來全不費功夫的難以置信，就猶如一九四五年八月十五日中國百姓真不敢相信日本無條件投降一樣。根據霍克政府的對中國留學生新政策延長簽證，先是到六月三十日，然後再延期一個月，三個月，一年，而且可以合法工作，中國留學生還是忐忑不安不敢貿然地向澳州移民局提出永久居留澳洲的申請。「紐省中國留學生民主運動聯合會」、「中國民主團結聯盟」，以及其他雨後春筍般出現留學生團體「民主沙龍」、「自由呼聲」、「中國留學生人權會」、華僑社區領袖楊雪峰、常德潤、陳榆、源廣楊、姜允明、曾筱龍、《移民導報》的蘇英芬紛紛都通過各種方式和渠道呼籲中國留學生抓住機遇申請澳洲永久居留，移民局官員也曾專門向中國留學生講解如何以人道的理由申請在澳永久居留。當年的十二月十九日是澳洲移民政策發生變化的日期，截至那一天以前一段時間，雪梨各移民局大門前車水馬龍排成長隊，一九八九年六月二十日以前抵達澳洲的中國留學生喜上眉梢樂樂融融地向澳洲政府入紙申請，儘管大多數的申請內容蒼白無力，

「為結新歡強說愁」。

這個時候，又有兩萬中國留學生湧入澳洲，他們雖然沒有之前一批中國留學生那麼幸運，可以成為澳洲臨時居民且可以正常工作，不過他們的處境不比前一批中國留學生初來乍到時候那麼地艱難，他們沒有因為超時打工而注意躲避移民局的恐懼。都是一樣的背景和特徵，怎能區分一九八九年六月二十日前抵達還是之後抵達的？

中國留學生大規模的居留運動從這個時候開始起步了，唐人街寫字樓（編按：即辦公大樓）裡面出現了許許多多的移民代理，當時的報紙《星島日報》、《澳洲新報》滿是他們的營業廣告，鼓勵推動中國留學生填表入紙（編按：指向政府、司法機關、外交使團遞交諸如申請表之類的文書）申請澳洲的永久居民身分。以人道理由申請永久居留已經在一九八九年十二月十九日以後變得不太可能了，只能以難民的理由申請永久居留，當然難度要比人道要高得多。記得當時有一家叫做「華人事務代理行」的曾用過這麼一句詩句：「為有東風勤著力，枯枝也能綠成蔭。」實際上就是納粹德國宣傳機器戈培爾（Paul Joseph Goebbels，1897-1945）的「謊話說上千遍就成為真理」的翻版，向申請人講解如何告訴澳洲移民局難民審理機構他們如何出得來中國卻回不去中國的理由。中國留學生被分割成兩大塊，「六·二〇」以前抵達澳洲的絕大多數感覺高枕無憂，已經刀槍入庫、馬放南山，開始安居樂業，儘管那個時候尚且「姜身未明」；「六·二〇」以後的則爭先恐後力爭在澳洲這方「人間天堂」居留下來，為數很少膽子大的、頭腦靈活的已經在澳洲移民政策發生變化日期一九八九年十二月十九日之前入紙人道申請，回過味來的則開始以難民理由入紙申請澳洲永久居留。所有這些

申請都被擱置在移民局，申請人只收到一個移民局的一個回執，此後杳無音訊。中國留學生在不焦不慮的狀態下等候澳洲政府的批覆，澳洲政府則慢條斯理地進行審理。大概只有一例例外：在霍克為天安門一幕留下傷心眼淚以後不久，就讀坎培拉國立大學研究生的楊光獲得了總理的特批成為澳洲永久居民。他活躍於一九八九年九月下旬在法國成立的「民主中國陣線」，成為首屆總部理事，一九九〇年繼續當選總部理事，又從澳洲移居美國，一九九三年華盛頓民聯、民陣合併大會以後杳無音訊。

　　一年以後，一九九〇年中的時候，霍克總理表示讓有臨時居留權的中國留學生居留在澳洲，一片譁然，反對聲浪頗大。霍克總理又說話了，對外申明：「我說的是這些中國留學生可以居留，並沒有說永久居留。」因此有了四年臨居的政策，到期視中國的局勢再決定他們的去留。

　　中國留學生在猶豫觀望權衡中選擇撤出人道申請，轉而申請四年臨居。一批參加中國政府認定的反政府組織如中國民主團結聯盟和民主中國陣線的，則堅持人道申請，拒不接受四年臨居。有兩個事件值得一提：一九九〇年九月在美國舉行民主中國陣線第二次世界代表會議，澳洲有二十多位代表赴會，這批人面臨一個選擇：撤出人道申請，轉而申請四年臨居，則可以取得回澳簽證，則可以獲得赴美簽證；或者堅持人道申請，放棄赴美參加會議。就像電影《烈火中永生》裡面中美合作所所長徐鵬飛對口乾舌燥並受嚴刑拷打的江雪琴說：「妳招了就給妳水喝。」這二十多人只有一個人意志堅強，就是沒有水喝也絕不招，堅決不撤人道申請，不去美國赴會，他是余俊武先生。其餘的都頂不住，紛紛撤下人道申請去美國赴會：李克威、李絹、楊兮、馬冬、甄義、張力行、黃兆邦、沈敏浩、葉家家、黃瑜、王嚚錚、王燕

妮、周捷、倪海清、岳剛、秦晉、賀誠、祁元、王洛、張小剛。還有一位秦嘉浩，不清楚他是撤下人道申請的還是已經具有了澳洲永居身分的。

一九九〇年中的時候，民主團結聯盟雪梨分部舉行了一次換屆會議，第一屆未經選舉通過指派從藝術家田廣手裡接過來行使職權的楊曉榕、林茂生敗落給了後起的鄭郁、胡堯。勝者鄭郁、胡堯部率團去多倫多參加會議，赴會代表如法效仿民陣數月前的做法，撤下人道申請轉而申請四年臨居。而敗落的一方卻因禍得福，他們沒有資格赴會多倫多，因此堅守人道申請，待到隔年後四萬之眾中國留學生為自己未來的居留惶惑不安的時候，他們卻已經獲得了澳洲政府給予的人道永久居留，楊曉榕、林茂生、孫叔建、謝洪、倫寶信等十多人。世事難料，塞翁失馬焉知非福。

創下四連勝紀錄的霍克由於政績不佳在黨內受到基廷的挑戰。基廷戰敗，被送到後排打發時間。工黨民調還是不佳，一九九一年底工黨內部再次發生政變，基廷第二次挑戰霍克獲勝，霍克退出政壇。此時中國留學生臨居時間近半，澳洲政府對中國留學生的去留遲遲未有明確答覆，中國留學生開始有所恐慌。

「一盤散沙」是世界上許多其他民族對漢民族的一個看法。如何把一盤散沙的幾萬中國留學生在一個共同關注點上凝聚起來，一位來自上海頗有文采的留學生想到了大眾媒體，而且是籌辦身分未定的大陸新移民可以發出自己聲音的一份相當於《星島日報》和《澳洲新報》的日報。一九九一年末，這位叫劉漚生的中國留學生首先推出了這個構思，他最先聯繫的兩位留學生是秦晉和金墨，在得到了他們認同和支持以後，他繼續擴大範圍「招商引資」，找到了也是來自上海的黃曙光。有了黃曙光的加盟，辦報開始大踏步向前邁進，取名《晨報》，英文名 *Morning*

Post。通過籌備《晨報》，在中國留學生中招兵買馬，引來了呂寧思、穆小芒、龔之梅、楊菁菁等眾多希望從事新聞報刊業的青年才俊，同時認股已經高達二十八萬澳元。劉滬生認為集資不達五十萬報紙不可開印，辦一份相當於雪梨《華聲報》和墨爾本《新海潮報》的報紙沒有實際意義，一開始就要抱一個大金娃娃。此時黃曙光感到創始人劉滬生私心太重，一事當前，個人私利在先，不可共事。隨相約同是創始人的秦晉，希望兩相密切合作，拋棄劉滬生把《晨報》辦起來。秦晉不同意此議，雖然承認黃對劉的看法有其客觀性，願意站在黃一邊抑制劉的私心。但是認為：為公，合則站起來，分則倒下去；為私，相識黃曙光因為劉滬生，此時萬不可背棄劉；如果相識過程反過來，則可跟隨黃曙光棄劉。劉、黃最終分道揚鑣，劉仍然握有十八萬認股資金，黃帶走餘部。由於《晨報》內裂，原投股人開始退股，劉固執己見，堅持辦日報不辦週報，隨著時間慢慢推移，創辦《晨報》走進了死胡同。反觀黃曙光見劉逐漸沒有聲息，則加倍努力，印出了大概是中國留學生的第一份報紙，取名《華聯時報》。《華聯時報》只出了一期，由於財政拮据，轉手交給了早期留學生從商成功人士來自北京的張燕波，張當時在中國留學生集聚區雪梨艾士菲（Ashfield）主街上開了一家「第一間」雜貨鋪。在此前後，由於受創辦《晨報》的影響，曾經認股《晨報》來自天津的徐傑（張勇）創辦了一份廣告性質的週報《百家信息》。這兩份中國留學生報紙在以後的爭取居留過程中，發生過極為重要的輿論導向、凝聚人氣的作用。以後在九二年末九三年初之際，另一份週報《信報》問世，創始人倪國興，與《華聯時報》、《百家信息》一起，加入了幾萬中國留學生爭取居留的洪流中。二十多年過去了，由留學生創辦的幾份週報的創始人先後離開了報業，

只有倪國興先後將其他報紙收購，組成自己獨特的報業集團，依然活躍在澳洲雪梨華文新聞界。

居留運動從九二年開始逐漸進入高潮。原本這個運動的主力軍「紐省中國留學生民主運動聯合會」由於主席楊軍被「工、監兩委」突然罷免去職，與澳洲政府原有的互動發生了變化。這個組織形式上還在，但是更為主要的是以「公民公會」新面目出現，放棄原來的中國民主的追求，成為非政治、非贏利、非宗教的「三非」組織（雪梨文壇八怪之一的阿忠調侃它是「非驢非馬非騾子」），開宗明義就是為了中國留學生整體居留的實際利益。會長馬利民，鞍前馬後的則是奚振東。從一九八九年起，中華人民共和國國慶酒會領事館有年頭門庭冷落車馬稀，馬利民敢為天下先，開創了中國留學生接受中國領事館邀請參加國慶酒會的先例，立刻譁然，群情激憤，引來一片罵聲和連珠炮轟擊。馬利民躲避鋒芒不知所蹤，待若干年以後重新出現在澳洲的時候已經搖身一變，顯貴非常。

「猶抱琵琶半遮面」，是當時中國留學生爭取居留的一個實際情況。由於「六‧四」事件出現的許多學生團體和組織漸漸消退，「紐省中國留學生民主運動聯合會」由於主席楊軍被罷免和副主席吳今傑的病逝，這個組織已經改頭換面成為「中國公民公會」，這個居留運動顯得群龍無首。而這個時候，民運組織方興未艾，風景這邊獨好。民聯雪梨分部和民陣雪梨支部，各自下轄五到七百之眾。民聯以鄭郁、胡堯為首。民陣菁英薈萃，人才濟濟，有李克威、李絹、余俊武、楊兮、馬冬、韓以文、黃濟人、張力行、徐輝、王囂錚、倪海清、金墨、秦晉等一大批民運人士，下面的骨幹分子基本上以一九八九年六月二十日以後抵達澳洲的為主，這個日期以前抵達澳洲的已經開始安居樂業，靜靜等

待四年臨時居留到期時政府新政策給予永久居留，而錯過這個機會的則以從事反中共專制的民主運動的嶄新面貌，活躍在雪梨的中國留學生舞臺上。當時最讓他們心潮激動並且感覺到有具體實事可做的就是「四・五」清明、「六・四」週年祭、「十・一」國殤這三大節日。這些日子的白天，黑壓壓的一大群莘莘學子；夜幕降臨後，則變換成點點燭火，煞是好看壯觀。外觀則是民主運動，內核卻是居留運動。就像中國蘇北方言的一句順口溜：「肉就是排骨，排骨就是肉。」誰也不道破這個天機，大家心照不宣，彼此心知肚明。

　　一九九二年四月民陣主席萬潤南先生訪問澳洲，無論是對澳洲媒體，還是與移民部長韓德的會談、聯邦議會移民委員會主席安德魯・西奧菲努斯議員的會談，主題雖然是中國的人權問題，但是在講完這個問題的時候，總是話鋒一轉，轉到中國留學生在澳洲的去留問題。希望澳洲善待這批中國留學生，他們在澳洲獲得新生活，會有助於繁榮澳洲社會，也會有助於更好建成澳中兩國之間的紐帶。移民部長韓德對中國留學生永久居留持謹慎態度，安德魯議員則警告，除了聯盟黨對中國留學生永久居留持反對態度，工黨政府內部對這個議題也是意見不一。年末王若望先生來到澳洲，去雪梨機場迎接的就好幾百人。七十四高齡的王若王先生，馬不停蹄，為中國留學生居留澳洲不遺餘力，與紐省移民局局長凱斯・歐文（Keith Owen），難民審理中心主任珊迪・福克斯（Sandy Fox）進行會談，為中國留學生居留澳洲陳情。在與聯邦影子移民部長盧鐸（Philip Ruddock，1943-）就這個議題交換意見的時候，盧鐸直言不諱地說道，聯盟黨承認中國的人權狀況不好，但並不接受四萬中國留學生返回中國的會遭受人權迫害這個說法。末了對王若望先生還加了一句：「你是難

民，如果你在澳洲提出申請，你應該獲得批准。」在澳洲的四萬中國留學生並非都是，他們應該經過個案審理和甄別來確定他們是否有資格可以作為難民永久居住在澳洲。

一九九二年三月，來自臺灣的蘇英芬女士主理的《移民導報》在雪梨唐人街的「華僑文化中心」舉辦了一個座談會，題目就是「我要留下來」，一位來自上海的董姓留學生建議「打開天窗說亮話」，不必掖著、藏著，我們中國留學生就是想留在澳洲。參加討論會的有影子移民部長盧鐸、負責難民事務的菲利普女士、華僑領袖方勁武、民聯雪梨分部主任鄭郁、公民公會的奚振東、民陣紐省支部主席秦晉，滿屋子坐滿了人，被罷免的楊軍坐在後排。在座的都強調中國人群狀況不好，中國留學生應該留在澳洲。盧鐸則堅持聯盟黨的主張，中國留學生應該個案處理，case by case。

一九九二年五月底在雪梨市中心廣場上舉行的天安門事件第三週年紀念活動，來自印尼的華僑黃肇強醫生接受紀念活動籌委會的邀請發表演講。他的第一句話就是歡迎中國留學生居留在澳洲，溫暖了在場幾千號人的心，也如同投石進水引起圈圈漣漪讓中國留學生感恩不盡。也許就是這麼一句話讓中國留學生在數年後知恩圖報，烏鴉喝水把他送進了紐省上議院。此前黃肇強醫生籌組了一個組織「中國留學生福利會」，簡稱「中福會」，擔任會長，來自湖北武漢的留學生三級翻譯邊曉為副會長，這個「中福會」還能得到政府撥款援助。也許是由於中國留學生居留問題日益緊迫，前景愈來愈黯淡，在黃肇強醫生的主持下又成立了一個留學生組織，叫「中國留學生特別委員會」，簡稱「中特委」，鞍前馬後跑動的叫阿忠，他本名吳建忠，後來成了澳洲文壇「雪梨八怪」之一，後來又是炮擊「二八論」創立者施國英的

主炮手，很多年後墨爾本王子王晉軍取了個雅號「二八妹」輾轉交送給施國英，後者似乎欣然接受，名我故當，每論此事，總有勇開先河之快感。一九九七年末阿忠失蹤，上窮碧落下黃泉，至今不知在何處，令筆者常想起，常相憶。

　　一九九二年中邢建東事件是居留運動進入高潮的一個重要標誌。上海籍中國留學生邢建東來到澳洲以後只顧埋頭打工，根本不知道外界的情況，也不知道發生在自己身上的事情，移民局給他的通知他根本沒有當一回事，以至於錯過了程序上規定的法定上訴期限，被移民局抓獲送進了維拉伍德（Villawood）拘留營等待強行遣返。這個時候邢才知道事態的嚴重，開始向外發出SOS求援信號。當時的民運組織還真認真地「一人有難八方來援」，民陣紐省支部副主席盛文得到消息第一時間趕到了失事地點展開救援工作，「中特委」特派員阿忠聞訊也參與進來，與盛文一起幾乎跑斷了雙腿，磨碎了嘴皮多方陳情交涉，無奈移民部鐵石心腸，絕不動搖，還是將邢強行遣返回了中國。為此事《百家信息》發了號外，部分地喚醒了沉睡的中國留學生。兩個居留組織應聲而起，「中國留學生人權委員會」和「難民自救會」。前者領軍人物是楊軍，他在王大文、方明全、羅氏兄弟等一大群人的擁戴下重出江湖，支持擁戴者還有移民代理羅揚、文采不凡的記者辛夷梅等數不過來的當年中國留學生風雲人物。後者更是出口成章、揮筆成文且中英文俱佳的原大連市市長首席翻譯韓尚笑「教授」。從此開始了波瀾壯闊的中國留學生居留運動的輝煌時期，前者「中國留學生人權委員」廣籌資金與澳洲政府對簿公堂，後者「難民自救會」則採取激烈手段，坎培拉國會門前絕食抗議，不惜以死抗爭，鐵定了決心和意志就是要留在澳洲，絕不返回中國。兩個新問世的居留組織相映成趣，直讓雪梨當時主要

的三個民運組織民聯雪梨分部、民陣雪梨支部和民陣紐省支部黯淡失色。

八仙過海各顯神通，是爭取永居的另一特色。在民運組織內部力爭上位成為理事或者監事，一旦有了這個頭銜，難民審理部門往往就以此作為憑據謹慎地批准難民資格。民運組織的內鬥和毛粒子式的裂變與此有直接關係。早到民運組織的通過年會選舉成為理監事，晚到民運組織的但有才能的，則由支部主席或者分部主任效仿美國總統三權分立形式任命各部部長，也是一紙證明向難民審理部門展示自己不能返回中國的過硬材料。已經獲得四年臨時居留的老留學生或者沒有身分需求的華僑背景的就不再來蹚民運這潭渾水了。

令人拍案叫絕招數還有，舉一個典型的例子。世界範圍民運內部爭鬥愈演愈烈，也反映到了澳洲。一九九三年初將舉行民運合併大會，世界各地民運組織都在醞釀推舉出席會議的代表。九二年四月民陣主席萬潤南訪問澳洲，曾就代表名額分配向筆者徵求過意見。筆者回答萬潤南，澳洲民陣支部共七個，雪梨、紐省、墨爾本三個大支部，坎培拉、昆士蘭、南澳、西澳四個小支部。雪梨支部已有兩個當然代表名額，紐省支部已有一個當然代表名額，墨爾本支部沒有一個當然代表名額。總部給出七個名額則各支部一個，八個名額則墨爾本得兩個名額，九個名額則紐省也拿兩個名額，十個名額則三個大支部各得兩個名額；十一個名額墨爾本得三個名額，十二個名額則紐省也拿三個名額，十三個名額則三個大支部各得三個名額。數字十和十三是最能擺平的，不然就會出現問題。不知道是筆者推算奏效了還是總部本有這個安排，給予澳洲恰好就是十三個名額。紐省支部通過內部投票選舉選出了三位赴會代表：秦晉、金墨和李永剛。雪梨支部則難

產，支部第二次分裂，形成張力行與甄義雙雄並立新的對壘。很快民陣總部監視會做出裁決，判處甄義支部為非法。張派選出代表張力行、徐輝、黃兆邦。

這個時候的民陣分部主席楊兮先生使出絕招，「你有張良計，我有過牆梯」，民陣澳洲分部成立於一九九〇年五月，章程規定一年以後換屆改選。作為主席楊兮並未履行職責，到了一九九二年五月過期一年多以後，民陣澳洲分部仍然未進行改選。民陣澳洲分部雖然在法理上已經無效，但是楊兮先生仍然以分部主席名義向移民局難民審理相關部門致函，提交了一份六人名單，他們是：安心、韋祖良、孫瑞鈞、季知林、關利民、蘇奇志等，要求審理部門加速審理以上六人的難民申請，因為他們都將是民陣雪梨支部赴美參加一九九三年初華盛頓民運合併大會的代表。雖然楊兮先生的舉證子虛烏有，難民審理中心還是非常重視這一情況，對於民運給了極大的配合，很快這六位都通過了審理，獲得了難民資格，從而使得他們可以飛赴美國參加民運會議，但是其中只有一位韋祖良踐約飛往華盛頓參加會議。雖然韋祖良成了朱嘉明、楊建利安排下的鐵票部隊「假代表」，卻由於華盛頓會議真代表同是民陣雪梨支部的黃兆邦的舉報，被民陣監事會主席錢達抓個現，被褫奪代表資格。

楊兮先生的竅門不可複製，以後好像再也沒有過相似的成功案例。澳洲難民審理官員對中國留學生申請的五花八門技巧愈來愈看得清楚了，對新病毒漸漸產生了抗體，留學生通過民運取得難民資格也就愈來愈困難了。邢建東的遣返刺激了中國留學生，他們急了，他們真是急了。哪裡有通道，哪裡有光亮，人群就往哪裡湧。唐人街建德大廈裡的「中國留學生人權委員會」、中央火車站附近莎梨山（Surry Hills）的「難民自救會」就成了留學

生的凝聚點，成百上千人集會地就在中央火車站附近的貝爾摩公園和當時留學生集聚地艾士菲的空曠之地和附近的新梅江酒樓。

　　楊、韓兩位的策略有明顯區別。楊軍是三年前的英雄人物，在老僑中留下了很好的印象。當初楊軍中箭落馬，他們憤憤不平，但是無奈，現在楊軍一個鯉魚翻身又跳將起來，他們自然給予幫助和支持。原喜萬年酒樓老闆廖威、中華民國僑選立委楊雪峰博士、老僑常德潤、陳榆、盧錦鴻以及越綿寮聯誼會的刁震謀等都給予楊軍人力和物力的支持。韓尚笑則沒有那麼地幸運，引他入園的是遠離澳洲在美國逾期不歸的齊小平女士，但是他仍然獨樹一幟開闢自己的天地，辦學校教英文助人入紙申請難民，儘管自己的難民身分尚懸而未決。

　　「難民自救會」壯懷激烈，貝爾摩公園的誓師，然後浩浩蕩蕩奔向澳洲首都坎培拉國會大廈門前請願靜坐絕食。從雪梨到坎培拉三百里路塵與土，一場意外的車禍，埋下了壯志未酬的劉小秋和徐凱來的屍與骨。兩位以自己的鮮血和生命的高昂代價，為中國留學生的永久居留譜寫了一曲悲愴的樂章。此前「中福會」主席黃肇強醫生已經集結了全澳各地華僑社區領袖並唯一的留學生代表邊曉與政府進行過協商，但是沒有獲得佳音。坎培拉國會門前的集會靜坐，尤其是兩位留學生的冤死，的確使得政府坐立不安。在當時雪梨市副市長曾筱龍的資訊轉遞和安排下，移民部長韓德飛到雪梨，在唐人街喜萬年酒樓與中國留學生代表會面。當時參加會談的有：楊軍、韓尚笑、鄭郁、秦晉、龔欣、王永敏、石廣淶等人。見面會上移民部長韓德對「難民自救會」國會門前的行為極為惱怒，甚至用手指敲擊桌面，嚴詞指責了韓尚笑，同時明確表示政府的立場：政府有過承諾，政府到時一定會兌現承諾。這次會見以後，坎培拉的絕食靜坐也就戛然而止。

楊軍領軍的「中國留學生人權委員會」則是另一番景象，接納了不知何人提出的建議向廣大留學生吸納資金，準備與澳州政府進行一場集體官司。早於這個時候就有幾位來自上海的「六‧四」前的留學生向筆者提議集資進行集體官司，筆者婉言拒絕，自視不是幹這個活的人，請他們另請高明。但凡加入「人權會」的，繳納三百澳元，就可以進入集體官司，避免單個人勢單力薄步邢建東後塵被移民局抓獲遣返回中國。埋頭打工的留學生聞之歡呼雀躍，紛紛交費加入集體官司，很快楊軍就成功集資逾百萬，得稱號「楊百萬」。加入集體官司的：以「六‧四」後的為多，「六‧四」前的有四年臨居為依託，相信到時候會自然轉成永久居民，不勞此心；以非民運組織成員的為多，參加民運組織的都是頭腦靈活的，算盡機關以政治理由獲得居留，就是不能獲得，也可得到民運外衣的暫時庇護，因此也不勞此心。

　　無數的中國留學生見利勇為，文人墨客也紛紛加入這場居留戰事，在雪梨有張勁帆，在墨爾本則有惠覺，初一看還以為是一位道行高深在一旁指點江山的佛門中人。這兩支筆好生了得，揮舞得天女散花、地湧金泉，屢屢撥動中國留學生的心弦，推動更多的留學生捲入爭取居留的滔滔洪流之中。當年的華文作家無計其數，最令人難以忘懷的則是「雪梨八怪」：阿忠、大陸、楚雷、袁瑋、蓮花一詠、釣鼇客、趙川，外加一個墨爾本高寧。他們對留學生爭取居留的影響，可謂深遠。參與推動中國留學生永久居留的報業除了有前面提到的強大陣容，張燕波、黃曙光、呂寧思的《華聯時報》，徐傑、王必勝的《百家信息》，倪國興、蔣偉民、馮世傑的《信報》和以後出現的戴建主持的《東方郵報》，來自臺灣報人黃豐裕從越南華人楊漢勇手裡接過《華聲報》之後又改換成今天的《澳洲日報》，蘇英芬的《移民導報》

和洪邵平的《新海潮報》等。還有的紛紛為自己的前途和命運貢獻出自己的力量，通過參加組織、參與活動來發揮個人作用。不少人是多棲成員，既是學生會的，還是民聯的，又是民陣的。有一位多家媒體的記者兼攝影師，一口氣參加了四個組織，民聯雪梨分部、民聯紐省分部、民陣雪梨支部以及民陣紐省支部，拿著自己的相機，用的是自己的技術特長，同時為四家組織盡心盡力，就像英國曾經是日不落帝國，永遠光輝照耀。一時間飛流直下三千尺，奔流到海不停息。

居留形勢仍然嚴峻。澳洲聯邦議會裡面有許多個委員會，其中一個叫移民委員會，委員會主席是當時中國留學生耳熟能詳的工黨後排議員安德魯・西奧菲努斯博士。他本不姓安德魯，但是他的姓用中文朗讀的確很拗口，中國留學生錯誤地稱他安德魯博士，以後就約定俗成了，他本人也接受了。就像學英文時候清楚地知道起源於中東地區的「no good」一詞不符合英語語法規範，但是現在全世界都接受了。委員會副主席是當時的聯盟黨影子移民部長盧鐸，委員會內部還有其他政府議員和反對黨議員。委員會在中國留學生去留問題上提交報告，盧鐸的意見占了上風，包括另外的工黨議員也認同盧鐸的觀點，認為中國留學生應該進行個案處理，不應該進行整體性一刀切的解決方案。是故安德魯博士個人以主席的名義提出了報告，與委員會報告截然相反，認為基於中國的人權狀況和中國留學生的現狀，應該獲得整體居留。為此事在一九九二年底或者九三年初，「澳華論壇」主席歐陽慕歡女士在雪梨唐人街主持的公開討論會上，安德魯博士與盧鐸發生激烈爭辯並且相互攻擊。

一九九三年剛過元旦，從北美來了一大群民運菁英，徐邦泰、朱嘉明、倪育賢、熊炎、李祿、周勇軍等。聽說過一件事

情，當時的總理基廷破例主動邀請與李祿會面，談了什麼，諱莫如深，至今沒有透露。但是可以推斷，不太會與推進中國民主化有太大關聯，卻一定與中國留學生的居留有關。中國民主運動重量級人物一次一次地迎來送往，努力尋求會見的總是移民部、移民局和難民審理中心。

紐省工黨祕書長邁克爾·伊森先生是很早推動支持中國留學生整體居留澳洲的人士，一九九三年聯邦大選之前他的夫人瑪麗·伊森（Mary Easson，1955-）的一次競選餐會上明確地表示，如果大選獲勝，並且她能夠當選，她一定代為向工黨政府為中國留學生說項。但是當時選情工黨明顯地處在下風，遠遠落後於聯盟黨。反對黨領袖約翰·休森（John Hewson，1946-）博士在大選前十天的一次回答記者問題時候未能說清楚一塊生日蛋糕消費稅的計算方法，而使選情發生逆轉，休森一著錯滿盤輸，輸掉了一次根本不應該輸的大選（the unlosable election），自己也因此成了基廷的犧牲品和墊腳石。這個選情的變化理所當然地很大程度上改變了中國留學生的命運。筆者相信眾多的中國留學生也許沒有注意到這個微妙變化，中國留學生的命運一度處在險境但卻又在不知不覺中轉危為安。工黨贏得了大選，瑪麗·伊森也勝選了，她擊敗了辦公室坐落在寶活（Burwood）主街上的自由黨議員進入聯邦議會，她兌現了在競選餐會上對筆者在內的中國留學生的承諾。

中國留學生團體和個人除了申訴中國的人權狀況問題，而且四萬中國人的年齡優勢、學歷優勢、中華民族吃苦耐勞、知恩圖報等等民族品性和特色，都是向澳洲政府陳情的內容。最有名的一些話就是：「中國人懂得『吃水不忘掘井人』、『滴水之恩必將湧泉相報』。」具有諷刺意味的是，「難民自救會」會長韓尚

笑的難民申請被拒絕，而且被拒絕得非常地澈底，層層相揭，逐條批駁。韓尚笑開始四處求援，曾經將移民審理官員長達好幾十頁的拒絕理由用傳真在一定範圍內發送，以期獲得同情和支持。在一個腥風淒雨的夜晚，《華聯時報》在當時的「新梅江」，現在的「天天漁村」（West Ashfield Leagues）為韓尚笑舉辦了一個晚餐會，黃曙光主持，稀稀落落來了一些人。主持人說得很清楚，這個餐會既是相送又是挽留，相送韓尚笑和其他命運相同的中國留學生遠赴他國尋求避難，也許是南美國家，又是挽留韓尚笑等再堅持抗爭下去，直到成功的一天。那個時候中國留學生的命運對大多數人來說還是一個未知數，鮮有人看清以後的結果。記得黃曙光請該次餐會的中心人物韓尚笑發表臨別感言，韓尚笑說此時此刻最能表達他心境的是一首唐詩。筆者也隨之遐想，此時此刻也許最貼切的詩句應該是唐代詩人李商隱的無題詩（相見時難別亦難）。果然韓尚笑以他雄渾的音色聲情並茂神情悲壯地朗朗背誦了這首千古名詩：「相見時難別亦難，東風無力百花殘……。」

但是韓尚笑以後並沒有離開澳洲去南美國家，應該在中國留學生整體居留政策實行以後，與其他四萬中國留學生一起獲得了澳洲的永久居留，而悄然生活在澳洲某一個地方。不難想像，從難民申請悲劇那一刻到當年的十一月一日那些日日夜夜，韓尚笑所承受的煎熬一定是很痛苦的。

美國總統老布希批准了旅美八萬中國留學生在美國的綠卡，無疑對澳洲的中國留學生是一個振奮的消息，以後就作為中國留學生團體遊說澳州政府時候的一個理由和說詞。大概是墨爾本的惠覺發表文章，警告雖然工黨贏得了大選，但並不認為旅美中國留學生獲得在美的政治庇護也就意味著澳州政府蕭規曹隨效仿美

國，而使得澳洲的四萬中國留學生能夠自動獲得永居資格，還是呼籲全體中國留學生加倍努力，為完成永久居留澳洲這個來澳首要目標奮勇向前。

那一年中國在申辦奧運，在澳留學生團體和民運組織，大都以中國人權惡劣的理由和說詞公開反對中國申辦，在雪梨廣場、中央火車站附近的貝爾摩公園的集會上，各組織代表紛紛慷慨陳詞歷數中國政府的罪惡，叫嚷著不可以給北京獲得主辦權。更有甚者，原民陣雪梨支部副主席後來投入民聯陣某個支部的徐輝先生，不遠萬里趕赴二〇〇〇年奧運會主辦權最終投票表決的地中海畔的一個小地方蒙地卡羅（Monte Carlo），九月二十日或者二十一日二十二日？面對雲集的體育記者發表講話，抨擊中國人權狀況，呼籲北京沒有資格舉辦二〇〇〇年奧運會。這一幕在澳洲的電臺和電視有過廣泛的報導。徐輝凱旋回到澳洲以後還受到紐省移民局難民審理中心負責人珊迪・福克斯的歡迎和熱烈讚揚：我們的英雄回來了！最終雪梨申辦成功，北京以一票之差飲恨蒙地卡羅。紐省省長約翰・費伊（John Fahey，1945-2020）在投票現場興奮地從座位上跳躍起來，雪梨歌劇院旁聚滿了等待喜訊的澳洲國民，雪梨副市長曾筱龍也在其中並且接受記者採訪，歡迎奧委會這一投票結果。

雪梨申辦奧運成功與中國留學生的居留有關聯嗎？筆者強烈地認為有關聯。早在投票決定哪個城市舉辦二〇〇〇年奧運會前很久，筆者一再規勸承受不住漫長等待的精神痛苦和壓力準備返回中國的中國留學生，不到事情水落石出、塵埃落定，千萬不要操之過急。還特別喜歡引用樣板戲《沙家浜》第五場〈蘆蕩堅持〉中一段臺詞：「有利的情形和主動的恢復往往產生於再堅持一下的努力之中。」被勸者問：「希望在哪裡？」筆者回答希望

可以看奧運投票，如果北京勝出，就捲鋪蓋走人，如果雪梨勝出，就安心在澳洲等待最終的佳音。北京勝出，表示天安門事件的陰影依然存在，屆時四年臨居期滿政府必將做出決定，這個決定必將是一攬子解決問題，這是一九九一年末當時紐省移民局局長約翰‧福斯特（John Foster）對筆者親口所言。筆者相信澳洲政府不會做出一部分歡天喜地、另一部分如喪考妣截然不同命運與歸宿的決策。雪梨勝出則在澳中國留學生一定因北京之禍而得福。但是仍然有數千中國留學生缺乏遠見沒有耐心，在政策出臺之前返回了中國。

楊軍的「中國留學生人權委員會」運用已經集資逾百萬的雄厚資金通過訴訟途徑向澳洲政府施加政治壓力，黃肇強率領的「中福會」也頻頻活動於全澳華人社區，努力爭取廣泛的支持，支持中國留學生永久居留澳洲。居留運動塵埃落定以後聽來自上海的某一個「中國自由民主黨」骨幹核心唐昭昆先生自陳，他與老僑潘瑞亮博士合作，擬出中國留學生整體居留一攬子方案的藍本，最終基廷政府做出決定的時候，幾乎原封不動地按照他們方案進行。很多年以後再次遇到安德魯博士的時候，他已經被褫奪了國會議員享有的退休待遇，非常落魄地出現在雪梨的街頭。他告訴筆者，中國留學生獲得永居是經過了難以想像的艱難和困苦「鬥爭」而取得的，他用的詞是「struggle」。他引以為豪的是以他一位後排議員，居然他的中國留學生方案得到基廷政府的通過而下達，使幾十萬中國人得以陸續遷徙到澳洲。他知道此舉會遭人忌恨，以致引火燒身。

中國留學生值得永遠記憶在心的一天終於來臨了，一九九三年十一月一日，基廷政府終於做出最終決定，一攬子解決中國留學生的居留問題。分成四個類別，八一五，八一六，八一七，

八一八。凡是一九八九年六月二十日之前進入澳洲的中國公民，通過身體檢查和警方無犯罪紀錄，都可以按照八一五類別申請在澳永久居留；凡是一九八九年六月二十日以後進入澳洲的中國公民，申請過難民的，通過澳洲規定的學歷認可的，通過英語能力測驗的，年齡低於四十五歲的，都可以按照八一六類別申請在澳永久居留；已經獲得難民資格的，則按照八一七類別申請在澳永久居留；八一八類別在中國留學生群體中很小部分，在大流的中國留學生中很難見到他們的身影，對這個類別要求筆者沒有關注，說不出個所以然。這四個類別的申請，使得高達四萬五千的絕大部分中國留學生在今後的一年之中陸續改變了身分，生根在了這片土地上。中澳雙方相互取得諒解，這個政策避開了政治問題，對一九八九年「六‧四」事件隻字未提，由當初的一個政治問題完全轉變成了一個移民問題。筆者理解為是澳中雙方的相互默契，免去了中國政府臉紅耳熱的尷尬。

政策出臺第二天，黃肇強醫生接獲ABC電臺的邀請談新政策，筆者得黃肇強青睞一同前往。自由黨資深人士、雪梨學院主持傑拉德‧漢德森博士發傳真給筆者，祝賀中國留學生永居澳洲。

入圍的中國留學生為這個政策歡呼雀躍，大功總算告成，甚至當時中國政府駐澳洲的使領館也公開發表聲明歡迎這個政策的出臺。這就像威虎山小爐匠指正假胡彪楊子榮是共軍，但又最後迫不得已對楊子榮叫一聲「胡彪賢弟」。中國留學生的居留運動到此基本完成，只剩下一小部分則繼續煎熬了幾年，在以後的霍華德（John Howard，1939-）政府內的一個六一三政策下總算也獲得了澳洲的永久居留。至此居留運動全部結束，所有在澳中國人都獲得澳洲的身分，在澳洲這塊上帝保佑的土地上過起了幸福美滿的生活，從此喧鬧的中國留學生群體迅速進入冷漠不為狀態。

一國國民如此大規模地向另一國的遷徙這項巨大的工程是通過各方通力合作，在一個巨大的合力下完成的。事後紐省移民總局局長凱斯·歐文是這麼對筆者說的，中國人發出了一個巨大的聲音，「我們想留在澳洲」，澳州政府聽到了，也明白了。既然中國留學生萬眾一心、前赴後繼地爭取居留澳洲，澳州政府也就從善如流滿足了中國留學生的希望和要求。If you ask for something, you will get something。安德魯以後告訴筆者，這個決定是中國留學生的積極努力和澳洲政界人士和澳洲主流社會同情心的共同合力的結果。

在中國留學生爭取居留澳洲這個過程中，這些人不能被遺忘。

有的獻出了他們生命或者已經不在人世：吳今傑、劉小秋、徐凱來、吳建忠（阿忠）（權當這麼理解）、劉滬生、徐元明、胡龍慧……，肯定還有筆者所不知道的。

有的立下了豐功偉績：

中國留學生人權委員會
楊軍、王大文、方明全、薛海德……

難民自救會
韓尚笑、王必勝、潘晴、周雲……

公民公會
馬利民、邊曉、奚振東……

紐省中國留學民主運動聯合會
趙劍、陳中強、吳建剛、齊小平、干勝放、陳文清、王濤、

龍霞……

華文新聞界
周懷（陳情）、張燕波、呂寧思、張帆、鄔峭峰、莊偉傑、
露希（竺蓉蓉）、倪國興、蔣偉民……

民聯
田廣、鄭郁、胡堯、林建國（郭凡）、吳華晨（阿遠）、李
小英、何凡、林茂生、楊曉榕、孫書建、謝洪、靳必達、吳
懷、張勇利、常潮、唐培良、李潔……

民陣
余俊武、楊兮、李克威、李絹、馬冬、韓以文、張力行、徐
輝、黃兆邦、韓立華、倪海清、金墨、皮廣華、王眾、孫福
長、宣毅敏、龔欣、胡印夏……

民聯陣
王囂錚、楊東東、甄義、孟大軍、盛文、鄧路平、李軍、劉
曉東、陳吉……

留學生名流
雷信德（羅揚）、張勁帆、惠覺、張明、封瑾、李維、徐
芬……

令人感嘆的是才華橫溢的黃曙光，沒有留在澳洲，他真是
「待到山花爛漫時，他在叢中笑」。聊以寬慰的是他得到了與中

國紅歌星朱明瑛一段佳話史詩般的愛情。

> 僑界力主中國留學生永久居留的
> 黃肇強、曾筱龍、何沈慧霞、范鎮榮、何建剛、方勁武、黃煥松、刁振謀、楊雪峰、常德潤、盧錦洪……

為中國留學生取得永久居留付出巨大努力但又結局悲慘的是澳洲政治人物安德魯博士，他的遭遇真是驗證了中國人常說的一句話：「我不殺伯仁，伯仁卻因我而死。」

「天大地大不如黨的恩情大，爹親娘親不如毛主席親。」我們這個年代的人對這首歌都耳熟能詳。四萬多中國人獲得永居澳洲，到現在已經發展壯大成了二十多萬。難怪當年移民民部長韓德有此說，對於批准中國留學生永居澳洲持猶豫的態度。所有安居樂業澳洲的中國人是否可以捫心自問，這份來自於當年總理霍克的恩情，比起歌詞裡的空洞要實在得多吧。

中國人懂得「吃水不忘掘井人」、「滴水之恩湧泉相報」。這是楊軍、韓尚笑等居留運動領軍人物在中央火車站的貝爾摩公園、唐人街工黨禮堂、艾士菲新梅江等地的慷慨陳詞。這也是二十多年前數萬中國人爭取永久居留澳洲的時候對澳洲社會的諾言。二十年過去了，還有幾個人回想起自己增經許諾過的諾言？難道真的要讓寓言故事〈烏鴉與狐狸〉在中國留學生這個群體的現實功利行為上著實地體現一回？

十年前筆者與一九九三年十一月一日決定發布人前工黨移民部長鮑格斯（Nick Bolkus，1950-）偶然相遇，談及他與基廷總理的決策，問道如果中國留學生群體舉行一個十週年紀念活動，他是否願意出席。鮑格斯回答，如果有這個活動，他非常樂意參加。

二十年過去彈指一揮間，憶昔撫今。獲益的當年的中國留學生現在的澳洲居民或者澳洲公民，是否應該懷著感恩之情，舉行紀念活動，特別感謝澳洲社會、澳洲人民、澳州政府？筆者認為是對澳洲表示自己的感激之情，兌現自己神聖諾言的時候了。不敢奢望幾十萬獲益人都能想起來，少數有感恩之心的受惠人承擔這份重責舉行一個紀念活動。這個活動可有一石多鳥效應，一感謝澳洲，二寬慰自己的良心，三為全體中國留學生掙回一個面子，即這是一個言而有信、知恩圖報的民族群體。您的意下如何？不必問別人，就問您自己。

　　　　　　　　　（編按：此文首次發表於二〇一三年。）

第二章　人生的轉折，畢生奮鬥的不歸路——一九八九－一九九三

第三章　孤獨的民運長跑者

　　我把當代中國民主運動視作為一九一一年辛亥革命的延續，辛亥革命經過近二十年的武裝鬥爭才推翻了滿清而建立了中華民國，一九一二年建立的中華民國是一個不完善而且在大陸續命不長的民主政體，在這個民主政體下人民享有言論自由和結社自由。中共由於戰後內戰的軍事勝利於一九四九年建立的中華人民共和國取代了新生的、憲政民主不完善的中華民國。中華民國政府被迫退守臺灣一隅。從一九四九至一九七六年的毛澤東時期，政治控制之嚴厲，中國大陸沒有明顯的可見跡象和可以聽聞的任何有形的民主運動。

　　當代中國民主運動起於一九七八年十一月西單民主牆運動，大約在毛澤東逝世和文革結束後的兩年左右，中共黨內高層的政治鬥爭引出了黨內的分裂，為底層民眾提供了發洩不滿的政治機會，北京的西單民主牆成為當時人們表達其政治觀點的獨特場所，而且這一現象波及了全國各地，這是現代中國民主運動的開端。但是隨著鄧小平獲得最高權力，這個中國第一波民主浪潮很快被平息。而政治上「鄧、胡、趙三駕馬車」已經形成，鄧的兩位具有自由主義開明思想傾向的助手胡耀邦和趙紫陽分別擔任中共總書記，中國因此進入了長達十年的政治寬鬆期，為中國民眾提供了一個可以思考並且相對自由擁抱和接受西方意識形態的機會，西風東漸，民主和自由在中國的高等院校大行其道。一九八六年末和一九八九年的兩場學生運動的爆發，就是得益於從一九七九年到一九八九年這個十年期寬鬆政治氣候和環境的結果。

改革開放，國門開啟，中共首位國外博士學位（加拿大麥吉爾大學）獲得者王炳章博士「棄醫從運」，於一九八二年十一月於美國紐約發起了「中國之春民主運動」。王炳章聲明此為北京西單民主牆運動在海外的延伸，從此拉開了中國海外民主運動的帷幕。次年在此基礎上組建「中國民主團結聯盟」，簡稱「民聯」。

　　胡耀邦在一九八九年四月十五日突然去世，引發中國的新一波爭取民主自由的運動，運動發展波瀾壯闊，在全國各地得到了響應。這場運動持續近兩個月，就北京一地，高達百萬北京市民和學生踴躍投入。六月三日深夜起，鄧小平動用武裝到牙齒的（編按：armed to the teeth，指全副武裝）軍隊以軍事武力強力清場天安門廣場，鎮壓這一運動，造成血腥屠殺，震驚了整個世界。鄧小平以霹靂手段強硬地、有效地平息了國內政治反對派，頑強地抵制了國際批評。從那時起，中共內部的改革力量就被澈底地逐出了中共政治的舞臺中心。

　　天安門事件流亡者於一九八九年九月下旬聚集在法國巴黎，成立了一個新的民運組織「民主中國陣線」，簡稱「民陣」，決心以結束中共的一黨專制作為其最終政治目標。

　　同年，東歐集團開始瓦解，前蘇聯也隨之解體，除中國、越南、北韓和古巴倖存，整個共產主義陣營澈底崩潰，長達四十年的冷戰因此結束。以美國為首的西方民主世界政治領袖，尤其是政治昏聵的美國總統老布希對中共網開一面，一廂情願地認為中國「牛仔服化」和「麥當勞化」可以使得中國變得自由化，力圖將中共納入世界新秩序。美國此舉為中共提供了大力發展經濟的黃金機會，此舉將中國海外民運澈底無情地拋棄。因此自一九九〇年代初以來，中國民主運動一直處於低迷狀態。

內心的苦痛和追索

　　華盛頓會議以後，我去舊金山錢達家滯留了大概一個星期的時間，受他啟發開始認識中國傳統的道家思想，老子的五千字《道德經》自此開始不斷重複閱讀，力求獲得其中的真諦。民運在內外環境的變化之下走下坡路，我不禁感嘆「生不逢時」，而錢達卻送了我一本書，這本書並沒有特殊意義，但是錢達的題字卻是非常有意義，「生正逢時」，鼓勵我們處在參與推動中國政治大變化的時代，而我們有能夠投入在這場艱苦卓絕的運動並且為之奮鬥，所以是「生正逢時」。

　　這個時候的民運隊伍散了，有形的組織也基本不復存在，從一九八九年到一九九三年大約四年時間的喧囂開始沉靜了下來。我似有一種百無聊賴的心態，開始在自己的內心深處苦苦尋求。一九九五年的時候，連續聽了兩場經，一場是聖經，一場是佛經。我對聖經的接觸可以追溯到一九七八年的時候，通過短波有點風險地收聽大概是從香港播放的聖經故事，很是著迷，遂按圖索驥去信索取，但是杳無音訊，也沒有發生當時政治環境下極有可能產生的不良後果。一九八六年偶然得到一本中譯本聖經和《荒漠甘泉》，一位來自美國俄亥俄州在上海華東師範大學進行短期漢語訓練的學生藉機向中國人傳送福音，是她向我熱情贈送。我如獲至寶如飢似渴地閱讀起來，但是很快就感到了趣味索然，只看了《創世記》就讀不下去了。聖經內容與我近人生三十年所接受的唯物主義無神論灌輸所形成的世界觀格格不入，而與我所知的中國古代神話故事「后羿射日」、「嫦娥奔月」、「夸父逐日」等無異。我理解的中國古代神話故事是上古時期中國文化思想的結晶，但不是史實。因此就放下聖經，對於《荒漠甘

泉》一書也只記得了書名，並未閱讀。

　　初到澳洲，人地兩生。很快被熱情的主內兄弟姐妹們引領進入了教會，不過那個時候，自己對聖經和神的認識和理解還是很膚淺，充其量只能算是一個星期天的禮拜者。也許是自己對神心志不堅定，在天安門事件以後一次教會活動上，來自馬來西亞的華人牧師的布道──大概是我下面說的這個含義──讓我離開了教會：天安門事件是政治事件，政治是骯髒的，主內兄弟姐妹應該遠離政治，把一切交給上帝，Men do the best, God does the rest（盡人事，聽天命）。現在在回想過來，其實這句話是對的，翻譯過來就是「人盡力而為，餘下的交給上帝」。

　　一九九五年那次聽完了來自紐西蘭的牧師的布道，與牧師進行了傾談，但是總覺得無法解開心中的困惑。隔一天是一場佛經，講經者來自臺灣，上慧下律法師。「你是誰？你從哪裡來？你又要哪裡去？未曾生我誰是我？生我之時我是誰？是你掙了錢，還是錢掙了你的命？」這些看似淺顯但又難以回答的、深刻的思想問題頓時對我產生了巨大的震撼，可謂振聾發聵，引導了我開始尋索。也就是在這個時候，一部香港拍攝的佛教電影《達摩祖師》更加引領我走入了這個新的世界。「看那看不到的東西，聽那聽不到的聲音，知那不知的事物，這才是真理。」近四分之一世紀過去了，幾乎每年都會重新看一遍或者多遍，每看一次總有新感覺和新領悟。因而我逢人說項，力薦這部電影。

　　我這個感覺與臺灣前總統李登輝所言有相似，李告訴我他是一位虔誠的基督徒，處理政務每遇艱難和困惑，就會攜妻走入書房，翻開聖經研讀，聖經裡總有上帝的啟示和話語，讓他豁然開朗，遂遵從上帝的旨意處理政務。我與李登輝的書房會談是在二〇〇九年的十二月九日他的住處。

我有點體悟到了「數尺以外必有神明」，內心獲得了寧靜，繼續自己的畢生求索。這個時候也有機會認真思考中國民運的前景，則堅信中共專制乃背歷史潮流而行，屬夕陽，民運雖然低落到了谷底，隨著時運的變化，總有機會重新崛起。這樣我就可以把低落的民陣置於一旁，而以我的堅韌和政治理想繼續前行。

民運凋零，而我堅守

一九九六年三月，任職民陣主席已經長達五年的萬潤南來澳洲，告訴我兩點：一他是到了應該卸職的時候了，應該有其他民陣人繼續堅持民陣的旗幟；二是希望我代表澳洲接任民陣副主席。我說澳洲已經有了一位副主席，在任才一屆，沒有理由匆匆卸任。萬告訴我澳洲副主席有向中國境內發展的想法，返回中國帶著民陣副主席的頭銜是不可能的，希望我體諒，給予理解和配合。

一九九六年五月十七至二十日，民陣與民聯在美國肯塔基聯合舉辦「臺灣大選後兩岸關係與大陸民運研討會」，並同時召開各自的民陣第四次代表大會與民聯第七次代表大會。杜智富當選為民陣主席，齊墨、趙南和我當選為副主席。我開始步入民陣高層。對我而言，最大的收益不是當選民陣副主席，而是與被中共定性為「天安門黑手」被判入獄十三年，但在西方國家的外交壓力下被保外就醫美國的王軍濤之間的半夜長談。

我一進會場，王軍濤就起身主動前來熱情地握手寒暄。王軍濤此舉令我有點詫異，因為彼此從未謀面，他何以認得出我？王軍濤是「六・四」事件中被判刑最重的人之一，被中共定為「幕後黑手」。為營救王軍濤，我們澳洲民運圈曾陪伴王軍濤夫人侯曉天向澳洲政府陳情，澳洲在推動王軍濤獲得釋放向中國政府施

加過政治壓力。後來中共使用人質外交手段將王軍濤釋放出國。這個消息很快傳開，我曾經的副手盛文向我提議邀請王軍濤攜夫人侯曉天來澳洲休假，這裡提供所有便利，也就是讓王軍濤夫婦在澳洲期間時間長短和休假遊覽的隨心所欲。我了解到當時王軍濤到了法國巴黎，遂致電萬潤南表達了這個意思，但是沒有下文。看來王軍濤的個性是個有情之人，他在法國巴黎的時候得到了萬潤南代我向他轉告的邀請，雖然沒對我和澳洲方面邀請他來澳洲休假的熱情做出回應，但他記住了我曾先伸出一手的情誼，或者是一種推崇。很顯然，王軍濤此時此刻表現出他的投桃報李情商。

也許是少年時讀《三國演義》形成的影響，非常推崇忠義守信這樣的人格品性，從投入民運一刻起，就尋找心目中領袖，希望這位領袖或者一群領袖能夠有胸襟有遠見，知人善用，帶領著我，帶領民運走向成功和勝利。這個領袖按照我個人的要求和標準，首先是具有正確的政治判斷力，其次是有鍥而不捨的持久力，最後，對我來說是最為重要的是能夠凝聚形形色色不同性格之人的親和力。萬潤南當然是我心目中的人選，王軍濤是一位很快就可以進入狀態的人物，首當其沖是他瞬間產生的親和力吸引了我。根據我個人的一孔之見和界定，按照當代中國民運的出場順序的先後來排定，王軍濤排在了第二位。他成名於一九七六年的「四・五」天安門事件，早於後來的北京西單民主牆。好一個「英雄出少年」，當時年方十七歲。

我按照他的要求到了深夜的時候進入他的房間，我們進行了好幾個小時的長談。他對未來中國的政治變化有很高期待，大有吞吐天地之志。他坦言他與陳子明的分工合作，陳子明在中國境內繼續耕耘，而他出來海外聚攏志士仁人，內外合力促成中國的

政治大變化。我聽軍濤言，雖然欽佩他的高遠志向，但是對他產生了一絲疑問，感覺他似乎有點言過其實。因此那晚深談以後並未密切聯繫。

以商養運

　　以商養運，是民運處於困境時候無可奈何的選項。原四通總裁萬潤南先生看到了民運進入低潮，希望走出一條新路，通過在海外經商的方式為民運籌措運作經費。本來中國民主運動理應獲得世界上民主大國的理解、同情和支持，可惜的是最應該對中國民主運動提供支持的美國為首的西方卻選擇了拋棄中國民運，轉而去扶持中共，一廂情願地認為中國經濟得到發展，中共會走向開放自由；中共的宿敵臺灣中華民國出於自身政治需要也應該給予中國民運支持，民聯之初蔣經國的確向民聯提供了可觀的經費，可惜蔣經國於一九八八年一月溘然去世，繼任者李登輝臺灣本土人，幾乎不存在蔣經國反攻中國大陸的個人思想情節，而是更需要帶領臺灣走出大中國。用萬潤南對李登輝的看法，就是李登輝對於支持中國民運無心無力。萬潤南主導的「以商養運」之舉就是希望解救中國民運擺脫無資源運作的窘境，可以使得民運尚能維持對中共專制的政治反抗。萬潤南在全球範圍內進行同仁集資，提出以商養運可以使得民運「口袋裡有錢，腦子有主意，身邊能夠凝聚人」，我也出於對萬先生本來成功商人的輝煌業績欽佩，也向萬潤南先生成立的基金會投資認股。這個嘗試於一九九五年開始，進行了不到五年，一九九八年六月我還去過他設在紐約世貿大樓的辦公室，但是這個嘗試最終沒有成功，這次以商養運嘗試的失敗，他也就搬離了世貿大樓，也許是因禍得福，躲

過了「九‧一一」的滅頂之災。這個也說明了一個問題，在海外，民運人士組合起來進行商業活動成功的可能性極低。但凡有所成功，成功人士也會離開民運，比如一九八九年天安門標誌性人物如柴玲、李祿等人由於「六‧四」屠殺流亡到了美國，在美國從商獲得成功，但是他們也由於從商的成功而為了追求更大的成功，把時間和精力都耗在了如何掙得更多的錢財上，也許因此改變了他們的初衷，對中國民主的追求漸行漸遠。像他們這樣在生意場表現出色，獲得了成功，卻鮮見他們回饋民運，對民運有所支持。我的理解是「錦上添花常有，而雪中送炭不常有」。

在澳洲不斷有人向我建議應該首先經商積累足夠的個人財富，然後重新投入中國民運。我根本不接受此議，因為說這個話的人都不懂民運的艱難，不懂人性脆弱。人容易自我迷失，忘記初衷。我讀中國古詩有云：「精衛銜微木，將以填滄海，刑天舞干戚，猛志固常在。」深知氣可鼓不可泄，從事一項偉大的事業和志事，是容不得半點雜念和分神的。所以我自甘清貧，為自己的理想——在中國大陸實現中國人百年夙願，建立民主憲政的中國而矢志不渝。

返回中國探親

一九九七年十月初，我隻身返回了闊別九年的故土，中國上海。我仍持中華人民共和國護照，當時還是我一九八八年去國時候的老機場，虹橋機場。剛到邊檢，就被一群身著便衣的國安人員圍住了，然後經歷了一幕我孩提時電影裡看到過的景象：車門打開，司機已經在位，一個國安人員先上車坐在後排，然後我被要求坐上車的後排，再一位國安人員也上車，我被夾在中間，最

後一位頭頭的模樣坐在前排。前面一輛車啟動,我坐的車跟隨在後,然後再一輛車在後面尾隨。我快速地思考,是否把我直接帶到拘留所或者上海提籃橋監獄?然而不久車就停了下來。我想拘留所或者上海提籃橋監獄不會那麼近,應該有一點距離。因為天已經黑了,我不知道是在什麼地方,進了一棟大樓,看似不像監獄或者拘留所。坐電梯,我被擠在中間。出了電梯,被引入一個房間,看上去是一個旅館,充其量是三星級的。

對於這個陣仗是有心理準備的,人為刀俎,我為魚肉。對方是中國國家安全部上海安全廳的國安人員,海外民運人士返回中國當時是由國安部人員對付。他們先給了我一個下馬威,聲色俱厲。因為有思想準備,我沒有屈服,但也不劇烈對抗,冷靜地、平穩地予以回應。他們給我扣上了反黨、反政府、反社會主義制度、反華等罪名,並揚言可以把我投入監獄。「我承認我反的是專制,如果中共不實行專制獨裁,我就不反中共了;我承認反對中共政府,因為這個政府不是民選的,如果中國未來的政府是通過一人一票民選的,我就不反對了;我反對中國的社會主義,因為中國的社會主義是掛羊頭賣狗肉的假社會主義,真正的社會主義在我現在生活的澳洲,在北歐;指控我反華完全是無稽之談,我愛中華,我愛這片土地,我愛這片土地上的人民。如果你們想把我投入監獄,悉聽尊便,我做好了這個思想準備,而且我相信把我投入監獄沒有外交糾紛,我還保持著中國國籍,我在澳洲只有永久居留,並未入籍澳洲,我樂意被中共政府塑造成一位英雄人物。」

以後我做了比較,當時的江澤民時期的中國政治環境與今天的中國政治環境相比,還是寬鬆的。我與國安人員的有禮有節的回應沒有受到迫害,與江澤民主政的稍微寬鬆和懷柔有關。如果

放在今天習近平時期，那就會有截然不同的結果，受牢獄之災是輕的，嚴重的不僅會失去個人自由，甚至是個人生命。

　　我不卑不亢地回應上海國安人員，他們的態度開始轉變得緩和了。開始與我討論我們如何推動的中國的民主化問題。他們承認，毛澤東的過失大家都知道，不必再談了。小平同志動用軍隊處理天安門事件是不得已，不然就沒有今天中國社會的繁榮和安定，希望海外民運放棄對中共的錯誤看法和偏見，與中共進行良性互動。他們談論中國的政治改革時顯然採取了守勢。對此我表示歡迎，如果中共能這麼做了，中國就會有希望。他們表示中國需要民主，但是需要一步一步慢慢來。我表示同意，但提出要有時間表，不應該曠日持久地只停留在口頭上。另外提出中共若真實願意與海外民運進行互動，首先必須公開對一九八九年天安門事件重新政治定性，讓天安門事件流亡人士返回中國，為中國重新啟動政治改革創造和睦氣氛。

　　他們表示這一步太快了，不可能實現，還要等。他們提出要求，要求我即刻起停止反對中共。我回應只要中共走民主化道路，我就停止反對中共。他們說中共會走上民主的，但是要求我立刻開始停止反對中共。我回答只有我看到中共啟動政治改革走民主道路，我就可以停止反共立場並且與中共配合互動。他們告誡我在中國的時候不可以從事反對中共的行為。我回答此次返回中國只是探親，沒有民運目標和任務，探親以外的事情一概不做。

　　我在被軟禁狀態下與上海國安進行了兩天兩夜周旋，最終，他們決定解除軟禁，允許我與家人團聚。但是強調在中國期間屬「監視居住」，不得離開上海，也不要與上海公安發生聯繫，如果上海公安上門來找，則回覆上海公安本案子由國安負責，不予理會公安的要求。扣去兩天的軟禁，我在上海滯留了三十三天，

離開上海返回澳洲之前，上海國安告訴了我一個消息，魏京生被保外就醫而釋放，即將前往美國。我對中國政府的懷柔做法表示歡迎。

後來我體會到美國和西方給了中共最大的機會，聽任中共獨裁專制發展到現在的極致。據我的觀察，發現一個最重要的原因是：西方政客對中國的認知能力普遍低下，無法對中共專制固有的邪惡性有準確的認識，在無意中幫助了中共，成了強化中共專制國家機器使之有效鎮壓政治反抗的幫兇。

後來聽了中共中央黨校教授蔡霞移居美國後的評論，披露江澤民曾考慮進行改革，但是阻力很大，江退縮了。通過她所展現的一鱗半爪，填補了我一些當時無法知曉的祕密，幫助我補齊了一幅畫面。一個多月的時光真讓我感覺到中國政治改革的希望，鄧小平新死，江澤民全面掌權，我期盼能見到「縞素正先王之過」一幕。這一幕沒有發生，但是政治氣氛是寬鬆的，江那個時期的作為與我親身所歷很吻合。而這個時候美國上卻犯了嚴重的錯誤，還是民主黨執政所致。也許當時美國對中國政治轉型表現出強烈要求，江朱政府也就就坡下驢了。但是美國沒有這個要求，還是因為不懂中共所致。

民運的再一次興奮

一九九七年末一九九八年初，兩位標誌性人物魏京生（一九七八年北京西單民主牆時期的代表人物）和王丹（一九八九年天安門事件的代表人物）分別被中共政府以保外就醫的名義獲得假釋送往美國。自華盛頓合併大會民運大分裂以及西方各國給予中國人士庇護以後，走下坡趨於沉寂多年的民運好像有了新希望，

魏京生立刻成為民運圈內圈外矚目人物，眾多民運組織和著名民運人士形成了很高的共識，擁戴魏京生成為海外民主運動的共主，民聯、民陣、中國自由民主黨都表達了邀請魏京生領導他們組織的願望。海外民運創始人王炳章博士也向魏京生輸誠，希望在魏京生的領導下推動民運工作。海外的西文媒體和華文媒體都對魏京生有大篇幅的報導，甚至美國總統柯林頓（Bill Clinton，1946-）也在白宮與魏京生進行過單獨會面。

為了充分展示民運的政治反對派形象和陣勢，與中共進行政治對等，前民陣主席萬潤南還推動過一個「魏核心」提法，用來對應中共鄧小平扶持的「江核心」。此說自然令民運圈內其他一些民運大佬人物的不快和抵制。就在民運圈因為魏京生抵達美國產生新希望的時候，我卻因為魏京生下意識的表現而從內心產生了一絲不祥感覺、蒙上了一層陰影。魏的傲慢和目中無人的舉措都讓我嚴重地懷疑他將無法成為中國民運的真正領袖。那是一九九八年初魏京生在紐約第一次公開亮相的錄影中所展現的，在紐約哥倫比亞大學，主持人是中國人權的執行主席蕭強，現場翻譯是美國著名中國通黎安友（Andrew James Nathan，1943-）。

一九九八年五月末民陣第五次世界代表大會在加拿大多倫多舉行，民聯也同期在同地舉行世界代表會議。會議前我隱約感覺到了澳洲本地的無形壓力，可能從民陣副主席的位置上退下來為好。然而令我意想不到的原因，卻是我在一九九七年秋返回了中國，因此引出了不知何人的疑問，有傳言說我投共了，當時的民陣主席杜智富先生向我通報了這個情況。我知趣，立刻主動提出從副主席位置上撤下，同時也不擬競選民陣理事，而作為一位普通民陣會員繼續為民運效力。主席杜智富勸說我可以不參選副主席，但一定要留任民陣理事。當時的我就心中明白中共力量無

遠弗屆，可有一隻無形之手，有足夠的能力暗中在民運中把水攪渾。而我的關注不在於自己在民陣中的位置上下，卻更是關注魏京生。

一九九七年魏京生先生一到美國，像是給疲軟的海外民運注入了一針強心劑，整個世界為之一振，美國多位國會議員把他視為英雄，民運組織紛紛考慮如何拆解重組、接受魏京生領導。當時的魏京生先生可謂前呼後擁，圍上了層層流亡海外的民運一流人才和人物。但是魏京生先生的敗象立刻顯現，一九九八年五月末多倫多民陣五大、民聯八大，我第一次有機會近距離認真觀察魏京生的言語舉止，赫然發現魏京生先生對未曾謀面之人的認識和判斷，用耳朵大於用眼睛和頭腦，不要說三人成虎，一人傳訛就可以相信大梁鬧市有老虎出沒。回到澳洲一位老民陣十分關切魏京生是否能夠重振海外民運，他分別問了參加會議的民陣第三屆副主席孫繼生和第四屆副主席的我。我回答：大失所望，魏是偏聽偏信之人，缺乏胸襟，格局不大，魏領導海外民運，只會走到烏江邊，絕無可能走進咸陽城。我被告知，孫對魏的評價也大致如此。

同年秋，多倫多舉行首屆中國民主運動海外聯席會議，魏京生先生領銜主席。民聯沒有參加，民陣作為主體參加了，但是當時的主席杜智富辭職了，應該是負氣辭職。據杜告知：原因就是魏京生先生毫無民主素養，民聯主席吳方城提議主席應該經過選舉，魏因此動怒拒絕吳方城；因為提議原本是杜提出，只是吳方城心急口快搶先表達了，冒犯了魏，杜也因此只能與吳方城共進退而離去。為淵驅魚、為叢驅雀就是魏京生先生的領袖風格。帝者與師處，王者與友處，霸者與臣處，亡國與役處。由此古訓比照魏京生先生的作為和品性，屬最末等級，必無遠景。魏京生喜

好開帽子工廠，揮舞棍棒，但凡心中不悅的都給一頂「特務」的帽子。民運圈裡被魏京生先生贈送此帽的人還不少，本人被魏京生套過此帽。被套上這頂帽子最多的，應該是楊建利。主因還是楊建利二〇〇二年返回中國時候沒有向魏京生先生預先報備。

　　一九九九年初民陣代主席齊墨要求我遊說澳洲政府，在當年的日內瓦人權會議上，支持以美國為首的其他西方民主國家動議譴責中共人權案，並提出在當年合適的時候安排魏京生先生訪問澳洲。我即以澳洲民運協調會的名義致函澳洲外交部長，就以上事項進行會面商談。三月三十一日，我們一行五人赴坎培拉與外長唐納（Alexander Downer，1951-）會面。唐納認為，在人權會議上提出對中共的譴責無益於改善中國的人權狀況，也不符合澳洲的國家利益。他堅持認為，理性的、非對抗性的、建設性的、低調的溝通更有利於實質性改善中國人權狀況，所以澳洲將不會支持美國等國的動議。同日，我們還與澳洲外交部東亞司司長和澳洲國會人權委員會主席，以及其他委員會成員進行正式會談。與外交部東亞司官員的會談主要限於魏京生先生訪澳的安排。澳方表示歡迎魏京生先生到訪，但為了澳洲的國家利益，希望魏的到訪時間安排在中國國家主席江澤民訪澳之後。我冷不丁提出一個問題：「澳洲作為西方民主國家是否能對中國的海外民主運動提供實質性的支持？」對方反問：「對中國海外民主運動的實質性支持具體的意味是什麼？」我回答：「就是意味著財政方面的實質性支持。比如澳洲政府每年出資百萬向中共提供司法檢察的培訓，是否可以從中勻出少量資金幫助中國民運推動中國的人權改善運作？」該官員毫不含糊地表示這不符合澳洲外交的慣例，澳洲也不可能開此先例。

　　與國會人權委員會的會談主要是反映惡化的中國人權狀況，希望國會人權委員會能在江澤民到訪澳洲時鄭重提出，並提交一份具體名單，要求釋放的已被中共當局關押的中國民主黨人士徐文立、秦永敏和王有才等人。人權委員會主席彼得·紐根特（Peter Nugent，1938-2001）表示願意代為呈交這份名單，以體現對中國的人權狀況深切的關注。無論是外長唐納，外交部東亞司以及澳洲國會人權委員會都向我們表達了這麼兩點：和我們民運組織之間的會談應盡量避免媒體的曝光，魏京生先生的訪澳時間應在江澤民到訪之後，以免影響兩國的關係，造成澳洲的尷尬。

　　據齊墨告知，魏京生原定六月中走訪亞太地區的日本和澳大利亞。但由於未籌得相應的經費開支，以及魏京生去日本受阻，此行往後拖延。考慮到澳洲政府明確要求魏京生到訪時間後於江澤民，我覺得以本組織民陣的名義邀請魏京生到訪澳洲，其成功率會大為降低，也許赴澳簽證有困難。因此，我努力尋求民運組織以外的非政府團體，如國際特赦組織（Amnesty International，簡寫為AI，另稱「大赦國際」）出面邀請魏京生。經過數月與國際特赦組織紐省的負責人保羅·托納（Paul Toner）的反覆磋商，澳洲國際特赦組織組織最終同意出面邀請魏京生訪澳，在經費上完全由國際特赦組織承擔，並刻意安排與江澤民同期訪澳，形成迎頭相撞的政治效果。從媒體和澳洲官方得來的消息，江澤民將於中共建政五十週年紀念日之後到訪澳洲，但後來被改在九月中旬，在紐西蘭舉行的亞太經濟峰會之前順道訪問澳洲，國際特赦組織得知這一消息以後，通知了我，並與我商定立刻向魏京生發出訪澳邀請，著手安排魏京生在澳期間活動。

前後活動近三週，魏京生作為最負盛名的人權鬥士在公開演講、媒體訪談等方面的表現還是比較得分的，但是目空一切、放縱恣意也表現得淋漓盡致。最為突顯的是抽煙問題，魏京生認為這是他個人的人權，不可剝奪。所以在禁止抽煙（No Smoking）告示牌前吞雲吐霧。最具典型的有兩次，一次是在國際特赦組織封閉的大樓裡，另一次則是在澳洲國會議員辦公室裡面。一九九八年剛進入國會的後排議員陸克文（Kevin Rudd，1957-）對魏京生說道：「澳洲國會是禁煙的，但是出於對你的欽佩，你可以在我的辦公室抽煙。」在場的我和專程從德國趕來的民陣主席齊墨輕聲勸阻魏京生忍一忍煙癮，但是魏京生不為所動，堅持要抽煙。在場的無不感到錯愕，當時在場的還有前外長伊文斯（Gareth Evans，1944-）、丹比（Michael Danby，1955-）以及另外兩位工黨議員。為了解嘲，丹比然後就傳開了一個澳洲國會的笑話，自由黨議員約翰・費伊是桿大煙槍，他的辦公室成了吸引了澳洲國會兩大政黨的煙民議員聚集一起吸煙的吸煙室。

　　魏京生澳洲之行獲得如此高度的關注和追捧，實在不是我個人能力的出眾，而是魏京生效應尚在，澳洲工黨猶太裔丹比議員對中國的民主運動有熱情，是他主動找到了我，表達了願意協助張羅安排魏在澳洲國會的活動，還特意舉行了一個小型的冷餐會。丹比議員這麼說的：江澤民到訪澳洲，總理霍華德為他舉行大型餐會。那麼他則情願舉行一個小型的冷餐會，也算是一種政治平衡。冷餐會進行中，澳洲總理霍華德「路過」，其實這是澳洲政治的一種作繭自縛的微妙，避開中國政府的不愉快。魏京生真牛，端坐不動，就是不起身與澳洲總理寒暄一下，我目送著澳洲總理霍華德只能向在座的十來位各政黨議員揮揮手離去。我

記得當時有以下議員出席：工黨議員邁克爾‧丹比（午餐會的主持人），茱莉亞‧吉拉德議員（Julia E. Gillard，1961-，後來成為澳洲歷史上唯一的女總理），綠黨領袖參議員鮑勃‧布朗（Bob Brown，1944-），自由黨參議員陳之彬，參議員布萊恩‧哈拉丁（Brian Harradine，1935-2014）的助手以及另外三或四名議員，但我不記得他們的名字了。

　　魏京生訪澳結束離開後，作為主要接待人的我，深深地為當代中國民運感到悲哀，本希望一九九八年多倫多對魏京生的負面印象是我的錯覺和誤判，這次由魏京生的上佳政治表現給予糾正。不料魏京生的澳洲表現讓我更加重了他必定難孚眾望而產生的絕望。我確定我不會盲目跟隨他，因為確信他不會成為領導中國民主運動取得勝利的人，儘管他在中國民運圈子中很受歡迎並受到媒體追捧。二〇〇一年美國《世界日報》轉載了主流媒體一篇長文，惡評魏京生先生。澳洲的一位民運人士如獲至寶，傳真到澳洲，希望我轉給澳洲華文媒體。我見此文悲從心中來，魏京生固然個性狂傲不羈，自我毀損，但是畢竟是西方主流和華人世界追捧的民運領袖，可以被視作為一個「豐碑」，砸不得啊。遂把此文撕碎扔紙簍裡。

　　海外民運自一九九三年初華盛頓合併大會以後一落千丈，外界普遍地認為是民運內鬥造成的。其實外界把問題看淺了！海外民運的低迷根本原因有三：首先，西方民主世界對中國人民的民主追求的背棄，轉而全方位接納中共專制獨裁；其次，海外民運資源枯竭，在無資源狀態下苦撐堅持，全憑為數有限的民運人士堅守陣地，最為主要的是傳統的民運組織民陣、民聯、民聯陣，一九九八年浙江率先發起組黨運動以後延伸到海外的中國民主黨；其三，一個極為重要的因素，海外民運領袖群的素質

欠缺，尤其是一九九七年十一月被中共外放到美國的魏京生先生，若以政治領袖的要求來衡量，魏作為民運領袖則個人素質太低，但以個人單打獨鬥勇士的要求來衡量，則可以勇冠三軍。共產黨十幾年的牢獄本來把魏京生培育成了一位曼德拉（Nelson Mandela，1918-2013）式的民運領袖，可惜他自我辜負了。魏京生成為世界的關注點，民運資源也因此向魏紛來沓至。由於魏京生先生的狂傲，可以把煮熟的鴨子弄飛了，可能的民運資源也被魏京生先生的魯莽舉措給嚇跑了。魏京生無胸襟、無遠見構築起中國海外民運的大本營，只能營建一間魏姓辦公室，這是當代中國海外民運之悲哀，我只能仰天長嘆。

法輪功的崛起和「五毒」

　　一九八九年天安門事件以後，中共左右中國人的思想信仰在中國人的思想深處發生了根本性的動搖，出現了思想信仰的真空。在這一大背景下，香功、中功、法輪功相繼問世。尤其是法輪功在中國境內外得到了極大的發展。法輪功，又稱法輪大法，是一種中國精神修煉，將冥想和氣功修煉與真、善、忍的道德精神融為一體。李洪志先生是法輪功的創始人。一九八〇年代出現的氣功熱接近尾聲時，李洪志於一九九二年十一月首次在東北地區公開傳授法輪功，立即吸引了大批追隨者，無數男女老少聞風而至。法輪功還得到了官方的默許，因此在中國得以蓬勃發展，這個功法還走出國門，傳法到了境外的臺灣、香港、新加坡。根據一九九九年中國政府的估計，全世界七十多個國家和地區擁有約七千萬至一億法輪功修煉者。

法輪功在中國的流行，也許有利於阻止中國人迅速的人性墮落和道德下滑，我把這個視作為政府力量不及的情形下民間的道德自救。由於法輪功的規模以及獨立於中共國家的精神教義，很容易被共產黨和公安部門將其視為潛在的威脅。一九九九年四月二十五日法輪功萬人修煉者包圍中南海是一個標誌性的事件，我因為這個事件知道了法輪功，直覺告訴我法輪功是一股新的社會力量，有可能成為未來中國政治大變過程中可以產生作用的社會力量。

　　法輪功的崛起和迅速發展必定引起中國政府極大憂慮和恐慌，採取斷然措施予以取締是它的一個必然手段，於是一九九九年六月正式取締法輪功。也許是因為「四月二十五日」事件，讓中南海痛下殺手予以取締，法輪功直接被中共推向了政治對立面。在這一點上，我倒是很理解中共的思想行為，歷史上宗教勢力的發展嚴重削弱甚至摧毀皇權的事例頻仍，東漢末年的黃巾起義，元末的紅巾軍，清朝中晚期的太平天國運動，都嚴重地打擊和摧毀專制王朝。中共鎮壓法輪功有明顯防患於未然的政治作用。

　　中國境內的法輪功修煉者受到嚴厲迫害，或被迫放棄修煉，或拒不服從而被投入監獄。中國政府與法輪功之間殊死鬥爭就這樣開始了，沒有一方表現出妥協或屈服的跡象。雙方的交戰從中國境內轉戰到了海外，無論中國政府領導人走到哪裡，他們都會被在海外嚴陣以待的法輪功學員所組織的示威活動包圍甚至淹沒。根據法輪功學員的說法，中國政府因為愚蠢而將法輪功從一個非政治運動團體轉變為一個新的並且強有力的、致命的政治死敵。

　　出於這個思考，我就很希望與法輪功結盟。一九九九年的九月，中共最高領導人江澤民抵達澳洲雪梨，下榻洲際酒店，在旅館外被民運、有獨立傾向臺灣社團、自由西藏運動、維吾爾人

和法輪功修煉者合圍抗議。這家五星級賓館，也就是一九九二年五月我們第一次在此拜會西藏精神領袖達賴喇嘛的地方。臺灣人的隊伍足有百人以上；藏人的隊伍也超過百人，揮舞著雪山獅子旗，大部分為藏人，也有不少澳洲人，他們都是達賴喇嘛支持者；法輪功學員有上百人，身著黃色練功服，整齊劃一地站立在賓館大門對面的馬路上練著功法；另有一組人，也有好幾十人，舉著月牙旗，粗一看都是白人。此情此景，「五毒俱全」一詞立刻在我腦中閃現，從那一刻起，我開始用這個自貶解嘲的專門術語來統稱這五股不同的政治社會力量。以後不知何時起「五毒」——指海外民運、臺獨、自由西藏、維吾爾人、法輪功五股對中共的反對力量——一詞在中共反對運動中被經常而且相對廣泛地使用。不敢自誇描繪和自嘲這五大中共反對力量的「五毒」一詞因此原創，但至少這個專門詞彙是與其他學者和官方的使用的一個巧合與共識。

那一天，我們民運隊伍的人數最少，不足十人。經過思考和選擇，我們想匯合到法輪功的抗議隊伍中去，因為是膚色、種族、文化和來源地相近。但是被法輪功學員驅趕了出來，他們的理由是他們不搞政治，他們只是修煉。民運是搞政治的，不應與他們為伍。我並不生氣，只是覺得法輪功修煉者有點迂腐。再過兩年到了二〇〇二年，由於中共對法輪功的鎮壓過於強烈，法輪功放棄了原來不搞政治的迂腐想法，對中共進行了激烈的對抗，報紙《大紀元》、電臺《希望之聲》、電視《新唐人》、網站《明慧網》等紛紛登上政治舞臺，成為了中共最為強勁的政治對手。也就是這個時候，法輪功學員積極主動地來與我互動，一時間我成了法輪功活動舞臺的重要演講人。接受法輪功學員的邀請經常在他們的活動中發表講話，我將此視作為是一種政治結盟與

合作，但是法輪功學員肯定不會這麼認為。我理解在與法輪功進行合作的時候，各自的理解會有很大的差別，就如同臺海之間的「九二共識」一樣，各自的表述不一樣。

客觀地說，現在法輪功對中共形成的政治壓力遠遠大於民運對中共的政治壓力。五毒中只有民主運動是中共的真正政治威脅，它向中共發出政治挑戰，直指問題的核心，要求政治制度的澈底變更。而其他四毒，只是希望求得自身的訴求，不直接也不希望挑戰中共的政治制度，而且他們都不視中共為自己的敵手。他們都是被中共自己定為政治敵手。尤其如法輪功在未被取締之前是很明確配合中共的，由於中共恐懼法輪功的進一步擴大可能形成類似歷史上的宗教反抗，從而威脅中共政權的根基而先下手為強把法輪功推到了對手的位置上，法輪功因此被逼才奮起反抗。由於共產黨施政的倒行逆施，現在由原來的五毒已經擴大為七毒或者N毒，新增加了港獨、蒙獨、滿獨甚至是滬獨。

第四章　漫長的困守

　　離開中國去西方，本意是尋找有意改變中國現有政治體制有志者而緊緊跟隨。十多年過去了，民運陷入了低谷，在我的前頭沒有我可以跟隨的領袖人物了，怎麼辦？是放棄歸隱還是繼續前行？我選擇了後者，繼續前行。自己引領自己，自己開山築路。自己在低落的民運中堅守，以時間換取空間，等待歷史機遇的出現。

什麼是民運？

　　當代中國民運從毛澤東死後開始，起源於中國境內，發展到海外。一九八九年以後只在海外，不在境內，境內沒有生存空間。維繫中國民主運動的是民運組織，以組織力量保持和推動民主運動。中國民運組織主要是由異議人士和民運人士兩部分組成的。在通常情形下，異議人士和民運人士既有區別，也有重合。

　　異議人士是獨立人士，他們發表意見時所站的立場是完全意義上的「個人立場」，其言論只對個人負責，他們發表意見時或是出於道德良知，或是基於義憤。他們是一種勇敢的人，不計其後果。他們不但與政府所持的意見相抗衡，而且還敢於挑戰社會的主流意見。

　　民運人士的言論立場則更多地關乎國家、民族和社會，其言論受到許多限制，他們的言論要受民主運動過程本身的制約並服務於民主運動的目的。

異議人士的言論並不負有政治責任，民運人士的言論往往負有政治責任，要能夠經得起歷史的考驗。在中國的現實環境之中，異議人士對中國民主化運動最大貢獻是以自己的言行造成了一種自由言論的風氣，而民運人士抱有一個更加偉大的目標，那便是中國社會的民主化和自由化。

中國要實現民主，就必須有民主運動，加入民運組織的民運人士是能夠推動中國民主化事業進步的主力軍。異議人士並非都有意投身到民主運動之中，他們往往是「坐而論道」的人。在中國民主運動初期或者前期，異議人士登高一呼，被當成是民主的旗手，隨著運動的持續和發展，他們中的許多人會停滯不前，會逃離運動，有的甚至會走到運動的反對面。民運人士則要在中國建立一個民主制度，他們似乎命中註定地要做許多原本自己不願意和不想做的事情，他們要沉下心來研究歷史，研究現狀，尋找資源，廣結善緣，發展組織，把握時機，背負重責，竭盡所能完成時代使命達到目的地。他們是「起而行道」的人，如朱元璋謀士高升所言：「高築牆，廣蓄糧，緩稱王。」

民運人士是一批政治人士和社會活動者，其志向是政治的，其行為亦是政治的。他們具有遠大的理想和抱有崇高的目的。他們雖然不能自認為是偉大的人，但是他們顯然從事著偉大的事業，走在一條通向偉大目標的道路上。就他們生活的一般條件來看，是一些普普通通的人，但是他們同古代布衣中那許多的志士仁人一樣，有著以天下為己任的崇高志向。

我能釐清兩者之異，得益於流亡南韓的武振榮先生的指點。

明白人和正派人

　　真正的民運人士通常由兩種特別個性和素質的人組成，正派人和明白人。再融和一下，可以產生四種人：只正派但不明白；只明白但不正派；既不正派又不明白；既正派又明白。在民運圈中倡導這樣分野的是萬潤南，我對此說感觸很深，因而引申了同樣對這兩組人我自己的觀點和看法。正派人讀書多，高學歷、高智商、低情商，一般很單純，對自己認定的想法很固執，堅守「正確和原則」，一成不變，不會變通，凡事很容易滑向「書呆子」和迂腐，作繭自縛是常態。正派人以是非原則為先導，以行事方法為重點，講求過程，不顧後果結局。實際上，在我的認定中，「正派人」是「糊塗人」的委婉語。明白人則是另一種風格，行事圓潤變通，世事洞明，人情練達，這是高風亮節。格調低的，則會圓滑，見風使舵甚至放棄原則謀求一時的利益和成功。明白人至少是高情商，處事以最終結果為重點，一事當前首先研判結果，在過程中及時調整方略，確保最終的有效成效。老萬卻說可以排列六組。無論如何排列組合，從正派人和明白人兩個因素中我只能排出四組人。我要求老萬不要再賣關子了，老萬才千呼萬喚始出來，遂加了兩組：明白多一點，正派少一些；正派多一點，明白少一些。我還是覺得老萬的兩個元素排列組合成六組人牽強，但姑且用之。講到「從萬潤南到秦晉」，老萬滿興奮，又輕鬆地列出民陣初創時期的三類人：第一類，出頭露面的：嚴家其、吾爾開希；第二類，出謀劃策的；陳一咨；第三類，跑腿辦事的：萬潤南。民陣三十多年來能夠堅持下來，就是靠跑腿的，現在的秦晉就是跑腿的出身，而且還是青出於藍而勝於藍。

民陣歷屆主席中還是以明白人為多，而民聯歷屆主席中則以正派人為多。我自然以「既正派也明白」自我期許，不正派無以行遠，不明白無以成事，這樣方能矢志不渝守住民運乾坤。

在我過半生的民運生涯的認知中，當代民運的孫中山，就是王炳章。孫享譽天下是因為國民黨在蘇聯扶持下建立黃埔軍校，以此為基地北伐成功了。這是成王敗寇的近代版。掰開來揉碎了細看，王炳章的個人品格不在孫之下。可惜王炳章個性使然，不為他自己以後的民聯人所理解包容。

民聯歷屆主席：王炳章、胡平、于大海、吳方城、徐水良、薛偉、莫逢傑、薛偉〔情同普丁（Vladimir Putin，1952-）上了下，下了再上〕、鍾錦江，其中四位博士，一位北大競選就聞名遐邇。只有王炳章鶴立雞群，無人能出其右。我認同王炳章不是在他二〇〇二年被捕以後，而是在他一九九八年持假護照闖入中國旋即被禮送出國的時候。因此我對王軍濤、胡平等十三人聯名討伐王炳章一事耿耿於懷。這是一種乘人之危、落井下石的不光彩政治行為，也是一種「政治正確」罔顧實際的愚蠢行為。二〇〇二年以後王炳章聲名有所恢復，但是代價極高，中共設陷把王炳章投入大牢。誠所謂「美麗的彩虹在雨後，真誠的友誼在別後」。

民陣歷屆主席：嚴家祺、萬潤南、杜智富、齊墨、費良勇、王國興（民陣南北朝時期一方主席）、盛雪、秦晉，其中沒有一位在接任時候有博士學位，掌門人學歷方面民陣低於民聯。然民聯以正派人居多，民陣以明白人居多。

時光進入新世紀，開始意識到我的民運的追求可能進入了瓶頸時期，再觀察中國未來政治走向，如果沒有大的、突發性的外部變化和壓力，中國的政治變化很難自動發生。這就會使自己在

海外的民運舞臺上很難有作為了，再繼續努力是徒勞的，就有如年輕的時候挖泥挖到河底，只剩泥漿，沒有泥塊的時候，做與不做、多做與少做，都沒有分別了。在這個時候，就應該尋找新的出路，以避免時間的浪費。屈身守份，以待天時，韜光養晦是一個無奈的選擇，勤於筆耕多多寫作，密切關注中國政治變化，關注國際間的變化，尤其是美國政壇的變化，都是比較可取的無奈之舉了。

絕地而起的紐西蘭民運會議

　　二〇〇一年五月中下紐西蘭民運會議，主辦者用「絕地而起」來形容描述。從地理和狀態來看，的確如此。紐西蘭地處世界南半球最南端，緊連南極洲，可以視為絕地；民運狀態極為低迷，也在絕地。會議幾大派系到場，魏京生、王希哲、倪育賢、薛偉、汪岷、楊建利等，澳洲雪梨和墨爾本都有多人赴會；紐西蘭的主辦方則是以潘晴、陳維健、陳維明三人為團隊核心和當地一批關心支持中國民主的人士。比較突出的是其中一位叫王小選的，他後來還當選為紐西蘭國會議員。

　　據《北京之春》相關報道和會議主辦者潘晴介紹，這次會議得到了紐西蘭政府的關注。也許這是中國海外民運第一次有這麼大陣仗齊刷刷地出現在這個國家，因此，紐西蘭官方也很重視這次會議。紐西蘭外長和多位國會議員正式會見了來自北美的中國民運領袖們，並邀請了魏京生、王希哲、楊建利等人訪問了紐西蘭國會。會議為歡迎來自海外的來賓，專門舉辦了高規格的雞尾酒會，紐西蘭各個政黨眾多國會議員出席。會議在外交層面上的聲勢達到了相應的高度，也為低迷的中國海外民運起到了提振作

用。客觀地說，紐西蘭的民運能夠堅持和發展到今天，與這次會議有直接的傳承關係。

既然是絕地而起、提振民運的會議，這個正面效應是毫無疑問的，但不為人知的花絮也可圈可點。看了赴會的人馬和陣仗，薛偉對我悄悄揶揄潘晴、陳家兩兄弟此番作為好似「一女嫁三夫」：聯席會議派魏京生、民主黨聯總王希哲、自家親兄弟自由民主黨倪育賢。主辦方做了一個會標，澳洲坎培拉的方圓因事不滿，私下耳語我說，從風水學上看，此會標是不祥之物，民運月內必有一傷，年內必有一亡。我聽了就笑笑，過去了，並不當一回事。

當晚在一個房間潘晴、方圓一語不合發生爭吵，潘晴氣急之下眼看就要與方圓發生肢體衝突。方圓也不認慫，也操起凳子準備對著幹。一方面是王希哲按住方圓並且用身體護著方圓，另一方面是我使盡全力把潘晴勸住。很快潘晴就冷靜下來，主動向方圓表示歉意，事情就緩和了下來。當晚無事。

次日午飯後，墨爾本與會者有三人義憤填膺找方圓算帳，方圓猝不及防，一個巴掌甩到了方圓的臉上。王希哲見狀立刻衝上前去阻止，並用身體護住方圓。我見狀也上前勸阻，遭墨爾本的一位警告：「如果你再勸的話，連你也一起打。」我一不強逞，二不退縮。動手打架顯然不是這個年齡段應該有的事情，這完全就是一個笑話和鬧劇。因此這個會議從這一刻起我就選擇自我退出，所有會議合影一概拒絕參與，無論何人勸導都不為所動。反而方圓倒是好姿態，一不報警，二參加會議結束時候的合影。

墨爾本團隊動手打方圓一事，與會者態度兩端，有持批評鄙視態度，也有事不關己高高掛起，魏京生屬後者，樂呵呵地啥事也沒有發生似地。毫無疑問方圓因此遷怒魏京生，當年底美國主

流媒體一份大報發文惡評魏京生，中文媒體《世界日報》轉載，屆時在美國的澳洲方圓如獲至寶，傳真過來，希望我在澳洲華文媒體轉發。我當然不能接茬。方圓餘恨未消，藉悼念王若望，將所有重量級民運人士之前都冠上「民運之子」，含沙射影反襯揶揄「民運之父」魏京生。這也是因果來回吧，剃人頭者終被人剃。

月內必有一傷，立竿見影，一語成讖，一巴掌打到方圓臉上。年末十二月十九日王若望先生在美國去世，立刻聯想起方圓在紐西蘭會議上的那一句話：年內必有一亡。又應驗了，方圓真是料事如神，還是一說就靈啊。不服不行。

還有一件事情也發生在奧克蘭的會議期間。墨爾本人馬強壯心又齊，除前提到的三位，還有一位，出席這次會議，人多勢眾很有話語權。總算有了聲勢浩大的民運一代領袖魏京生，所到組織民聯、民陣、民聯陣、民主黨、自由民主黨，基本代表了當時各大民運組織，好像比較齊全了。趁熱打鐵，興奮激動的墨爾本人跳將起來，環指在座的各山頭頭頭腦腦主席領袖，立刻解散各自組織，統統歸於魏京生旗下。這個架勢堪比水泊梁山林沖用尖刀環指眾好漢，哪個不服，王倫這廝就是下場。魏京生很是享受，微笑不語。各位大佬面面相覷，表面迎合。場面有點滑稽可笑，我也不知不覺興起，上前解嘲打岔：首先，民運組織不是主席個人一言堂，個人乾綱獨斷，必須符合組織規程，至少理事會集體決議，豈能主席一人腦子一熱，腦門一拍說解散組織就解散組織？其二，薛偉好像不是民聯主席，無權代表民聯表態。民聯陣主席汪岷自八三年民聯創始，臥薪嘗膽二十年，寶座剛坐上，屁股還沒有坐熱，就因為墨爾本人熱血沸騰的話打碎組織跟定魏京生，既對不起組織也對不起自己。民運有統一組織和統一領袖是好事，但是一不符合民主原則，二也不符合現實，完全是過分

理想化的、不可行的小兒玩家家舉措。

民運五大佛

　　這個名詞首先由我在二〇一〇年前後與香港草根民運圈人士交談中使用，後來被香港出版的一本專事醜化詆毀民運的書《婆娑諜影》所引用。我解釋的民運五大佛指在世界範圍內最受美國和西方追捧的民運人士。

　　首推魏京生，他因為一九七八年北京西單民主牆時期最先提出超越中共政府四個現代化的第五個現代化——政治民主化以及公開批判鄧小平為新的獨裁者而入獄十五年。當時的中國因為需要對外表現開明形象，對他的入獄判刑進行了公開審判，使得魏京生一舉成名天下，成為世界觀測中國政治發展的標竿性人物，進而被長期關注，在獄中多次獲得諾貝爾和平獎提名。一九九七年十一月他被保外就醫到了美國，成為美國的最為關注的中國異見人士，曾被奉為「中國民主之父」。

　　其次是徐文立，一九七八年北京西單民主牆時期的重要人物，中國境內一九九八年組黨運動被中共判刑期最長的年限，兩次被中國政府逮捕入獄，共被判二十八年，實際服刑十六年。一九九九年獲諾貝爾和平獎提名。一九九三年和二〇〇二年，前後兩次得到美國柯林頓政府和小布希（George W. Bush，1946-）政府與各民主國家及國際輿論的特別營救，二〇〇二年十二月二十四日聖誕夜直接從監獄流亡至美國，獲美國布朗大學榮譽博士。二〇〇三年至二〇一三年於布朗大學沃森（Watson）國際研究所任高級研究員，任教九年，現已榮退。很得美國眾議院議長裴洛西（Nancy Pelosi，1940-）的青睞和關注。

二王連體，王軍濤和王丹。王軍濤在我的認知中按出場順序是當代中國民主運動第二位出場人物，一九七六年四月五日的清明節，十七歲的王軍濤在這場運動中就嶄露頭角，因此入獄。一九八〇年北大競選時候他是風雲人物，被中共定為一九八九年天安門民主運動的「幕後黑手」。一九九四年，王軍濤被以保外就醫的名義被直接從監獄送上飛機飛往美國。以後在美國王軍濤一路遇挫，他主理的中國戰略研究所解體，在中美永久性正常貿易關係（Permanent normal trade relations，PNTR）上選擇有利中國，都使得他聲望有所下滑。二〇一〇年被「黃袍加身」強行推上中國民主黨全國委員會主席位置，現在紐約搭起「鐵打的營盤」領導「流水的黨員」，堅持自二〇一一年三月起紐約時代廣場上每週一次「茉莉花革命」行動至今。

　　王丹，北京天安門八九民主運動領袖之一，「六‧四」清場後逃亡，在聯繫臺灣在北京採訪的記者黃德北時被捕。一九九三年獲得假釋，北京一九九三年九月二十一日競標二〇〇〇年奧運會敗北後重新收監。一九九八年被中共放逐美國，取得哈佛大學歷史學博士學位。二〇〇〇年獲雪梨學院邀請進行演講，但因大雪封路延遲訪問澳洲。曾問他心歷路程，王丹政治期許不高，也許是自謙，只希望當北大校長。王丹出國晚，因此形象好。二〇一七年七月離開臺灣，返回美國，定居華盛頓，成立智庫「對話中國」，在華府形成魏京生、楊建利、王丹三足鼎立局面，共同為推動中國民主效力。

　　楊建利，民陣成立大會上嶄露頭角，明知不可為而為之，競選主席一職，雖敗猶榮。民運圈中唯一的雙博士，華盛頓會議違規運作造成會議失敗和分裂的執行者，華盛頓會議產生的新組織中國民聯陣副主席。從另一個角度看楊建利，他的才能展現端

倪，當時會議呈現混亂狀態，留在會場的與會者一片茫然不知所措，幸虧楊建利急中生智，穩定住了會場。楊此舉真好比司馬光砸缸救小夥伴，誠為我讚歎不已。當時就預見他必定是民運的一匹黑馬，前途不可限量。二〇〇二年四月，楊使用友人護照進入中國大陸，以考察中國東北部出現下崗工人的大規模工潮，他涉嫌非法入境被拘押。我曾致電楊妻子傅湘，恭賀楊建利正奮力獲取「第三個博士學位」，就是以坐中共的監獄而齊名躋身其他民運領袖群。二〇〇四年五月十三日，被判處五年徒刑。雖然我把他列為五尊的最後一尊，同時預言他將很快憑藉他的能力和新的聲望所能整合的資源躍居第一。截止二〇一八年楊建利坐擁海外民運「一哥」地位沒有疑義。

二〇二〇年七月下旬國務卿蓬佩奧（Michael Richard "Mike" Pompeo，1963-）洛杉磯演講，華盛頓三足到了兩足，缺楊一足。這個微妙可以推測為楊三十年前自恃逞能之因，傷人而不自知，而得三十年後的果。也有人說楊與民主黨親近，故刻意不赴洛杉磯。我認為這不符合楊的做派，並非真實原因。因為川普（Donald Trump，1946-）入主白宮後，楊立刻改變姿態，希望取悅川普。這是楊的個性使然，見風使舵「識時務者為俊傑」。二〇二〇年美國大選川普危困，楊故態復萌，善變取巧一覽無餘。

五大佛以外堪稱領袖的人物

最被人遺忘在角落的是在中國廣東韶關監獄服無期徒刑的中國海外民主運動的創始人——王炳章博士。他的勇氣、智慧、才華、奉獻，以及毅力，不會輸給曼德拉、翁山蘇姬、魏京生以及

劉曉波等人中的任何一位，但是他得到的卻是最不公允的待遇。王炳章博士開創的中國海外民主運動是上世紀和本世紀最偉大的事業之一，但是又如同荊山之玉不為人所識而被棄置在路旁無人問津。「二十一世紀初葉全世界最偉大、最壯觀大事件就是中國的民主化，中國的民主化定將改變整個世界。」這是王炳章博士唯一一次造訪澳洲時候與我交談時候所說。也許我看王炳章也是盲人摸象，所以他身上的不拘小節甚至是品性問題就不易令我耿耿於懷。就如同我曾推崇孫中山，以後又了解了孫的形象是後人粉飾而成，經過權衡，還是承認他的大處，捨棄他的小節，可在我心中天平上仍然保持平衡。鮑叔牙交往管仲，知道管子的弱點，但是更注重管子之長處，才成就齊桓公春秋五霸之首的歷史地位。

劉曉波，諾貝爾和平獎獲得者，普遍都認為只要中國發生政治變革，憑藉他的國際聲望，變革後中國的民選總統的不二人選。共產黨更厲害，蓄意將他謀害致死。魏京生以自己的生命為賭注促使中共有一個不成文的改變，從此中國政治反對人士爭取到了一張免死券，而劉曉波之死，重新開啟中共對政治反對人士的獄中扼殺。劉曉波一九九三年中來過澳洲，在雪梨唐人街工黨禮堂舉行過一次演講。我因為劉出言張狂棍棒橫飛引起個人的極大反感而悄然退場，拒絕參加當晚的餐聚，失之交臂。二〇〇六年，劉曉波兩位副手中文獨立筆會的王怡和余傑做客雪梨，通過他們我與劉曉波建立聯繫，偶有互動。二〇一〇年十二月，我前往奧斯陸參加他的諾貝爾和平獎典禮。他的獲獎是中國民主運動重新被提升到世界關注點的一個重要標誌。他的獲獎也促使我放棄了籌畫一個全球性民運大聚合的努力，這原本是西藏精神領袖達賴喇嘛二〇〇八年十一月末與我們一行走訪印度達蘭薩拉時的

一個約定，自忖諾貝爾和平獎的影響遠大於我們進行的一次民運會議，就不必再費周折了。

吾爾開希，民陣創始人之一，八九學運的啟動者。聽開希說，胡耀邦去世後，他所在的北師大聚集了好幾百校內學生，就是沒有人願意登高一呼。他夜自修經過，但沒有停步駐足。夜自修完後再途經那裡，聚集的人數是更多了，但還是沒有人登臺振臂一揮。同學們雖然情緒高漲，就缺一個勇敢的領頭人。見此情此景，開希勇敢地躍上高處，自報姓名，一下子北師大就有了領頭人。開希有天然的領袖素質，以北師大為根基，向北京所有高校傳檄邀約，很快就成了北京學運的中心，波瀾壯闊的八九民運從此拉開了序幕。開希是八九這一代與我交往互動最多的一位，一九八九年底就以民陣副主席身份聯袂民陣秘書長萬潤南來訪澳洲，兩位盡顯風采，留給整個澳洲深刻印象。

二〇一一年初開希再來澳洲，我們一起在雪梨學院發表演講，主持人傑拉德·漢德森博士根據開希和我各自提供的演講初稿為我們設了一個演講主題「The World Needs a Different China 世界需要一個不同的中國」。聽眾有好幾位是我的長年朋友，其中一位問我是否在演講前與開希有過演講內容的溝通協調。我回答我與開希各自分別前往會場，也沒有就演講內容有過絲毫溝通和協商。開希直言西方對中國民主運動的背棄，我則從新世紀開始就對西方新綏靖主義痛恨不已。更令我驚愕不已的開希的英文之流暢熟練，當年出逃的時候開希的英文還很有限。而我與開希不同，從中學開始學習英文，生活在澳洲二十多年，屬於日常實習英文，使用英文前後已經長達半個世紀，也不過爾爾。

開希生活在臺灣，曾兩次約我去臺灣長住一段時間，共同推動中國的變化。雖都未能成行，我仍然感佩開希的努力和嘗試。

開希對當代最為驚心動魄的中國八九民運做出了傑出貢獻，近年則斬獲頗豐，引而不發，躍如也。

另外要提的是辛灝年。一九九八年我就讀西雪梨大學碩士學位的時候看到了辛灝年的大作，時常引用。二〇〇一年除夕夜紐約朋友家聚會，第一次見到辛灝年。次日辛灝年打電話到我住的朋友家，表示希望跟來自澳洲的那位民運人士繼續交流一下。中午在辛灝年老師家相見，得贈他著的《誰是新中國》。自那以後一直保持良好互動。很早就有人推動辛灝年出來領導恢復中華民國的民主革命，但是辛灝年不為所動，從不接受出頭擔當政治領袖的建議，一直以文化人自居，只進行思想傳播。

民運圈內的「兄」字文化

不知起於何時，民運圈內相互敬稱「兄」。而且這個「兄」字無所謂年齡長幼，年長如父輩的也自我屈尊稱年幼者「兄」，如萬潤南、阮銘等稱我秦晉兄。兄有時又用來尊稱民運圈中女性，或者嚴格意義上並非民運圈但又有比較多文字互動和交往的女性，以示敬重。被我敬稱為兄的女性為數很有限。這個「兄」字的敬稱比較具有國際性，同在澳洲一個國家和地區的民運同道之間這樣的敬稱不常使用，而直呼其名。除非以書面形式進行溝通的時候會偶然使用。我在與民運圈外人士交往中則最頻繁使用「兄」來尊稱，以維繫相互之間良好和睦關係，在需要的情況下也會獲取對民運的幫助和支持。這是民運文化，也是一九九三年華盛頓合併會議以後民運低落時候逐漸蔚然成風，維繫民運圈內人士關係的一種簡約方式。

中國最高領導人胡錦濤訪問澳洲

　　海外民運實際上很早就被邊緣化了，只剩下少之又少的民運人士苦苦堅持。中共最高領導人胡錦濤來訪澳洲，由於機緣巧合和我個人的努力，獲得了澳洲綠黨領袖布朗參議員的配合與支持，為澳洲民運打了一個小高潮。由於中共外長李肇星向澳洲政府施壓這一件事情，我被禮貌地送往有隔音設備的「兒童」聽眾席，而未能進入澳洲下院的公眾席，此事為澳洲主流媒體廣泛地報導。此事的後續的事情有如下：

　　一、一位墨爾本的民運圈內人來電話，對我獨自有效挑戰胡錦濤表示欽佩，轉達了墨爾本民運圈內人的一致態度。我對來電者表示了感謝，也鼓勵了對方，大意是這次抵抗胡錦濤是澳洲全體民運人士共同努力的結果，的確當時在首都坎培拉舉行抗議活動的有來自雪梨、墨爾本兩地的民運人士，還包括了坎培拉本地的民運人。同時我也清楚地知道，墨爾本來電表示讚賞的人也只是一時興起，這個讚佩是不長久、不牢靠的，日後定會生變。

　　二、雪梨的民運圈內一位長期以我為對手的人士轉來一個消息，他從此退出民運，以後不再給我製造麻煩了，說得很清楚，因為我已經不在中國人的民運圈了，進入了澳洲主流社會，無法再匹敵了。我對他的姿態表示歡迎，同時希望他不要離開民運圈，繼續共同努力。

　　三、那位在國會大廳攔截我把我帶到隔音聽眾席的外交部高級官員艾倫・斯威特曼（Alan Sweetman，現為澳洲駐賽普勒斯專員），邀請我擇日會面一次。我按約與他會面，他對我表示了感謝，感謝我理解澳洲政府難處，沒有因為我被阻止進入議會公眾席而抨擊政府。另外他告訴了一些外界並不了解的情況：中國

外長李肇星緊急磋商澳洲外長，上、下兩院議長，指控我有恐怖分子嫌疑，一定要確保我不進入公眾席，不然胡錦濤的議會演講將被取消。澳洲方面表示我不是恐怖分子，只是一個民運人士，但是為了滿足李肇星的要求，可以保證不讓我進入公眾席。因此他們外交部官員出面，把我帶領到了隔音聽眾席。我回答他，我是一個反對中共專制的民運人士，中共是我的政治對手。從我自身的角度，我不願意既以中共為敵，又以澳洲政府為敵而腹背受敵。從澳洲的立場來看，澳中關係和澳洲貿易遠大於讓我略受委屈，畢竟澳洲需要與中共維持良好的貿易關係，才能與北京簽訂出售價值三百五十億的天然氣。澳洲政府對我這個做法雖然我不喜歡，但也理解。

四、澳洲政治評論網站向我約稿，論題圍繞「二十一世紀是中國世紀嗎？」，我因此寫下了第一篇英語文章〈Can China build an economic high-rise without solid foundations?〉，與我的文章同時發表在相同欄目的有前總理基廷和當任總理霍華德，還有胡錦濤的澳洲國會的全文演講。

國內知識分子和民主人士

二〇〇六年初，獨立中文筆會的王怡和余傑聯袂走訪澳洲，我安排他們在二月八日晚在素有澳州政府智庫之稱的「雪梨研究院」面對澳洲當地關心政治事務的人士，進行了一場關於中國知識分子和中國政治現狀相互關係的演講。當晚王怡和余傑分別做了〈地方主義與中國的政治轉型〉和〈中國「和平崛起」的謊言〉的演講。隔日二月九日，我偕王怡、余傑驅車直奔澳洲首都坎培拉，在坎培拉連續進行了多場會談，分別是澳洲民主黨籍參議員

納塔莎・斯多特・黛斯博雅（Natasha Stott Despoja，1969-）、工黨邁克爾・丹比等四位議員、綠黨領袖鮑勃・布朗等。

工黨議員們表現得很認真，向余傑和王怡了解中國目前的人權和民主化進程的狀況，提出了許多個問題，王、余二位也根據提問一一作答。其中邁克爾・丹比議員一向以關注中國的民主化進程著稱。會談後，丹比議員還饒有趣味地帶領客人參觀了國會大廈，並向客人介紹了部分建築和內部布置。在國會大廈正中間象徵澳洲民主政治的公平和透明的流水平臺處，丹比議員還特意向客人引見了工黨的影子外長、能講一口流利漢語的陸克文。陸克文沒有事先約定會面，但是採用了心照不宣偶然相遇的方式。這個表現方式是我親眼所見第二次展示澳洲政壇中的微妙，為了避嫌。上一次是澳洲總理與魏京生和我們民運的「偶然」交集，這一次是陸克文與我們之間的「偶然」交集。在我看來都是因為內心恐懼北京的所謂壓力，是「脫褲子放屁」的不聰明舉措。其實內心無此恐懼和擔心，就什麼也沒有了。

同年五月，兩位青年才俊在美國白宮與總統小布希會晤。本來小布希會見中共反對派人士是對於中國民主自由的一個象徵性的支持，卻發生了以上帝名義排斥另一位國內著名民主人士郭飛雄事件，牽涉這個排斥郭的錯誤行為的還有美國牧師傅希秋和已經「被突然死亡」的李柏光律師。郭飛雄在中國境內與中共進行殊死抗爭，可謂一九八九年以後少數幾位最為勇敢的人士，對這一自我傷害的行為我深感痛心。我沒有公開批評任何當時人，因為於事無補，木已成舟。我因此輾轉聯繫了郭，對他表示了我的慰問和關注。

以後我與他們繼續保持著不經常的聯繫，〇八憲章以後劉曉波被捕入獄，獲刑十一年。他的「我沒有敵人」使得他成為了二

○一○年諾貝爾和平獎得主，但是中共沒有讓他出獄，而是讓他在二○一七年死於絕症。郭飛雄幾進幾出於中共大牢，現在中國社會上流浪，不知所蹤。余傑二○一二年一月被逼流亡美國。李柏光二○一八年離奇死亡。

王怡得主眷顧召喚在成都主持秋雨聖約家庭教會經年，不畏艱險侍奉上帝，早已成為中共去之後快的「大患」。二○一八年十二月初，王怡在北京當局新一輪宗教迫害中被捕，二○一八年十二月二十一日我以民陣名義就王怡被拘捕一事向澳洲莫里森（Scott John Morrison，1968-）政府陳情，希望澳洲政府能夠向北京交涉。也許澳洲做了，但是不奏效；也許壓根沒有做。對民陣來說是「肉包子打狗，有去無回」。二○一九年最後一天，獲悉王怡牧師獲刑九年，聞此消息並不覺得意外，沒有中共做不出的，只有世人想不到的。

中共已經很久不在乎國際社會的人道呼籲和外交壓力。為何？因為西方世界政治人物的短視和西方媒體、學術界對中國政治社會的無知推助了中共的強勁發展，到今天已經開始對世界構成了新的威脅，而西方仍在懵懂之中。這就如同一九七九年魏京生被收監，冒死卻沒有死。這個中國政治異見人士的生死大關，我認為是魏京生被判處十五年為一道明顯界線，從此中國政治犯不再有死刑。中共對政治異見人士變相恢復死刑，以劉曉波、彭明、楊天水死於獄中為明顯標誌。

秦永敏

秦永敏是湖北武漢的鐵骨錚錚民運領袖，一九九八年的組黨運動中與徐文立、王有才一同被中共當局判處入獄。他的刑期是

十二年，徐十三年，王十一年。徐、王先後被保外就醫送往美國流亡，唯獨秦永敏堅拒流亡海外，服完刑期後依然堅守在國內。他是中國大陸一面旗幟，為了中國的未來和進步，貢獻了一生，抱著誓死將牢底坐穿的頑強決心。

二〇一二年五月我前往印度達蘭薩拉拜會尊者達賴喇嘛，拜會完後在小鎮的網吧查閱資訊，看到有關秦永敏的消息，尤其是他高調的、編號的「結婚情況通報」，特別吸引了我的注意，遂在網路上搜索秦永敏先生。很順利，很快就找到了秦永敏，他恰好也在網上。我通報了自己是何人，秦永敏很熱情地與我接上聯繫，相互致意，立刻開始使用音頻通話。秦永敏聲震國內外，我當然知道他，也敬重他。不料他也知道我，還為我們彼此同姓「秦」更覺親近，「五百年前是一家」。我立刻感到汗顏，不免慚愧，遂據實相告我的本姓。秦永敏不以為意，他雖在大牆之內，還是注意到了我在海外民運中的活動和積極跑位，他表示認同，希望攜手合作。

秦永敏告訴我他與官方互動經常。那年三月武漢政法委一排五人與他對談，其中一人主談，其他人陪坐，陣仗不小，可謂重視。他還告訴我當時周永康就在武漢。因此秦永敏認為此舉是當局主動釋放善意。而且他出獄後獲得低保，每月四百元，現在又要給社保，每月八百元，政府再出資十五萬。秦感覺到高層對他的態度是一種內部拔河現象。他為此興奮，還寫下了關於中國政治改革頂層設計方案長文，並發送給我分享並推廣。種種跡象都讓秦永敏感覺中共在十八大以後會走向政治開放。我當然樂見其成，但不敢貿然為此興奮，因為我還是心態保守，不見真佛不燒香。

我尤其對他高調宣布旅行結婚的行程深表憂慮，他要去西藏拉薩。我理解他是想打擦邊球，試探中共對他的容忍度。但是我

覺得事不機密必將敗毀。因此我向秦永敏婉言提出我的擔心和憂慮，凡事一旦大張旗鼓公開高調，十有八九會黃掉。而且他的拉薩站很具有「挑釁性」，但是秦永敏依然很自信，他覺得他會被官方允許。另外他頻繁的、高調的、編號的「結婚情況通報」有點令人感到怪怪的，不可思議。他發給我的長篇提綱「中國政改頂層設計」，總讓我覺得秦永敏先生過於樂觀了，事情不會如他所期待的那麼簡單。

後來他的那段高調婚姻沒有能夠舉行，也沒有拉薩之行。再後來，秦永敏先生失去了自由。我與秦永敏先生的互動停止，是他再次身陷囹圄以後。

美國國家民主基金會

二〇〇六年八月美國國家民主基金會（National Endowment for Democracy，NED）主席卡爾·格什曼（Carl Gershman，1943-）旅行休假經過澳洲，在雪梨的雪梨學院進行一場演講。澳洲工黨議員丹比通知我一定要去參加，他已經與雪梨的邁克爾·伊森——原紐省工黨祕書長——一起安排了我與客人進行一次單獨會談，希望我把握好這次會談的機會。演講臨結束，主持人傑拉德·漢德森提醒我不要離去，與主講人相互認識一下。我與格什曼簡短地交流了一下，確定了次日會面的時間和地點。次日上午十點，在洲際酒店與格什曼先生會談，歷時一個多小時。格什曼簡短問我個人經歷，以及結束不久的柏林民運會議。我表示了對柏林會議的失望，是因為主辦方民陣領導層只注重臺灣方面的政治要求而忽略民運本身的要求，把會議開成一個做秀的會議。我對臺灣支持灣民運持隱含條件頗感不滿。

格什曼表示他們對世界民主化的支持不含附加條件。會談中問及好幾個中國的民運和異見人士，被問及的有王丹、魏京生、吳宏達、韓東方、程曉農。以上的人我都見過，但交往不深，感覺上都不太厚實，「夫英雄者，胸懷大志，腹有良謀，有包藏宇宙之機、吞吐天地之志者」，他們好像都不具足這樣胸懷天下的氣概。因為金主是美國人，尤其是關乎他們從事項目的旁敲側擊和明察暗訪式的提問，我非常謹慎地不在格什曼面前提供任何一位的負面評論，只做正面評述。

格什曼談及中國的知名人士同情民運的，如體育明星和演藝明星，提到了黃姓運動員。還提到了知名影星劉曉慶和姜文以及文人王朔對劉曉波的理解和同情，黃姓運動員可能現在是法輪功修煉者。格什曼清楚地知道民運內部的互相爭鬥。我則表示民運仍然需要聯合並且合作。對民運來說，最為困難是巧婦難有無米之炊。當年中共二十八年取得天下，完全是蘇聯的豢養和美國杜魯門（Harry S. Truman，1884-1972）政府戰後對華政策的錯得離譜所直接導致。今天的美國和西方對於中國民運全然沒有蘇聯式的全力支持，民運艱難和困守就不難理解。格什曼表示民運聯合很難成功，我則表示再難也得努力爭取去嘗試。格什曼提及了楊建利的案情，我表示楊有勇氣，有膽略，出獄後可望成為海外民運新領袖。又談及各不同力量對中共的制衡，我談到一九九九年江澤民訪問澳洲，我希望這一幕出現，這個實現了。我邀請了魏京生到澳洲在格什曼前一天演講的地方，由漢德森主持了演講會。那一次新疆獨立運動、西藏自由運動、中國民主運動、臺灣獨立派以及法輪功，共產黨所說的「五毒」一起在我們當時談話的旅館外面集合抗議。

我又講述了二〇〇三年胡錦濤訪問澳洲澳中外長，就我進入議會公眾席發生外交緊急磋商，最後我被引入玻璃隔音席以防我出聲抗議，保全了兩國的面子和貿易協定的簽訂。格什曼表示美國國家民主基金會盡量支持本土的運動而非海外的活動，我表示海外只是存在，有意義的就是要把中國的民運本土化，才會對中共形成壓迫產生政局的變化。民運盡力保持與國內的聯繫，盡量地引向本土，但是民運力量遠遠不夠，民運需要實質的支持，才能把作用力驅使到國內去。對於美國唯利是圖的商人提供中國先進技術、建立金盾防火牆堵塞中國境內外網際網路的聯通、阻斷言路和海內外的資訊往來，幫助中國政府繼續其獨裁統治，我不失時機地表達了我的極其憤慨，希望美國政府制止這一現象。

對我來說，很珍惜與格什曼一個小時的談話，希望它具有開創性。憑感覺格什曼對這個會談也比較滿意，他遂建議我與路易莎（高寶玲）和安娜直接聯繫，申請資助。當然我得感謝邁克爾‧丹比、傑拉德‧漢德森共同把我推薦給了格什曼。

花費很多時間和精力，按照要求向美國國家民主基金會提交了申請，直接交給了格什曼。過了一段時間被告知沒有被批准。又過了一段時日，也許是一年，我又提交了一次申請，還是被彈了回來。這下我澈底死了心，再也不向美國國家民主基金會提交任何申請。即使是澳洲藏人代表阿底峽明確通知我，二〇〇九年向美國國家民主基金會提出的申請，有西藏流亡政府總理桑東仁波切的背書，我也畏而卻步放棄了向美國國家民主基金會的申請。儘管以後我去美國華盛頓總是尋求與美國國家民主基金會會談，我對活動資助是沒有期待的。我關注的是中國的政治變化，尋找政治機會實現這個大變革，或者說耐心等待這個機遇的出現。而美國對中國的基本政策還在錯誤之中，這個政策延續了超

過七十年，美國國家民主基金會只是一個執行機構，它的資源分配我們民運影響不了。中國有一句話，無欲則剛。我對美國國家民主基金會沒有期待，所以說話做事就完全按照自己的想法和思路。我對美國國家民主基金會這個看法和推斷一直不斷地得到其他事件的證實。這個不怪罪美國國家民主基金會，是美國政府的總體中國政策，在中共和民運之間，我認為美國選擇支持中共，一廂情願地期盼中共按照美國的價值觀進行改變。

二〇一〇年十二月的諾貝爾和平獎頒發儀式上，除了史密斯（Chris Smith，1953-）眾議員親臨，格什曼也來參加了。在樓梯口我們相見，我們熱情握手致意。四年過去了，他還能記住我。一個星期以後，的突尼西亞爆發了茉莉花革命，日後延燒北非及中東地區，變稱為「阿拉伯之春」。就這個國際事件，我致函美國國家民主基金會格什曼主席：

> 首先，我想問一個問題，也許比較突兀。對於中國實現民主化，是否有違美國的國家利益？因為我感覺到了美國自從一九七二年以來對華政策，都是比較有利於中國共產黨政權的進一步強化，而非像對待前蘇聯一樣，使得中共專制得到削弱。
>
> 第二次世界大戰結束，馬歇爾計畫在歐洲得到了有效地貫徹和執行。同樣是馬歇爾到了中國調停國共內戰，但是到了東方的中國，卻是一敗塗地，從而使美國失去了中國。但是現在，經過了中共惡政六十二年，是美國對於中國失而復得的時刻。
>
> 去年十二月十七日開始於北非突尼西亞的茉莉花革命，一個月以後，總統下臺。這個事情波及到了埃及，統

治埃及長達三十二年之久的穆巴拉克，在埃及民眾抗爭了十八天以後宣布下臺，這就是人民的力量。這兩個國家的變革繼續影響著阿拉伯地區的專制獨裁國家，利比亞現在正在進行著內戰，葉門、巴林、敘利亞等國的獨裁者都在承受本國人民的壓力。這個時候一個號召中國人民進行茉莉花革命的匿名帖子引起了中共極大恐慌，自從二月二十日以來的每一個星期日，中共都會派出遠遠超過民眾人數的武警防範中國人民效仿北非進行茉莉花革命。中共清楚自己的「巨人腳後跟」，中共清楚人民力量的強大，可以將中共的六十餘年的政治統治一舉衝垮，所以中共的武警承擔著滅火消防作用，把任何可能出現的火星撲滅。

生於斯，長於斯，我作為一個懂得中國傳統文化和中國國民性格的一個中國人，中國人的懦弱性格一目了然，在高壓下，中國人是順民；整治環境寬鬆的時候，中國人是刁民；當革命來臨的時候，中國人可以成為暴民。中國人都希望別人出頭冒險，自己坐享其成。目前狀態下的中國人，不可能形成北非和中東的氣勢迫使中共獨裁者下臺。要維持茉莉花革命的態勢，需要有特殊的契機。因此我們想到了香港。

邱吉爾說得好，悲觀主義者在機會中找到困難，樂觀主義者在困難中發現機會。中國政治變化，從外向上看，非常困難，但實際上卻存在著機會。這就要看我們如果把握。

你可以成為歷史關鍵時刻的關鍵人物。

我與美國國家民主基金會副主席Louisa Greve，中文名高寶玲，見過好幾回。二〇一六年十月初中國民主論壇在紐約舉行研

討會，曾與高寶玲相約見面會談。當我一路辛苦到了華盛頓的美國國家民主基金會，高寶玲卻爽約不知所蹤。勉為其難另一位美國國家民主基金會官員接待了我，我頓感趣味索然，但也只能隱忍不發。二〇一八年我去華盛頓推動我的「宏偉」計畫，在維吾爾人權機構撞見了高寶玲，她在這個機構裡擔任某個項目經理。在這個場合見到高，大出意外。曾聽聞她將接替格什曼，怎麼風雨滄桑如此變化。當年十二月十日維吾爾人權組織來澳洲，又見到高寶玲，只是寒暄了一下，未及多談，我只趕過去參加了開頭部分的會議，然後就急急離開趕赴在澳洲坎培拉藏人的活動，車程三個半小時。二〇一八年在華盛頓，希望能與格什曼再度會面。可惜他不在，但他立刻通知了基金會其他兩位辦事員與我進行了一次會談。雖然會談沒有產生實質性效應，還是感謝格什曼主席尚能記住我並做出這個安排。

美國國家民主基金會最重視的，是支持中國境內的團體，但是這些團體都在當局嚴密控制之下，所以我認為美國國家民主基金會基本上對中國的民主與人權的進步發生不了實際作用。

中國民主論壇

我被胡錦濤拒絕進入澳洲國會聽眾席一事觸發了媒體約稿，因此開啟了我日後大量政論文章的寫作，以及被邀請發表演講。內容涉及廣泛，國際關係、人權、政治評論等等。受邀在許多場合發表講話，如澳洲外交論壇、雪梨智庫、雪梨大學等等，甚至被邀請去日本發表演講。二〇一二年起，我與老民運人士臺灣的錢達共同創建了中國民主論壇，獲得了陸委會和臺灣民主基金會的一些資助，論壇得以每年舉行一次國際性中國問題研討會，

主要舉行地點是澳洲雪梨，與雪梨大學的雪梨民主網（Sydney Democracy Network，SDN）合作進行，分別是二〇一三、二〇一五和二〇一八年，在日本舉行過兩次，二〇一四年和二〇一七年；紐約舉行過一次，二〇一六年。

二〇一六年第五屆研討會——中國政治變局與民主化前景

　　第五屆研討會發起時日在二〇一六年初的時候，我注意到了這些方面的情勢發展與變化：中國的內政，在於習近平強力反腐引發的官不聊生、日益擴大的官民對立；中國的外交，主要表現為中國南海海域的領土爭端與美日的戰略摩擦；香港爭取特首直選和立法會普選呼聲增強；臺灣即將新一輪政黨輪替，兩岸關係隨著政黨輪替進入新的緊張階段。中國的民主、臺海的穩定、地區的安全、世界的進步，環環相扣，相互牽連，相互作用。推動中國大陸民主化，是全體中國民眾責無旁貸的歷史責任；維持臺灣的穩定，保持臺灣照耀中國大陸的民主燈塔的地位，是實力處於弱勢的兩千三百萬臺灣上下全體的政治技巧和智慧；我還是一廂情願地希望以美國為首的西方應該重新審視、檢討、修正其對中國總體政治策略，以保持地區安全和世界進步。美國作為當代民主的巔峰領跑世界，帶領世界在曲折中進步，美國既是拔除世界最大不安定因素的引信巨大力量，美國同時更有著不可推卸的道義責任。

　　我藉研討會在紐約舉行的時間和地利之便，謀求與美國智庫會談，以切實了解美國對中國政治走向的基本態度和立場。我向多家智庫發出會談請求，只有一家回覆同意會面。十月四日下午

我走訪了坐落在紐約曼哈頓的「美中關係委員會」，代表中國民主論壇與這個智庫主席斯蒂芬‧奧林斯（Stephen A. Orlins，1950-）舉行了會談。根據會談得知一些美國政府對中國的真實用意和姿態。這個智庫的指導思想顯然有季辛吉（Henry Kissinger，1923-）於一九七二年定下的美中關係格局的深刻烙印。雖然這個智庫不是美國的決策者，但是對美國決策應該自一九七〇年代以來發揮了巨大作用。最令人失望的是他們雖然可以影響美國未來的決策者，但他們對於中國的觀點是：中國是否民主是中國人的事情，由中國人自己決定。換一句話也就是說美國對當今中國的專制不加干預，任由北京中共專制統治。談到香港問題，奧林斯承認北京的越境綁架銅鑼灣書店員工是做過頭了，美國很不滿意。他還表示，美國認可北京的治理方式，李柱銘與美國高層的閉門會談是美國的一個姿態，李柱銘的作為對香港於事無補，他表示了不滿和輕視。他也談到了當時的美國總統大選，共和黨提名川普是送給民主黨候選人希拉蕊（Hillary Clinton，1947-）的最佳禮物，川普必敗。但是川普如果上臺，會改變美中關係，川普要求貿易平衡，這會使得中國經濟嚴重受挫，受挫的中國經濟將引發中國內部的社會動盪，也許會帶來中共政權的執政危機。這個會談讓我有了一個總體的感知和理解，為何美國長期以來僅對中國推促「人權改善」，而不從根本之處改變中國的專制體制。由此昭然若揭美國政治人物的虛偽。

研討會的政治效應

中國民主運動除了上世紀八〇年代末九〇年代初有過一段短暫的輝煌，天安門事件把民運推向最高潮，曾經獲得了境內外中國民眾的關注嚮往甚至積極投入。一九九三年二月華盛頓的民

聯、民陣聯合大會可謂中國海外民運的滑鐵盧。隨著以美國為首的西方世界對中共一廂情願的誤讀，中共獲得的前所未有的良好國際環境，國際社會進而放棄了對中共專制意識形態對抗，使得中共得到了長足的經濟和軍事的實力提升，同時堅守專制獨裁，在冷戰結束四分之一世紀以後仍然得以一枝獨秀。

中國民運海外部分長期處於低迷狀態，九三年華盛頓的重大挫折，陰影揮之不去。自本世紀初，中國民主運動幾番霍霍欲試，我早在二〇〇四年就提出中國民主運動「重新集合再出發」，總是功敗垂成。

二〇一六年紐約「中國政治變局和民主化前景」研討會是一個再度嘗試。這次似是「無心插柳柳成蔭」。

首先，以歷史縱深看，貫穿當代中國民主運動的歷史，中國民主運動源頭的一九七四年廣州大字報以王希哲為代表，一九七六年天安門事件以王軍濤為代表，一九七九年北京民主牆運動，以魏京生為代表，最為壯觀的一九八九年民運則以呂京花、唐元雋等為代表，一直延續至今訪民維權的李煥君、烏坎村民抗爭的特邀嘉賓莊烈宏以及近十餘年在中國境內湧現的民國熱代表人物王雪笠均涵蓋了本次會議。

其次，橫貫看去，海外民運各組織幾乎囊括：海外民主運動聯席會議、民聯、民陣、民聯陣、中國自由民主黨、中國民主黨（海外聯總、全國委員會）、中國社會民主黨。

其三，從政治色澤光譜看，有原中共第一代領導人三軍總參謀長羅瑞卿之子羅宇、現中共上將前國家主席李先念女婿劉亞洲之弟劉亞偉、因寫〈出身論〉而被周恩來簽署處決令一九七〇年赴死的遇羅克之弟遇羅文、明鏡集團的陳小平、陽光衛視的陳平都以他們各自的方式參與這次研討會。

其四，從地域來看，參加這次研討會的除紐約本地，還有來自紐約以外的加州、華盛頓特區、科羅拉多州，更遠的則來自加拿大、歐洲、澳洲、臺灣和香港。

其五，一些中國當代民主運動前輩活動家如徐文立、任畹町、伍凡，文化學者民間思想家王康等雖未能赴會，但也向研討會交送了專文作為參加方式。這次研討會是一次歷史與現實的結合，理論與實踐的結合，中國境內抗爭和境外堅守的結合，中國語言文化與世界主流思想以及語言結合。這次研討會達到了中共海外反對力量大集結這個預期之外的效果，誠如流亡美國的曾節明先生所言：「這次研討會各路民運頭面人物雲集，像是在中共垮臺前夕吹響了集結號。」

中國局勢微妙，中共專制依舊殘忍，國際情勢也在變化，西方似乎開始在昏睡中逐漸醒來。中國民主運動的歷史時機隨著這些變化也將到來。背負著沉重的歷史和良心十字架的所有民運人士忍辱負重，勇敢地承擔歷史的使命，聯合一體，枕戈待旦，迎接中國民主的東升旭日，乘世界文明長風，踏世界民主潮流大浪，沖破中共專制的堤岸，在中國建立起民主憲政制度。

縱觀這次會議，還是留下了不少遺憾。首先是會議舉行地美國的態度顯得十分曖昧。客觀地說中國民主運動的海外部分與美國政府鮮有交匯和互動，長期從事推動中國民主化進程的領袖和組織並不在美國領導人的視野之中，印象中只有魏京生先生出獄抵達美國之初的一九九八年，與當時的美國總統柯林頓有過一次會面，而那次會面應該屬於象徵性、禮節性的。於中國民主運動中推動改善中國人權狀態的美國國家民主基金會，卻未能出席助陣。

二〇一七年第六屆研討會——中、港、臺政局演變與日本的中國政策

研討會的緣起

　　二〇一六年臺灣政黨輪替，改變了過去八年馬政府傾向北京的政策。美國總統選舉出人意料，川普當選，候任期間打破慣例與臺灣蔡英文總統直接通話，直接踩踏了北京的紅線，為以後臺海關係、美中關係留下了巨大的想像空間。

　　從表面上看，習近平繼續強化中共權力，對於世界潮流歷史趨勢奮力地嚴防死守。中共的多個政治對立方面（中華民國、中國民主運動、香港民主派、自由西藏運動）在追求各自政治目標，同樣在艱苦卓絕的堅持之中，守候著力量對比發生逆轉，由弱變強，從而最終結束中共一黨專制歷史的機遇來臨。

　　在此歷史轉折時期，「中國民主論壇」擬在二〇一七年初舉行國際研討會，廣邀中國問題的專家學者、利害相關的方方面面，評估審視中國現狀，研判中國內外形勢，捕捉中國政治變化的先機。

　　原本希望二〇一七年度的論壇會議在臺灣舉行，這是論壇感知美國新總統的新姿態，臺灣和香港自身演變而產生的新政治態勢做出的。美國川普總統率性，在朝核問題上比前任強硬，可能引一發動全身造成東亞的變化。香港等待北京遵守一九八四年聯合聲明給予香港民主無望必將反彈抗爭，臺灣蔡英文政府將不同於馬英九政府而與北京關係發生變化。任何觸發中國大陸的變化，都有可能改變中國大陸的現狀，任何變化都應該有利於中國的民主化進程，有利於臺灣的自身定位和未來決策。基於這個考

量，在臺灣舉行《二○一七年中、港、臺三地政治局勢的互動與演變》，計畫引來香港的李柱銘和陳方安生，通過陳方安生引來香港末代總督彭定康（Christopher Francis Patten, Baron Patten of Barnes，1944-）。如果能夠按照理想推進，可再邀請美國川普團隊的重要策士。如能達到這一步，日本方面自然聞風而來。那麼這個以論壇研討會為基礎的一件事情可以轉換成民主政體和力量在臺灣的集思廣益這麼一種新態勢。

首先，香港方面熱情不高，有政治聲望者但缺乏政治意識和考量，婉拒與會。其次，接受陸委會的建議移地臺灣以外舉行，退而求其次移師日本東京，時間基本定在七月二十三日至二十五日三天。既然移師東京，就希望藉此機會與日本政界取得互動。論壇認為日本應該對中國未來的政治演變具有極其濃厚的興趣和熱情，這應該是日本自明治維新以來一以貫之的中國大陸情節。因此將研討會的主題改為《二○一七年中、港、臺三地政治局勢的與日本的中國政策》，一是吸引日本政界學界的參與，二是積極謀求研討會期間與日本政要進行會晤，為中國大陸各種原因引發的政治劇變預先準備，同時也是為國際空間備受北京擠壓的臺灣中華民國鋪路建橋。

研討會的政治效應

中國民主論壇自二○一二年開壇以來舉辦研討會已經六次，總能在前一次的基礎上更進一步。中國民主論壇認為對當今中國政治局勢產生影響作用的有如下幾個政治力量和板塊：中國民運、臺灣、香港、西藏、新疆、宗教信仰團體和國際社會。在所有這些力量和板塊中，中國民運是最弱小的，最具實質性力量的是民主臺灣，國際社會則比較口惠而實不至，甚至是虛無的。這

次研討會旨在推動大中國的政治勢力和板塊的互動和撞擊，起到四兩撥千斤的作用，以期產生新的政治動力推動中國大陸民主的發展。

誠然「偉業非一日之功」（Rome is not built in a day），一次國際研討會不可能立刻改變中國千年專制主義，中國民主論壇以愚公移山、精衛填海的精神不斷努力嘗試。這次研討會也是海外中國民主運動重心從傳統的歐美轉向以民主臺灣為支點，西接香港北連日本的戰略轉移具體實踐。香港、臺灣、中國民運、西藏、日本等方面齊聚，驚動了日本，更驚動了北京。這就是可體會的政治效應。

日本政界、學界、媒界都給予本次會議正面關注和報導。三浦市的政治人物參加了研討會的首場並且致詞發言，兩位日本學者發表演講，日本《產經新聞》採訪了會議，並且兩次報導。研討會後論壇與兩位日本國會議員進行了會談。值得一提的是兩位日本現役軍人參加了研討會第一場，他們到場引起了北京方面的神經過敏，其實對於香港《文匯報》記者來說是個誤會，神經過於緊張，日本現役軍人到場是聯繫會議以後與會者參觀橫須賀軍港事宜，並沒有其他含義，是香港《文匯報》反應過度。北京方面對於本次研討會異乎尋常地高度關注，中共的《環球時報》和環球網〈不能忍！日本軍官聯合「港獨」「臺獨」密謀分裂中〉對會議進行了攻擊抹黑性報導！香港《文匯報》在七月二十五日一天以內發出三個關於會議的攻擊性報導。以往北京方面對於民運不在新聞媒體上進行報導，這次一反常態，其中可以感知北京習近平政權的內外交困，風聲鶴唳，草木皆兵，方寸已亂。這也是論壇期待的研討會政治效應。

無心插柳

　　年紀一大把快到了花甲之年，重新進入大學校園攻讀博士學位，本不是一個有內心動力追求的目標。從小就屬無命安靜書齋做學問的料，卻是命運的驅使，無意間斷斷續續地走到了這個地步。二〇一四年的九月，一位英國作家到雪梨大學做演講，約翰・基恩（John Keane，1949-）教授不知出於何因，對我的特別青睞，居然邀請我這個學術殿堂的門外漢主持這個大學學術機構的講座，有點匪夷所思。但是我很樂意地承接了下來。英國作家喬納森・芬比（Jonathan Fenby，1942-）當年出版了他的新書《中國會統治二十一世紀嗎？》（*Will China Dominate the 21st Century?*），他應邀到雪梨，基恩教授請他到雪梨大學做一個演講。既然應承了基恩教授，我對作家做了一點點的功課，看到了他新書的書名，若有所思地反應過來，我自己在二〇〇三年的十一月受邀第一次用英語寫了篇文章，〈中國能建成沒有民主地基的經濟摩天樓嗎？〉，隨後把自己的文章打印了一份，準備給演講人分享。那天我主持，演講人遲到了幾分鐘。為了不冷場，我就先開講來暖場，首先是感謝基恩教授邀請我來主持，繼而隨意說道也許是我早於英國作家芬比十一年提出這個相同的問題，只不過我的是一篇文章，而作家的是一本書。我繼續推測，大概是這個原因，我被邀請主持這個演講。我的這番話引起了在場的一位與會者的好奇，他向我索要此文。我向他表示歉意，我只打印了一份，是準備贈送給演講人的。那位與會者繼而希望我能給他傳送我的文章，並隨手遞上了他的名片，我也給了他我的聯繫方式。

　　當天傍晚就收到了那位熱心與會者的郵件，希望我能將我二〇〇三年發表的文字發送過去。此時我仔細看了對方的個人資

訊，原來他是雪梨大學社會學系的副教授，薩爾瓦多‧巴博內斯（Salvatore Babones，1969- ），義大利裔美國人，二〇〇三年獲美國馬里蘭州約翰‧霍普金斯大學經濟學博士學位。我們彼此很快就密切地互動起來，他問了我的最高學歷，我告訴他在一九九九年獲得了碩士學位，曾考慮過進一步攻讀博士學位，一是自己的意願不強烈，二是沒有合適的博士生導師。像我這樣具有很強烈民運背景又不在學界摸爬滾打的人士，不太受學術圈人待見，這一點我是有所感知的。不想這位年輕我一輪的美國學者卻對我是「情有獨鍾」，認定我具有極大的潛力，直接提出他願意做我的博士生導師。這樣我就「老夫聊發少年狂」，再展暮年壯心，開啟了一段新的艱苦人生旅程。

我的博士研究是關於大中華地區的社會運動，不僅包括中國大陸，還包括西藏、新疆和臺灣。共五大社會運動：中國民主運動、臺灣獨立運動、自由西藏和獨立運動、維吾爾人抗爭和獨立運動、法輪功運動，以研究中國民主運動為主幹，研究其他四個運動為輔助。這個博士研究希望提供中國民主進程的歷史全景，描述這個進程的歷史背景及其起伏，分析和探討這個進程的起源、發展、停滯，甚至後退的內外部原因。這個進程是一場社會運動，甚至是一場社會革命，旨在改變中國目前的政治體制。因此，這個研究採用西方學術界的「政治機會理論」來進行闡述，它探討了政治機會理論中的核心問題，並探討了採用政治機會（political opportunity）來解釋抗議運動的出現、發展和產生的影響及其意義，強調了政治機會對社會運動的成敗所產生的決定性影響和作用。由於政治機會理論更多地詮釋在開放社會中社會運動，而中國則是一個封閉的社會，兩者迥異。因此，我根據長年投入中國民運的親身經驗體會和長久的思考，引入了中國傳統

的哲學思想和觀點「天時地利人和」說，來分析中國民主運動是否有望實現中國政治變革這一最終目標的可行性。我的研究做出如下結論：中國民運最終的成功取決於政治機遇的到來，也就是天時的到來。我靜心默默等待著「天時」的到來，而且已經在天際處可見，就是美國的醒悟和非民主黨籍美國總統的入主白宮。但是最終的嚴酷事實將是：當後中共時期到來之時，中國極易分崩離析，而在中國重建一個統一的、憲政民主的、所有其他非漢民族仍然牢牢依附的新國家，這個機率將會很渺茫。

幾經權衡，二〇一七年我任民陣主席，從那一刻起更是百上加斤。感恩上天，得其惠顧，二〇二〇年中，五年苦讀後終於獲得了澳洲雪梨大學社會政治學院藝術與社會科系博士學位。在這個艱苦過程中，我特別感懷三位予我有助的貴人：白菲比（Phoebe）、約翰・基恩教授、我的首席博導薩爾瓦多・巴博內斯副教授。飲水思源，是白菲比對我的認識，時刻不忘為我逢人說項，推薦給了基恩教授；基恩教授對我的民運投入和奉獻極為首肯，二〇一三年的紀念日在中國境內為我發表長文〈勿忘六四：秦晉、天安門運動與中國民主的未來〉，出於信任讓我主持了二〇一四年英國作家喬納森・芬比的那場演講會，因此我被薩爾瓦多・巴博內斯副教授一眼相中，他成了我的伯樂。

此一路走來也有暗礁險灘。基恩教授曾暗示我另就於他推薦的博士生導師，凱瑞・布朗（Kerry Brown，1967-）教授，他是一名英國歷史學家、政治學家，目前擔任倫敦國王學院中國研究所主任，當時在雪梨大學執教。我個性使然，不見異思遷，不一山更望一山高，堅守初始承諾，感激首位接納提攜者。我的執著也無意中挽救了我未走入歧途。基恩教授本來屬於澳洲政治光譜的左翼，以後對於中國的觀感逐漸發生變移，逐漸靠攏北京。

而我不但依然故我，政治立場也向傳統主義（保守主義）移動。一位年輕學人心目中雪梨大學屬自由主義，我居然能獲得雪梨大學博士學位卻又持傳統主義立場，他感到驚訝萬分。我的博導薩爾瓦多立場觀點傾向保守主義，我們之間的合作珠聯璧合相得益彰。我感激他提升了我，他感謝我在督導我的過程中把他引領到了一個對他而言全新的研究領域和境地——中國。

在民陣裡的幾起幾落

我到澳洲就尋找民運，先找到了民聯，一九八九年末被借用到民陣，以後就一直在民陣。民陣一問世就聲勢浩大，我從一位普通成員開始，一路攀升，很快就成為民陣的主要成員。在我前面的領路人都一個個離開了民陣，離開了民運，而我卻一直堅守了下來不棄不離。原因是我的個性堅韌，不言退縮。我自知個性堅忍，能堅持，鍥而不捨；能忍耐，能忍辱負重。我很喜歡邱吉爾（Winston Churchill，1874-1965）的名言：悲觀主義者看到了每一個機會中的困難，樂觀主義者會在各種困難中看到機會。它時常激勵著我，也符合我秉性。

悄然淡出

魏京生先生一九九九年到澳洲，我主持他的全程接待，前後約三個星期。很遺憾地證實了我對魏一年前第一面的印象之正確：狂妄、自大，毫無作為一個運動領軍人物應有的心胸、格局和眼光。由於民陣內部有一個決定，全力支持魏京生，民陣主席和其他總部一級的核心圈，就都成了魏京生為首的海外民運聯席會議的跟班，而民陣基本被淹沒了。因此，我從那個時候起以後

數年時間，只是民陣的總部一個普通理事，與民陣總部關係疏遠。屋漏又值連天雨，澳洲雪梨地區民運繼續縮水，所剩者已經不足十人，在這麼一個很小的圈子裡，我又備受排擠，從那個時候起，在茫茫民運路上我開始了個人的一段獨行俠的生涯，仍然堅持民陣的旗幟。

重返後操持二〇〇五年澳洲民運會議

自從九三年初華盛頓民運合併大會失敗大約五到六年以後，也就是從九八年以後，我一直在反思著這麼一個問題：民主運動，相對如中共專制主義的政治反對運動，如何才能實現改變中共一黨專制、在中國建立起民主制度這一政治目標。僅僅依靠理性的思維、神來之筆、不爛之舌，要求西方政府向中共施加政治壓力，而改善中國的人權狀況、最終達到改變中共專制的政局，是不現實的。我以為改變中國目前的政治局面更需要的是一種相對於中共反動勢力的民主政治力量的出現，而且應該發展到足夠強大的程度以至形成與中共的抗衡。

二〇〇三年十月二十四日，民陣在德國法蘭克福附近的小城莫爾費爾頓－瓦爾多夫（Mörfelden-Walldorf）舉行了第七次代表大會，澳洲地區的副主席向我表示他不再續任，希望我前去參加會議，至少接任他的民陣副主席職務，我因為胡錦濤到訪澳洲而選擇留在澳洲與胡錦濤進行政治抗衡，未去參加。新當選主席費良勇放棄了原來民陣依附於魏京生聯席會議的組織路線，我也因此重回民陣團隊，並且積極投入。

我很注重已有的、在海外的各民運組織之間的重新聚攏和磨合，但凡有民運人士會合的時候我總是設法參與。二〇〇一年末流亡美國紐約的著名異見人士王若望去世，我特前往送行，另一

個促使我不遠萬里前去送行的因素是：可能有眾多的民運人士會在王若望的追悼會上出現，可能會產生一種絕地而起的悲情和氣氛。可是我期待的場景並沒有出現。兩年後，「六‧四」十五週年紀念的時候，我又去了紐約，而且還鼓動了雪梨近十位朋友一同前往，想的就是營造一種氣氛，推動海外反對力量、各民運組織之間的相互妥協與合作。

中國民運二〇〇五年澳洲大會原本是民陣舉行的一次年會，或者是換屆會議，我沒有興趣和熱情承接，當墨爾本的民陣副主席兩次與我通話、希望我們雪梨承擔的時候，我都沒有接受下來。因為我感覺只是民陣一家組織進行會議，全球各地的民陣朋友勞師動眾遠道來到世界的屁股就這麼一個聚會，意義不大。但我一直對多家民運組織共同參與舉行一次會議是感覺到還是有意義的，以弭合華盛頓會議以來海外民運組織、中共政治反對派支離破碎的狀態。

二〇〇四年十月下旬的時候，民陣主席和祕書長一起致電給我，希望澳洲雪梨能夠承接這次大會，而且這個大會也不是簡單的民陣年會，而是有多家民運組織參與的民運大會。在這種情況下，我接受總部委託，承辦來年初的大會，之後我經過於澳洲當地的朋友的協商，把會期定在二〇〇五年三月的中下旬，目的就是為了與中共的「人大」和「政協」兩會有相應的政治對應，我對大會的另一個期待就是中共政治反對派進行一次新的集合，這是我在以前寫過的一篇文章〈重新集合再出發〉的想法的繼續。我認為海外反對派的當前要務是審問、慎思、明辨，相互地體諒，策略地妥協，形成整體，凝成力量，喚醒民眾。這樣方能巨龍身首相聯，重獲新生，造成翻江倒海沖瀉千里之勢，擊垮中共專制於一旦。

這次大會由民陣主辦，其他的參加的和掛名參加的組織還有：中國民主團結聯盟、中國社會民主黨、民聯陣－自民黨、全德學聯、中國民主黨流亡總部，和《新聞自由導報》。

大會的另一個特點就是根據姚勇戰的建議和要求設立同步的線上分會場。大會三天，有北美、泰國、日本、英國以及中國大陸多個分會場許多人士參加了大會。此舉雖然是初次嘗試，但開啟了海外民運會議在世界各地同步舉行的新模式，隨著運用的頻繁和熟練將發揮愈來愈大的效用。

經過近半年的醞釀、反覆、籌備和干擾，尤其是自籌資金，中國民運二○○五年澳州大會終於在二○○五年三月十九日在澳洲雪梨舉行，進行了三天。在布朗參議員的推動下，我們在坎培拉舉行了一個記者會，布朗參議員在議會中向霍華德政府質疑為何不對中國的民主運動給予關注和支持，布朗參議員還特意到會場參加開幕式發表演講。除此以外，可謂沒有其他值得稱道的政治成效。在某種程度上可說是失敗的，它是華盛頓會議的重演，所不同的是華盛頓會議的分裂發生在大會期間，而澳洲大會的分裂發生在大會之前。中國的民運依然任重道遠，新一屆民陣領導人在這次會議中所體現的政治成熟度非常地欠缺。

作為主辦者或者東道主，我有意不在這次會議中放入換屆改選的議程，按照民陣每一屆的有效時間，當時可以換屆，我完全可以充分利用地理之便進行換屆而再次出任民陣副主席，而且墨爾本的副主席早在二○○三年就希望我出席民陣七大把他的副主席一職替換下來。當時因為民陣七大的會議時段與中共最高領導人胡錦濤到訪澳洲對撞，因而未能出席。澳洲大會以後圍繞著大會電視片的製作出現了嚴重分歧，民陣總部方面藉電視片製作的便利，有明顯的公器私用之嫌，主要著墨於自我拔高。我作為這

次會議的主辦者，提議應該更多地呈現共同參與大會的其他組織和整個民運，多著筆墨於對整個民運有貢獻的人物，尤其是已經去世和仍在中共大牢裡忍受煎熬的民運人士。我的意見與總部相左，因此遭受總部領導人的排擠，總部領導人的狹隘心胸和處事方式的笨拙埋下了我日後與他們分道揚鑣的伏筆。

二○○六年柏林大會和出走

經過數年的沉寂和思索，我對於民運和民陣有了自己的思考，並且形成了自己的基本定見。本希望重回民陣以後可以發揮作用，但是事與願違。新一屆民陣主席熱情有餘，能力偏低。古人李康曾言：「木秀於林，風必摧之；堆出於岸，流必湍之；行高於人，眾必非之。」對此名言閱覽者眾，理解者寡，身體力行者寥。二○○五年在澳洲舉行的民運大會，為民陣舉行二○○六年柏林會議做了鋪墊，我也為之付出了自己的心血，但是換來的卻是冷漠和排擠。澳洲大會與柏林大會間隔一年以上，其間與時任民陣主席的互動愈發困難。我被要求向所有澳洲國會議員發出柏林會議的公開邀請，我深知不可行，完全與實際不符。若非三位澳洲議員接受我的遊說和邀請赴會，我幾乎放棄前往柏林與會。最終我還是出席了民陣柏林會議，但是我在會議最後一天憤而公開宣布與當時的民陣總部費、盛分道揚鑣，也不接受在柏林會議上被選上的理事一職，回到澳洲堅持民陣的旗幟，不再用「民陣澳洲分部」，舉起了「澳洲民陣」的旗幟，以示不再隸屬總部設在德國的民陣，按照自己的信念走在民運路上，繼續反對中共專制追求中國民主。我可以感知對我的「分離」行為在我背後的褒貶不一，而我以此舉自比太平天國的石達開，離開天京洪秀全，自己繼續反清事業。

其實當時我們是被逼迫出走。原因是二〇〇五年澳洲大會以後費卸磨殺驢，迫不及待扔下含辛茹苦半年之久的我，而去擁抱對澳洲大會破壞殺傷力最大的對手，對此我當然嗤之以鼻。這種做法在政治道德倫理上是極為令人詬病的，這也表現了費等人的政治智慧低下，也體現了不重視政治操守和倫理的中國民運基本底色。緊接著在電視片製作過程中一意孤行自我突出和拔高，我持反對意見（這裡有一個插曲，二〇一三年澳洲鍾錦江去歐洲，順便詢問費為何與秦晉發生矛盾，費信口就說秦晉為了在電視片中突出自己而提供了四千字的自我宣傳。鍾不假思索照單全收，回到澳洲就義憤填膺責問我。我建議鍾即刻向費索要秦晉四千字的文字，鍾立刻無以言對了。這裡費是信口雌黃，鍾是傻白甜偏聽偏信）。這些矛盾逐漸惡化，埋下了我柏林大會上發難獨自出走的伏筆。早在二〇〇六年柏林大會之前金曉炎與費分道揚鑣，而我當時並不知情。我是在柏林大會以後去電通報民陣前主席萬潤南、杜智富、齊墨以及英國金曉炎等人時候才從金曉炎處得知。次年日本林飛又被費逼走。而歐洲其他人應該不是被費逼走，卻是因為魏京生敵視費的原因，他們受魏的光環影響而紛紛出走。當然我當時敢於「冒天下之大不韙」，寧為玉碎不為瓦全主動與費裂開，很大程度上就是根本看不起費的低下政治運作水準。

澳大利亞民主中國陣線的前身是民主中國陣線澳洲分部，由於民陣總部層面的組織內部具體操作上的不透明和非民主程序，以我為主要的澳洲地方民陣組織不願繼續承受民陣總部層面組織內部的專橫跋扈領導作風，相互之間無法取得一致和諒解，於二〇〇六年六月主動脫離而獨立，以後互不依屬。在此之前，英國民陣先於澳洲民陣脫離而獨立，到二〇〇七年五月的時候，全世界範圍內有更多的民陣國家分部對總部提出質疑，到二〇〇七年

九月的時候改變原先的分部稱號而獨立運作。澳洲民陣以民陣二
〇〇三年十月以前形成的一貫的低調、高效、沉穩、理性的風格
和堅定的民主理念進行民主運作，推動中國大陸的民主化進程。
澳洲民陣願意與其他國家和地區的民陣攜手並肩，共渡民陣時
艱。澳洲民陣耐心等待有政治熱情但缺乏領導藝術而錯誤屢犯，
導致今日民陣紛紛獨立局面的領導人迷途知返，澳洲民陣有誠意
推動全球民陣重新精誠合作。

　　二〇〇七年的亞太經濟合作峰會定在澳洲的雪梨，時間是
九月。我早早就與澳洲綠黨、國際特赦組織、藏人團體、法輪功
等多個團體做出了具體的安排。當時在紐西蘭任教王軍濤博士對
這個活動也格外地重視，特意約我前往紐西蘭與他進行具體的商
量並且向我「面授機宜」，還把魏京生請來助陣。這個時候民陣
正、副主席費、盛也不遠萬里來了澳洲雪梨。不過他們過來澳洲
還有另外一層含義，就是對我這裡的「桀驁不馴」、「犯上作
亂」的澳洲民陣進行圍剿，卻不料螳螂捕蟬黃雀在後，荷蘭王國
興、紐西蘭潘晴、美國魏京生等也來澳洲了，這也不是我能預料
到的。我在集會演講的時候第一次亮出了全球八個國家和地區民
陣，這些國家和地區的民陣都不認同費、盛。「八國聯軍」初步
成形，民陣「南北朝」局面即將形成。這時候的費不知道疏通和
妥協，只是一味地排斥和打壓，雙方對峙日趨嚴重。雙方也沒有
溝通渠道，他們中間也沒有人思考如何面對這個事實的分離局
面。雙方只能通過公開形式遙相叫陣，二〇〇八年公開發表通
告：民主中國陣線會員代表大會暨二〇〇八年中國民運大會籌備
委員會通告。

　　這是用公開方式通知費方，其實以戰求和，促使費接受反對
派存在的現實，通過協商的方式共同籌辦民陣大會。在通告中有

這麼一段文字：「籌委會希望和歡迎所有民陣會員和有志於中國民主化事業的人士響應和參與，共襄海外民運大舉，共同開創中國民主化的未來。」來表達後來成為王八民陣的發通告的真實用意。

很快，澳洲墨爾本的民陣副主席梁友燦就來電了，梁提出了「漫天要價，落地還價」的思路。我問梁：「是你梁的意思還是你梁代表了費的意思？」梁表示是梁本人的意思，而非費的意思。我回絕了梁，稱梁缺乏權威，等梁向費要到了尚方寶劍再來談，並且引用了一九九三年華盛頓會議期間朱培坤代表徐邦泰四處遊說但不承擔任何責任這個例子向梁展示。等了十來天，費的文革式「五·一六」通知發了出來：求同存異，團結奮鬥——反對分裂民陣。

兩廂妥協的機會就沒有了，「王八民陣」就這樣走了出去。「王八」是自我解嘲，這廂民陣主席是荷蘭王國興，否認二〇〇六年德國柏林民陣換屆會議的法理，仍為民陣第八屆；另一個原因是從原民陣分離出來的國家和地區共有八個：英國、荷蘭、丹麥、西班牙、澳洲、紐西蘭、日本、泰國。因此自嘲「王八民陣」。

我回憶民陣這些刻骨銘心的往事，不是想說當時民陣分裂我方沒有責任，而是想說民陣的分裂是情勢使然，只要是費在位，他的作為和結果必然如此。許多年過去了，民陣依然無法擺脫分裂的局面，說實在不是誰的責任問題，而是民運的政治生態，天要下雨娘要嫁人。要做最好的打算，也要做好最壞的準備。

民陣南北朝維持了四年，二〇一二年似乎兩邊捐棄前嫌言歸於好，首先是「王八民陣」通過哥本哈根會議做出改制決議，向盛雪主動輸誠。而此時此刻的我則在腹背受敵的情況下主動跳出圈外，一沉到底，一退到邊，自我放逐。同年稍後於哥本哈根

會議的布達佩斯會議實現了兩個民陣的破鏡重圓，盛雪完成了民陣「一統江山」。但是布達佩斯會議結果堪慮，不是兩廂捐棄前嫌精誠合作，而基本是一方對另一方的吞併。幾個月以後王國興公開宣布退出，並且再以民陣主席的名義與盛分庭抗禮，二〇一三年還向盛雪主辦的多倫多會議發文攻擊，貽人笑柄。「一統江山」以後的盛雪民陣好景不長，很快出現新的裂痕。一個不易為人發現的標誌是主席盛雪發表的二〇一四年新年元旦獻詞，以民陣主席和全球支持中國和亞洲民主化論壇理事長雙重身分發出。這個署名暗示了盛與費的民陣蜜月走到了盡頭，甚至走向了反面。民陣主席是盛雪，但是論壇理事長一職如何歸屬不屬於章程和規則問題，而是合作關係發生變化的標誌。新年獻詞的如此署名是極不明智之舉，變相誘導費由私下不合作轉變為公開對抗，這是盛缺乏民運操作能力和技巧所致。二〇一四年十月日本王進忠來電，希望來年二〇一五年三月來澳洲參加民聯會議，同時披露一個訊息：費、盛矛盾公開化且衝突激烈。果然盛雪新年獻詞所預示的矛盾衝突的升級不出我所料。以後衝突愈演愈烈，引來無數民陣以外的各路人馬向盛雪發出攻擊，好一個現代版阿嘉莎・克里斯蒂（Agatha Christie，1890-1976）著名偵探小說《東方快車謀殺案》（*Murder on the Orient Express*）。

民陣內部一直矛盾重重，衝突迭起，合而分，分而合，多次反覆。從二〇一四年起，當時的民陣主席加拿大的盛雪遭受匿名的政治謠言和色情圖片的惡毒攻擊，極大地損害了她的聲譽，使她難以為繼。因此從二〇一六年初就開始不斷有老民陣人士來遊說我返回民陣，解救民陣的危困。我沒有接受，在我看來條件不成熟。甚至是我主持十月美國紐約會議，盛雪前來赴會，我們之間沒有就民陣的事宜交換意見和看法。一直到了二〇一六年末主

席盛雪遠赴澳洲參加一個會議，借此機會直接找到了我，非常鄭重地表達了她明確而又強烈的意願，希望我能返回民陣。經過認真考慮，權衡利弊，觀察民運的基本走勢和可見未來的演變，我接受盛雪的邀請，同意返回民陣。

獻策走出泥潭

盛雪的反對面歐洲的費等提出〈民陣換屆代表大會提案〉，以阻止盛雪主持民陣換屆會議。我提醒盛作為大會籌辦方應做回應如下：

一、解決矛盾最高方式就是由代表大會裁定，不應該拉偏架。盛雪處在被動受攻擊的位置，勸架要勸動手的，不要捆綁住被攻擊的。就像聯合國安理會，形不成五大常任理事國的共識，最高的共識應該在一個公開的、透明的代表大會上達成並且解決問題。阻撓拉斯維加斯會議，就是避實就虛，粉飾矛盾。

二、這是從共產黨那裡學來的八股，講的都是悅耳動聽的好話，包藏著見不得人的私心。

三、西方為何有穩定的社會秩序，因為憲法神聖，對憲法提出修正，必須得到議會三分之二以上的多數方可生效。民陣結構改變是一件大事情，怎能腦門一拍就要修改，民陣章程如同民主國家的憲法，有它的神聖性。必須在代表大會上有三分之二以上的支持才能修改。改變民陣結構不是不可以考慮，但是必須在大會上進行。民陣領導層的問題不在於結構，而是人事。看問題要落到實處，不要顧左右言其他。

我給盛雪的文字：

一著不慎滿盤皆輸。我得知了即將進行的網路會議。感覺

到這個會議充滿了玄機和變數，一不小心可以澈底翻盤，費等的目的是通過這麼一個會議合理合法地阻止妳美西會議。為了消弭潛在隱患，我建議妳重發通知，因為權柄在妳之手不在費，會議主持應該是妳而非其他人。這樣才可以做到一夫當關萬夫莫敵。本來他們是三人逼妳就範，這下可以是最高達到十人逼妳就範。妳主持會議有權任何時候終止會議，拒絕討論更改或者停止美西會議的議題。妳可隨時結束會議，若他們繼續會議的任何決議將不對妳形成制約。對於妳來說，會議通知已經發出，開弓沒有回頭箭，妳的動員已經大致就緒。如果費等在妳在場情況下通過決議終止美西會議，妳很難按照他們的時間和地點再度動員，「一鼓作氣，再而衰，三而竭」。妳主持會議，會議討論民陣上下內外如何同心協力開好美西會議，可以為開好會議提供建議和方略，但是不討論會議的延期和易地。他們肯定不同意，不同意就意見保留，等開完會再說。大會是最高權力，實地民陣會員代表大會是解決民陣問題的最高手段。

費擔任主席九年，時間、地點都是費選擇，盛從來都是配合。盛擔任主席以後兩次會議都受到強力阻撓，這一次盛給出了時間和地點的選擇，要求在規定時間內反饋，無異議則等同同意。時間到了，沒有費等的絲毫回音，盛作為主席，在聽取了廣泛的意見，也在大範圍內進行了商議，最後決定了開會的時間、地點。這個時間和地點不符合費等之中個別人的算盤，就千方百計刁難阻撓，是何居心？民陣不是個人私產，大家都是站立在民陣旗下近三十年的民陣人，應該拿出公義心去維護。捫心自問一

下，費的反對會議在美西舉行是出於私心還是公義？費等認為民陣癱瘓了，原因何在？盛一隻手對付中共，另一隻手還要防範費等的明槍暗箭。費等不就是想把盛從主席位置上推下來嗎？盛表示不戀棧，到時候會主動退下讓賢，而不會賴在任上不下。會議是最高手段，盛已經聲明了不連任、不接受提名，費等到底還要幹什麼？

然後盛可以宣布散會，加上一句「拉斯維加斯見」。

盛雪回覆我：「我不覺得有這麼嚴重。不要緊的。」

我回覆盛雪：「妳似乎有點掉以輕心了，要防微杜漸，要防止一不小心造成陰溝翻船的奇葩效應。我現在回過勁來，妳原本想通過總部祕書處通知舉行一個網路會議，屆時請我、錢達和金曉炎等參加。但是總部祕書處卻悄然進行偷梁換柱，把這個會議弄成一個理監事的內部會議，而對妳進行再一次的狙擊。東晉與前秦一場戰爭，符堅可以投鞭斷流，聲勢浩蕩，足以消滅東晉。但是一個小小的戰術錯誤，退軍騰出空地讓晉軍渡江決戰，這一退軍陣腳鬆動，給了八萬晉軍乘勢掩殺的戰機，在歷史上留下來以少勝多、以弱勝強的戰例。所以我看到了總部祕書處等的做法，而妳的對應不以為意，體會不到其中的危險，那就真危險了。」

由於我決定接受盛雪邀請，再度返回民陣，引起盛雪敵視者的強烈反彈，我則回應如下：

你的留言和轉的帖子我都聽了看了，我也不生你的氣。我只想對你說，我們不能盲人摸象僅憑自己的感覺和好惡。我在民陣近二十八年，自我評估一直堅定不移地堅守在民主運動的前沿，從一個城市到一個地區，再到全球範圍地積極跑位。我相信你對此不會太大否認。十年前我

被費和盛排擠而出走，一直堅持民運，舉著民陣的旗幟。我對費和盛都有看法，他們對我也有很深的芥蒂。但是我們不能因為個人的恩怨和芥蒂而只知復仇解恨，抓住一點不及其餘。我對民運的投入沒有過你們天安門的風險，但是八九年以後的堅守肯定不低於你們天安門的。對於民陣自加入那天起就沒有過絲毫的動搖，我一直悉心呵護，對民聯這個我在八九年天安門以前就投身的組織也銘刻在心，所以我可以與費、盛分開，不惜地方對抗中央，但是絕不易幟。盛雪個人有問題，主要是個性方面的，但是她對民運和民陣的付出我不能因為恩怨而視而不見。同理，對於費良勇也是如此。雖然他們曾經對我很排擠，但是我不願以其人之道還治其人之身，對費對盛一視同仁。我今天接受了盛方的邀請返回民陣，不是一蹴而就的，更不是如你所說的見利忘義之舉。薛偉兄很早就審時度勢地敦促我力挽狂瀾出手挽救民陣，也有其他人在薛偉前後都來敦促我，我一直默默觀陣，情勢需要我才會首肯，甚至到了去年紐約會議的時候，我還在觀望。我想的是民陣、民運，這一點你也許看不到，或者不願看，在你的眼裡，我就是投機取巧。你可以這麼看，這麼想，我現在無力糾正你，也不必花太大力氣糾正你，由時間來驗證吧。對於目前的民陣的亂象，盛雪有責任，但不是主要的。盛雪受全方位攻擊，很多時候是她個性帶來的，就如同性格決定命運。但是更多是她實在難以招架，所謂的民陣癱瘓，就如同你的電腦，是外部攻擊造成，並非是你的使用不當造成的。本來就一直心屬民陣，既然返回民陣，則盡全力止戈為武，現在仍在進行，不到最後一刻，絕不輕言放棄。

至於老魏的公開挺歐洲民陣的文字，根本就是一個笑柄，不必多議。老魏一九九七年十一月保外就醫，我立刻注意他。一九九八年紐約見面會，中國人權蕭強主持，注意到了老魏的率性。一九九八年五月多倫多會議我有近距離觀察他言行舉止的機會，靜靜坐在離他不到兩米的距離觀察他的言行舉止，大失所望，中國民運形成有形力量的機會可能不再具有。他的英勇和大無畏造就了他成為舉世注目可以比肩曼德拉、翁山蘇姬的國際地位和影響力，但是他的放任個性和目空一切的作風將很快耗盡他以多年牢獄換來的巨大信用。我的預測沒有錯，次年他來澳洲我全程接待陪同，非但沒有改變我對他第一面的印象，反而加強了我最初的判斷。二〇〇一年有人把原美國《紐約時報》負面評價魏京生的評論，後《世界日報》譯成中文轉載的報紙傳真給我，希望我在澳洲轉發。我拒絕了。我痛惜老魏，也痛惜中國民運的悲哀，沒有領袖啊！各種因素和機緣到達領袖地位的人不合格啊！缺乏胸襟格局眼界。王炳章是當今中國民運的領袖，但是不為人所識，直到他被監禁了人們才逐漸開始認識他。對此我感到驕傲，我一介二三流的民運小人物，但是能夠認清他是在他備受誤解的時候。一九九八年王炳章風風火火闖九州遭到海外一片痛罵，我立刻去信民陣主席杜智富，對民運界攻擊王炳章表達了我的憤慨。老魏用他的生命為當代中國民主運動人士賭贏了每一個個體的生命，從鄧小平開始，中共就沒有對政治反對派公開殺戮。也許今天的習近平要對政治反對派重開殺戒了。老魏是單打獨鬥的勇士，景陽岡的打虎英雄武松，但不是聚義廳的晁蓋忠義堂的宋江。今天老魏的

東西不就是二〇〇五年澳洲大會時候的翻版嘛。我尊重並且銘記老魏的勇氣，但是不恭維老魏一九九七年出國以後在海外民運組織中的作為。

　　哥們，請不要因為個人情緒而一葉障目不見泰山啊。

繼往開來，薪火相傳：民主中國陣線第十三次代表大會

　　民主中國陣線第十三次會員代表大會，於二〇一七年三月二十四日上午九時到晚上六時多，在美國拉斯維加斯成功舉行。大會經動議、討論、投票等程序，修改並通過了民陣章程。大會依照民陣章程，經嚴格的民主程序，由非民陣人士在現場負責唱票、點票、驗票和監票，選舉產生了民陣新一屆總部機構。我獲選成為民陣現任主席。

　　當選後我發表感言：「民陣創立初期氣勢如虹，西方社會給予了強大的道義支持及一定的資源協助。可惜中國與民主大潮失之交臂。民陣經歷過華盛頓會議的重大挫折，在被北京強力滲透的海外華人社區也被漠視。但是民陣依然百折不撓，頑強堅守到今天。……我始終心繫民運，心繫民陣，今天當選，是受任於民陣艱困之際，奉命於民陣危難之間。為民陣的團結，我做了努力，曾主動禮讓喪失理智者、有違人倫者。現在我要和真正熱愛民陣、真心投身民運的民陣人一起，讓天安門民主運動和中國民運事業傳承下去。我堅信，無論如何，民陣都會與海內外民主力量一道，以飄揚的旗幟、高昂的情緒、堅強的信念、不懈的努力、整齊的陣容、與民運兄弟團隊緊密的合作，一起促成中國民主大潮的再次到來。」

對於民陣長期遭受無端攻擊,正確回應有如李白詩云:「兩岸猿聲啼不住,輕舟已過萬重山。」堅定反共、追求民主、珍惜民陣、愛護民陣、有道德操守的民陣人接過民陣大旗,讓她在中國民主革命歷史進程的風雨中始終飄揚。民陣會進一步擴大力量,開拓反共戰線,促動並迎候中國民主政治變局的到來。

老驥伏櫪,壯心不已

主持二〇一七年七月末在日本東京附近的神奈川舉行的中國民主論壇第六屆研討會可以視為我主席任內的第一個民運事項,也可以是「新官上任三把火」的第一把火,雖然這個活動事項與我是否當選民陣主席沒有聯繫,即使沒有我重回民陣,這個研討會還是會舉行的。

藉東京之行之便,我先去了大阪,在那裡發表了一場演講,題目是〈中國政局變化與日本的關係〉。素有「中日兩國一衣帶水,唇齒相依」之說,而我也堅信,中國政治變化的任何風吹草動,都會影響日本。日本也一定高度關注中國的政治演變,因為兩國同處東北亞,有關乎自身的經濟發展和國際上的地位。兩國之間的交往可以追溯將近兩千年,漢唐古風在當今的中國幾乎蕩然無存,而古老的中原漢唐文化在日本卻得到了最完好的保存,藉此機會也希望圓一下自己的中國尋古之夢,去京都和奈良地區親眼目睹一下在中國已經失傳漢唐古風。

藉向日本朋友演講之機,我對中日兩個民族之間有巨大落差,表達了我的觀察和看法。中日固然有其重要的內部原因,但我更想指出的是外部原因,就是各自的地理位置和環境。從漢唐以降受中國文化薰陶和影響而形成的日本文化卻長期不受外族入

侵和破壞而得以自然形成、發展，而且在日本國民中蔚然成風。元蒙忽必烈兩次征伐日本，皆因冥冥之中神風相助日本，忽必烈敗師而還。反觀中原，與北方遊牧民族為鄰，萬里長城阻擋不住蒙古的鐵騎彎刀，滿清的剃髮留頭，中原數度亡國，原本的中國古時候優秀文化和精神傳承遭受了一次又一次的嚴重破壞。到了近代更為悲催的是中共一九四九年從國民黨手中奪得江山，在中國實現了專制復辟，建立了蘇聯式專制與中國傳統專制混合政體，中國的文化和傳統從此遭受了前所未有摧殘。

　　一九四九年毛澤東共產黨在中國建立了前所未有的殘暴政權，首先得益於史達林（Joseph Stalin，1878-1953）蘇聯的全方位支持；其次得益於美國杜魯門行政當局的愚昧，對南京政府實行武器禁運，聽任蔣介石南京政府被史達林、毛澤東聯手擊敗；第三得益於中日之間八年全面戰爭，幾乎將蔣介石國民黨打殘。若非一九四一年太平洋戰爭爆發，美國參戰，我個人認為國民黨蔣介石被日本澈底打敗，而今天的中國成為日本大東亞共榮圈的一部分是沒有很大懸念的。

　　中共政權建立以後承受最大苦難的是無助的中國人民。毛澤東死後，為數不多的中國人才開始從共產主義烏托邦夢幻中醒來。中國曾經是世界第三波民主化浪潮衝擊下共產主義陣營中最早出現民主轉型歷史契機的國家，中國從一九七八年的改革開放政策起孕育了當代中國民主運動，其先聲就是一九七九年北京西單民主牆運動，但是很快就被鄧小平壓制了下去。雖然如此，在當時的中國，西方民主思想可以有限地傳播和流行，民主呼聲持續高漲，因為中共體制內有兩位思想前衛的總書記胡耀邦和趙紫陽。他們的十年主政期，是中共近七十年的執政期中政治氣氛最為寬鬆的時期，從而也為一九八六年學潮和一九八九年的學運的

爆發提供了良好的社會基礎。

　　一九八九年六月四日鄧小平中共的武力鎮壓天安門廣場的學生，使得這場近五十天的民主運動戛然而止，中國與這一波的民主化浪潮擦肩而過，卻為隨之而來的蘇聯東歐劇變做了鋪路石。中共因此在國際上處於極其孤立的地位，聯合國曾考慮驅逐中華人民共和國的席位，恢復中華民國代表中國。我現在作為主席的民主中國陣線，是天安門事件當事人流亡海外在法國巴黎成立的政治組織，當時在國際上獲得了很大的同情和支持，無論是我們民主中國陣線，還是西方社會，都有一個認識，就是中共的垮臺將是幾年之內的事情。

　　可是嚴酷的事實是，以美國為首的西方世界在對待中共的政策上完全有別於前蘇聯，美國認定前蘇聯是一個「邪惡帝國」，基本策略是遏制（Containment）。而對於中共卻非常地溫馨，給予經濟的扶持、政治的理解、外交的承認。即使是光天化日全世界眾目睽睽之下的屠殺，當時的美國總統老布希也表現了充分的理解，雖然公開地譴責了北京，卻私下派國家安全顧問布倫特・斯考克羅夫特（Brent Scowcroft，1925-2020）和副國務卿勞倫斯・伊格爾伯格（Lawrence Eagleburger，1930-2011）前往北京進行安撫。美國認為繼續與中共的接觸可以引導中共按照國際規則遵守國際秩序，通過接觸（Engagement）來馴化中共走民主化的道路。很快，鄧小平的韜光養晦外交策略奏效了，中共迅速走出了被孤立的困境，而中國的民主運動也迅速地被西方民主國家拋棄。我的印象中日本是最早解除對中國經濟制裁的西方民主國家，中國民運普遍對日本政府這一做法感到極其失望。

　　以美國為首的西方給了中共極大支持，對於中共予取予求，聽任中共繼續發展壯大。首先是對中共的錯誤認知，看不清中共

的本質；其次是自身的貪欲，希望獲得中國巨大的市場。現在中共的統治到了習近平時期變得前所未有的殘暴，由於國力的增強，開始有了更改現有國際秩序的企圖和舉動，在諸多國際事務中聯合俄羅斯普丁與美國對抗。習近平的經濟上一帶一路和軍事上南中國海填海造島，不知道美國認識到了沒有，過去幾十年對中國政策的錯誤已經讓中共可以挑戰二戰以後形成並且主導的世界格局和秩序，對已經動盪不安世界構成了新的潛在的威脅！

　　中國由專制轉向民主的和平政治轉型的歷史機會已經隨著天安門屠殺消失殆盡。經過一九八九年天安門事件以後近三十年的發展與變化，中國的政治和平轉型非但沒有如布希和柯林頓所想像的那樣出現，反而是更加澈底地沒有了希望。習近平以他的鐵腕邪惡統治宣告了美國一廂情願的中國政策澈底失敗。習近平中共如此之邪惡，西方民主國家都不作為，以沉默對待。西方如此綏靖，如此懦弱。

　　改革已死，革命當立。中國的經濟改革已經走到了頭，經濟改革的紅利完全讓中共權貴瓜分完畢，並且安全地轉移到了海外西方國家。一九八九年天安門的武力鎮壓具有兩個含義，不為外界所知。第一，「槍聲一響，改偷為搶」。如果說天安門事件以前，中共權貴通過手中權力斂財還是暗中進行有限度的，而天安門事件以後則是明目張膽地搶奪了。新近中共震撼性內部信息不斷披露，將中共上下一片邪惡黑暗曝露於天下，整個中共官場已經找不到一個清廉的官員，整個中共體制就是一個巨大的黑社會集團。

　　中國政治改革的機遇早在天安門槍聲一響就澈底地消失了。鄧小平與陳雲有共識，將中共的江山傳給他們的下一代，只是陳雲拒絕了鄧小平的提議把陳雲的兒子推到國家領導人位置上去，

鄧小平也就不好意思推自己的兒子鄧樸方了。今天習近平成為中共最高領導人，是中共權力傳承的設計安排，所以外界的西方和中國民主派期盼中共接受普世價值走民主化道路，就是緣木求魚、與虎謀皮了。

　　既然中國改革之路被中共堵死，政治轉型的機會也沒有，要改變中國現有的政治體制，在中國內部只剩下民間自下而上的民主革命一條道，在中國外部也只有國際關係的變化，中共的外交和周邊地區發生衝突而引起事變。

　　在中國國際關係方面可能出現中共政權存亡絕續危機的有如下幾個點：一、南中國海軍力擴張超越美國承受底線發生中美軍事衝突；二、臺灣蔡英文政府繼續的去中國化策略加劇兩岸緊張擦槍走火，發生軍事衝突；三、朝核問題無法解決而迫使美國行政當局鋌而走險，援引中東海珊（Saddam Hussein，1937-2006）解決先例擒拿金正恩。中共一向喜歡以不戰而屈人之兵恫嚇菲律賓、臺灣，結果表明是有效的。因為過去近三十年中共一直有良好的國際環境，美國蒙頭大睡毫無警覺而提供給了中共極大的方便。現在情況不同了，中共的邪惡已經讓國際社會有所了解，美國也可能意識到了過去的中國政策的無效。只要美國清醒了，中共在南中國海和臺灣海峽的軍事恫嚇就會無效，中共自知實力有限而不敢輕舉妄動，因而在以上兩個地區發生軍事衝突的可能性不高。

　　金正恩朝核問題不在中共的影響和控制之下，中朝關係裂痕十分明顯。中國希望金正恩政權的繼續存在，可以成為中共與世界民主進步之間的一個緩衝。金正恩的繼續瘋狂和挑釁，完全可以引來美國行政當局的先發制人將其消滅。金正恩沒有了，那就真的唇亡齒寒了，很快就會波及中共政權的穩定。

西方民主國家與中共的親密扶持關係，是世界領袖目光短淺、缺乏領導世界的能力的表現，美國最通常犯的錯誤就是姑息養奸。中國國共內戰的時候綁住了蔣介石手腳，聽任毛共席捲大陸，變相幫助毛共奪取江山，間接害了中國人民，讓全體中國人民淪陷在共產主義的紅色恐怖的水深火熱之中。一九八九年天安門事件以後不久，還是美國幫助中共走出國際孤立的困境，二〇〇一年又為了中共加入世界貿易組織將唯一制約中共的人權條款與貿易脫鉤。因為政治短視，美國一次又一次幫助中共，傷害的卻是無助的中國民眾。現在習近平政權自認為實力足夠強大，無須繼續韜光養晦，可以挑戰二戰以後形成的世界格局和秩序了。我希望美國從歷史上一次又一次的錯誤中醒悟過來，亡羊補牢為時未晚。

　　由於四十年冷戰的結束，美國取得了完勝，日本裔美國學者福山（Francis Fukuyama，1952-）歡呼歷史的終結。實際歷史沒有終結，中共在美國和西方的警惕放鬆下悄然崛起。只有當中共邪惡專制主義結束了，這個世界才會平安一個時期。

　　簡短回顧一下中日關係的發展。一九七二年田中角榮總理大臣、外相大平正芳、官房長官二階堂進前往北京與毛澤東、周恩來建交，所謂邦交正常化，中日兩國世代友好。實際上中日兩國世代友好是一句漂亮的空話，實質是中日兩國政府之間的相互需要，與兩國人民沒有很大關係。中國普通民眾沒有自由表達自己思想的權利，他們只能根據中共政府的煽動去仇恨日本。中共建政幾十年來，民眾在政府的灌輸之下充滿了對日本的仇恨，隨時可以根據政府煽動宣洩對日本的仇恨。何時才有真實的中日兩國世代友好？只有當中共不在了，中國有自己民選的政府了，普通民眾有權利和自由選擇有關日本的真實資訊的時候，中日兩國世

代友好才是真實的。

　　日本是亞洲的一個成熟的民主國家，在亞洲應該起到當然的領導作用，在東亞應該與同為民主國家和政體的南韓以及中華民國結成政治聯盟，遏制中共的向外擴張。現在中國民主化的最大障礙是中國共產黨的一黨專制，而日本自一九八九年天安門事件以來對推進中國民主化乏善可陳。一九八九年中共政府用武力鎮壓了民主運動，中國與世界民主國家的關係全面倒退，但是日本的表現卻很不好，率先幫助中共從外交孤立中走了出來，進而又向中共提供經濟援助，養虎為患的惡果今天不明顯嗎？

　　是洞破先機看準中國的大變化，未雨綢繆提前預備，支持並且推動中國的政治變化，協助中國走進世界文明，還是繼續保持對沒落的中共專制的默許和縱容，何去何從，敬請日本自己選擇。我今天在這裡是希望日本能夠選擇對中國民主的支持和關注。我們民主中國陣線經過了二十八年艱苦卓絕的煎熬，依然弱小，但是我們代表著歷史的正確一邊，代表著中國未來的進步和文明。我們被西方無情的拋棄，但是我們堅持至今。我們用歷史的時間換取不久將來在中國大地的巨大政治空間。

　　滿清遺老、滿洲國總理鄭孝胥生前曾有「三共論」，「大清亡於共和，民國亡於共產，共產亡於共管」，是一個非常經典的政治預言。「民國亡於共產」在他去世後十一年實現了。歷史發展到了今天，就要進入「三共論」的最後一個階段，「共產亡於共管」。對此預言，我很以為然，中國的歷史進程正按照這個預言進行中。希望日本朋友們與我們一起見證這個歷史進程，更希望在我們中國民主革命的艱難道路上遇到孫文革命時候的宮崎滔天、平山周乃至犬養毅。

移師神奈川縣三浦市，於月二十四日，我又發表演講〈歷史拐點上的中國政治演變〉，做分析如下：

在中國近百年來的國事變化之中，當代中國民運是最不走運的，民運只有微弱的道義資源，沒有實質性的強有力的資源去推動中國發生政治變化。最走運的是中共，由蘇共一手扶植，又有美國捆綁住了對手蔣介石國民黨的手腳。運氣夾在民運和中共之間的是中華民國。民運現在能夠做的，一是努力捕捉稍縱瞬逝的機遇，二是耐心等候歷史時機。劉曉波之死，是過去民運近四十年所推崇的「和平、理性、非暴力」行動方式在中共的冷酷和殘忍面前毫無效應的具體展示，將是這個理念和訴求方式的終結。這個行動原則適用於印度的甘地（Mahatma Gandhi，1869-1948），適用於南非的曼德拉，但是不適用於中國。為了尋求中國的自由解放，民主革命將應時而生。中共自習近平施政以來，迅速向黑暗、邪惡、野蠻大步邁進，若仍然停留在冷兵器時代，揭竿而起、折木為兵無數回了。

上個世紀八〇年代末九〇年代初，整個世界在歡呼柏林牆倒塌、東歐巨變、蘇聯解體，冷戰結束，西方民主陣營取得了完勝。福山的歷史終結論甚囂塵上，以美國為首的西方如同龜兔賽跑在臨近終點處開始呼呼大睡，聽任手段無所不用其極共產專制北京韜光養晦、「和平崛起」，養虎成患。如今北京已經是尾大不掉，大撒幣，一帶一路，以強壯於以往的姿態要求改變遊戲規則，從而對整個世界構成了新的威脅。

中國大陸的政治體制長久以來一直不能與其經濟發展齊頭並進，繼續與整個世界的潮流背道而馳。中國大陸獨裁政治體制在其經濟得到長足發展以後的繼續維持，必將對海峽兩岸、對遠東局勢乃至整個世界構成威脅。近二十年來，北京從它原來的韜光

養晦改變成對國際秩序的挑戰甚至亮劍，其威脅已經清晰可見。西方包括日本過去近三十年對中國政策，基本上就是上個世紀英國張伯倫（Neville Chamberlain，1869-1940）、法國達拉第（Édouard Daladier，1884-1970）綏靖政策的當代版。中共的邪惡一點不亞於蘇聯，美國對於蘇聯和中共採取了雙重標準。現在是整個世界修正對中共綏靖策略的時刻了，希望以美國為首的政客們能夠從對中國政策錯誤中醒悟過來。

只有在世界潮流衝擊中國大陸，加上世界民主國家和體制合力防範的情境之下，方能抵禦防範中國專制對周邊的荼毒。臺灣彈丸之地，時刻在中國大陸的武力威嚇的陰影之中，日本雖不在北京直接威脅之下，一旦不可預測之事在中國大陸發生，完全有可能城門失火殃及池魚而影響到日本。為防患於未然，拔除大陸危險爆炸物引信，無論是日本國還是民主臺灣中華民國都是應該積極努力尋求的。

中國由極權向威權、由威權向民主政治轉型的歷史機遇隨著胡耀邦、趙紫陽被從中國政治舞臺中心排除而失去。世界政治領袖們、中國民主自由追求者都一廂情願地認為中共會在世界潮流的影響之下步入民主制度，直到二〇一二年習近平執掌中國大權以後，才開始露出了端倪，中共絕不走民主化的道路，中共要維持的就是他們的黨天下。實際上中國從八九年以後就開始了他們的政治頂層設計，中共的權力就是要移交給打下江山的紅色權貴的下一代，習近平掌握權力就是這個設計的結果。對此中共也一而再、再而三地表明不走西方民主道路。整個世界都錯了，對中共抱有不切實際的幻想，都沒有認清中共的經濟政治改革的真實意圖，沒有深層理解鄧小平開啟的改革開放，在開始之初為了挽救中共，還真是摸著石頭過河。但是八九之變、東歐之變，讓中

共警醒了，深深引以為戒。從此嚴防死守，杜絕任何可能引起政治制度變化的可能，中共高層取得了高度的共識，就是維持中共的江山。

但是中國的發展和世界局勢的演變，不是一直有利於中共專制政權的長久維持。過去二十餘年中共所擁有的良好國際環境和經濟長足發展的機遇都發生了根本逆轉。

國際環境

在國際上中共已經撕下了「和平崛起」的溫馨面紗，更多地展示了它原有的青面獠牙，重新回到了四面楚歌國際政治包圍之中。如果透過色盲辨析圖看得出隱約含義的話，二〇一七年七月十日美、印、日三國啟動「馬拉巴爾」海上軍演，在印度南部金奈海域的印度洋孟加拉灣拉開帷幕。此前印度軍隊中印邊境地區越境進入中方控制區，並且無視中方警告，拒不撤離。另有消息，美國已將一些退役的戰艦重新啟用，奔赴西太平洋，劍指何處不言自明。美國以送破爛的方式裝備越南，據悉其他西方國家也在暗中軍事裝備印度，牽制北京。所有這些都應該是項莊舞劍意在沛公，悄然無聲地積極準備重大軍事行動。真正要進行致命一擊的是北韓，以解決朝核問題，解除北韓瘋子金正恩對世界構成的威脅。北韓一滅，唇亡齒寒，蝴蝶效應立刻發生，中共政權就危在旦夕。相信習近平對此局面心知肚明，正使出渾身解數默默應對。

各方力量的互動

從表面上看，習近平繼續強化中共權力，對於世界潮流歷史趨勢奮力地嚴防死守。中共的多個政治對立方面（中國民主運

動、中華民國香港民主派、自由西藏運動等等）在追求各自政治目標，同樣在艱苦卓絕的堅持之中，守候著歷史性的機遇出現。改變中國現狀，不僅僅是中國大陸的渴望，也深深牽動著受北京專制壓迫的香港民眾、海峽對岸臺灣民心和嚮往，並且也是流亡印度五十八年的藏人的共同心聲。

臺灣的作用

二〇一六年臺灣政黨輪替，改變了過去八年馬政府傾向北京的政策。二〇一六年十一月美國總統選舉出人意料，川普當選，候任期間打破慣例與臺灣蔡英文總統通話，踩踏了北京的紅線，為臺海關係、美中關係留下了巨大的想像空間。臺灣相比大陸十分弱小，大陸並吞臺灣的心念自一九四九年建政一直存在，儘管有足夠的軍事實力，上佳用兵攻取機會一直沒有。中共對臺灣手段用盡，武力難以奏效就用狼外婆式的經濟手段引誘臺灣，擠壓臺灣國際空間，期望達到不戰而屈人之兵的功效。臺灣年輕人的太陽花運動，起到了阻止馬英九政府政治軟弱傾斜北京的作用。臺灣在應對對岸的咄咄逼人的時候，總是缺乏有效策略，猶抱琵琶半遮面，不敢直面。自從第一次政黨輪替陳水扁執政，到現在為止近二十年裡，不太理直氣壯地與對手過招，總是以不激怒對方來逃避。我認為臺灣有自己的銳利武器，可以擊敗對手——也許臺灣領導人當家知道柴米油鹽，但我不甚明白，因而對臺灣的政治作為過於軟弱無力感到沮喪——臺灣與大陸拼經濟和軍事，顯然處於下風，但是臺灣的政治民主制度是利器，可以擊敗北京。北京最怕的是用民主自由的旗幟與之對陣，這是北京的短板，整個世界過去二十多年因為沒有政治家，只有政客，對中共總是採取姑息養奸的愚昧政策。代表臺灣的中華民國曾屢屢被

美國拋棄，臺灣在夾縫中求生存的確不易。但是臺灣有機會，當上帝為你關閉了一扇門，必會為你打開一扇窗，臺灣民主已經成熟，這就是臺灣的利器，臺灣領導人總是將利器棄之不用，我百思不得其解。用民主、公平、透明的政治制度與北京博弈，一可獲得大陸民眾的民心，二可擊中北京的軟肋。古時候有田忌賽馬，說的是以己之長比人之短。北京強大的軍事和經濟力量誠然是懸在臺灣頭頂的一柄利劍，若把北京比作擁有剛硬的臂膀而下面卻是不堪一擊泥腿的巨人，一味採取鴕鳥政策，退避忍讓，其結果只能是南唐李後主的結局。臺灣應該學的是努爾哈赤、皇太極，一個吳三桂獻山海關機會，就可入主中原得國祚二百六十八年。前面說過，國際形勢正在悄然無聲地發生不利於北京的變化，臺灣如果能夠順應這個變化抓住這個機會，可以因此飛鳥出籠，進可問鼎中原，退可成為不再任意漂流有自我意志的棋子。

香港的作用

長期以來，香港人一直被視為漠然政治的經濟動物，中英談判開始，港人就不太介入關乎自己未來前途命運的重大決策，聽任中英雙方討價還價。曾經有過一個很微弱的聲音，希望港人對自己的命運和前途有所介入，被鄧小平「中英談判不是三腳凳」一句話給否定了，鐵娘子柴契爾夫人（Margaret Thatcher，1925-2013）也沒有再吭聲。一九八四年十二月十九日中英聯合聲明簽署，對香港的前途按照基本法有下述保證：一國兩制，五十年不變。二○一七年實現特首直選，二○二○年實現立法會普選。從此香港民眾和英國政府都把希望放在了北京身上，毫無制約和監督地等待北京按照莊嚴神聖的政治承諾逐條兌現。

港人好像憂患意識不強，舞照跳，馬照跑。英國也澈底地放棄了對香港應有的關懷注視，聽任北京潛移默化地修改對香港的承諾。二十年過去了，重新盤點一下，北京更加強調「一國」，否定「兩制」。這是北京慣用的中國人聰明，如同袁世凱與日本簽署二十一條，但是在履行和兌現的時候在自己的主權範圍之內設置了二十一條在中國不能實施的具體障礙。北京以「九二共識」哄騙臺灣的時候，強化的是「一個中國」，淡化「各自表述」。不久前北京對外發言人更加肆無忌憚赤裸裸地拒不承認他們的承諾了，我特意引用如下：

　　「香港是中國的特別行政區，香港事務屬於中國內政。一九八四年的《中英聯合聲明》就中方恢復對香港行使主權和過渡期有關安排作了清晰劃分。現在香港已經回歸祖國懷抱二十年，《中英聯合聲明》作為一個歷史文件，不具有任何現實意義，對中國中央政府對香港特區的管理也不具備任何約束力。英方對回歸後的香港沒有主權，沒有治權，也沒有監督權。希望上述人士認清現實。」

　　與對手交手的時候要清醒地知道對手的招數，首先要清楚對手是紳士還是潑皮無賴。香港、臺灣，乃至西方民主社會對北京的真面目一直看不清，一次又一次地上當受騙。我這裡舉個例子，香港前政務司司長陳方安生，實在是可愛天真。她在董建華時期為香港的民主和自由所做出過堅守，對香港民主做出過努力和推動，但是不合時宜地過分愛惜羽毛，與中國民主運動、臺灣、西藏等方面都保持距離。取悅誰啊？北京？還是糊塗港人？這完全是作繭自縛。當然也不能過於苛求這類在香港具有名望，但缺乏政治謀略和遠見的心地善良之人。

香港有別於中國，有半民主，有言論自由。本來北京是懼怕香港，就像貴州小老虎害怕突然出現的不明之物一樣。香港的雨傘運動不易引來駐守部隊的鎮壓，這是香港優於大陸民眾的條件。曾經看到澳洲一篇文章，題目是〈香港的希望在中國〉。大錯，還是心地善良之輩的糊塗觀念。香港希望不在中國，而是在香港本身。香港非但可以比大陸民眾更容易通過全民抗爭不易遭受武力鎮壓獲得民主，而且香港有政治突破了，可以啟發中國大陸民眾抗爭獲得民主。反過來期盼大陸民眾上街爭取，如果可以獲得，那必定是中國政局大亂，大一統的中國分崩離析的可能性都完全存在。在中國，網路呼籲、簽名聯署都不會有政治成效，唯有普遍的、遍布全國的民眾上街抗爭是最有可能改變中國政治制度的方式。但是習近平一定盡全力給予殘酷鎮壓。

二〇一一年阿拉伯之春的時候，我就認為，香港是一個好地方，從香港啟動，會有成效。所以當年就公開發信給香港民主派，希望他們領導港人從爭取雙普選開始做起。後來占中三子發起了港人占領中環求民主的運動，對此我感到由衷的欣慰。港人啟動了，未來推動整個中國良性演變的機會就有了。雖然雨傘運動只堅持了七十九天，沒有取得成功。失敗乃成功之母，希望港人再接再厲，捲土重來，一定能夠在某一個特定的局部地區取得成功。

香港的成功可以牽引中國的變化。作為我個人，推動中國民主論壇舉行這麼一個研討會，政治意圖根本在於此。

民主中國陣線二〇一九年達蘭薩拉參訪以及第十四次代表大會

緣起

二〇一九是尊者達賴喇嘛以及八萬藏人流亡印度六十週年紀念，這可以被認定是藏人境外紀念最後一次隆重活動，應該不會再有七十週年紀念。二〇一八年歲末有民陣內部人士提議民陣組團前往參加今年的歷史性紀念活動。

中國人有十年一大慶祝或者一大紀念，西方也一樣。喜事為慶典，悲事為紀奠。尊者和藏人流亡今年六十週年紀念，就如同天安門事件今年三十週年紀念。都是悲傷事，告誡相關者毋忘在莒。

藏人紀念活動以印度達蘭薩拉為中心，有尊者和流亡政府。民運紀念活動世界各地全面鋪開，沒有中心點，但是以美國紐約、華盛頓為相對中心，紐約人多，華盛頓政治中心。

尊者和藏人寄居印度達蘭薩拉六十年，大悲。做未來預測，二〇一九年三月十日之前世界風雲突變，返回西藏拉薩沒有絲毫可能，故於流亡政府所在地舉行隆重紀念乃必然。以後從六十一年到六十九年以漢人為主體的民運團體和人士都不太可能提振巨大熱情組織前往參加紀念活動，所以估計在印度達蘭薩拉的大紀念對於民運人士或者同情關注中國民主化人士組團前往這是最後一次，過了這個村就沒有下一個店。

自二〇一七年初川普就職美國總統起，美國向中共過去三十年提供的寬鬆環境不再，在美國和西方從對中共夢幻中逐漸甦醒過來以後，中共必然遭受而且已經遭受外部的強力打擊。在外部打擊下必然更加加劇經濟嚴重下滑，引發國內民變。在國內外雙

重打擊之下，中共會轟然倒塌，這個時間不需要再一個十年。所以也將沒有印度達蘭薩拉七十週年的紀念活動了。

值此風雲變幻之際，民陣能做什麼呢？如同綠茵場上積極跑位，無球跑位，捕捉瞬間機會，一腳臨門，破網得分，贏得賽事。

思想脈絡

達蘭薩拉參訪開始前，我為本次達蘭薩拉之行的政治目標預備了中英文專文：

> 中國民運追求的是中國的民主，藏人追求的應該是西藏的自主。
>
> 民運幾十年過去了，依然在艱辛地奮鬥。中共對內以殘酷的高壓維穩，對外以奸詐的撒幣滲透。而整個中國在中共的綁架之下，距離民主愈來愈遠的黑暗之中。
>
> 藏人在中共軍事壓力下喪失了自滿清退位以後三十八年的準國家地位，被迫簽訂城下之盟十七條。中共用暴力和欺騙控制了西藏，尊者達賴喇嘛和八萬藏人一九五九年三月被迫出逃流亡。在尊者的推動下，流亡政府早就完成了民主化建設，流亡藏人已經有了民主。西藏仍然沒有自主，向共產黨爭取了六十年，迄今一無所獲。
>
> 中共是一個邪惡的政治集團，綁架了全體中國人民，如同綁匪劫持了一艘巨輪正駛向冰山。期盼中共改邪歸正，放下屠刀立地成佛，無一例外都是與虎謀皮，都以最終被虎所噬告終。專制的無賴，民主的無奈。雷根深知一個道理，要制服手持兇器的無賴流氓，解決的問題的最終方法不說是說理和感化，而是拿出勇氣和力量先制服他。

他對前蘇聯這麼做了，川普也用相同的方式對付東亞兩個邪惡，平壤和北京。

藏人曾經武裝反抗中共暴行十幾年，一直堅持到了七〇年代初，美國尼克森－福特當局聯北京遏制莫斯科，為了此一戰略，同時拋棄西藏和臺灣。

幾十年來我們的努力尚未成功，因為國際形勢和格局所造成的「勢」不在我們這一邊，卻在中共這一邊。所有這些都是國際形勢和格局造成的，無論是中國民運還是尊者達賴喇嘛和西藏流亡政府，都沒有可能也沒有能力改變這個格局。

是不是因為無望而放棄？相信民運和西藏都不會，不是看到希望才去堅持，而是堅持了才會有希望。西藏六十年，民陣三十年，我們都鍥而不捨，百折不撓。我們為了中國的未來，做出了選擇，拒絕混同與普通中國民眾在中共的野蠻統治下醉死夢死同流合汙，而是犧牲了自己，把畢生的精力投放在了看似沒有希望的推動中國民主的事業上。因為我們有追求，有家難回，有國難奔。你們藏人為了自己的故土、文化、宗教、語言而堅守，也回不了故土西藏。同是天涯淪落人，所以我們民陣再次來到達蘭薩拉，分擔藏人兄弟的苦難，是成是敗在一起，榮辱與共長相依。

中共代表了世界文明發展的逆流，它的猖獗得益於美國為首的西方的昏聵和睡夢不醒，這是中共的政治機會。美國一旦從睡夢中醒來，中共的末日就到了。川普的出現帶來了改變世界現有格局的可能性和機會，川普一改前任的柔弱和平庸，以比較犀利的眼光、霹靂的做派和手

段，重拳出擊，捎帶打擊習近平中共。中共頑固堅守專制獨裁，首先是對內鎮壓力度舉世無雙，其次是外部不受衝擊。中共鋼臂泥腿，無法承受打擊。一旦遭受外部打擊，必將觸發內部動盪，即刻崩潰。目前的中國大有「山雨欲來風滿樓，黑雲壓城城欲摧」之勢。民運弱勢，無法相抗，只能頑強堅持。尊者和藏人流亡六十年，艱難甚於摩西出埃及四十年，困苦不亞於中國民運，彼此有共同的政治對手和敵人，理當同心戮力，攜手並肩。

世間鐵律：物極必反，否極泰來。「三十年河東、三十年河西」，未來改變中國的政治機會已經出現，這個政治機會，對於等待了六十年的藏人和等待了三四十年的中國民運是相等的。這極大有利於各路反對派藉這次幾十年一遇的政治機會，一舉改變中國目前政治格局，從而達到民運幾十年艱苦卓絕求索的最終目標。

藏人有具有世界威望的精神領袖尊者達賴喇嘛，藏人的艱難求索保持了具足的道義性和精神力量。由於尊者的堅韌和毅力，救亡圖存，兢業護法，將藏傳佛教攜帶至喜馬拉雅山南麓，一個佛教起源今又衰落之地，使得佛教在全世界發揚光大，已經得到了全世界的廣泛認同，也提升了藏人的艱難困苦獲得整個世界的矚目。

中國民運則長期缺乏有遠見、有胸懷、有擔當的並且能夠服眾的領袖或者領袖群體，十餘年前，民陣為此來到達蘭薩拉。

中共必將不久於世，對此中國民運與西藏流亡藏人應該有同感和共識。後中共的局勢將更為複雜，民陣不僅為了即將發生的中國政局巨變，更為了後中共時代的到來，

來拜訪尊者達賴喇嘛和流亡藏人行政中央，謀求相互理解與未來合作。

「山不過來，我走過去。」這就是民陣「前度劉郎今又來」，就是本次印度達蘭薩拉之行的含義。

參訪花絮

拜會尊者達賴喇嘛

參訪達蘭薩拉的首要目標是拜會尊者達賴喇嘛，那天三月十日。尊者再次重申不追求西藏獨立，只是爭取名副其實的自治。尊者進一步解釋，如果選擇追求獨立，就會牽涉到西藏的歷史，包括當年簽署十七條協議時的狀況，那麼就會局限在「西藏自治區」以內的藏區。而爭取所有藏人能夠享受中國憲法中明文規定的權利，其實恰恰包括了完整西藏三區六百萬藏人的利益。但凡與華人見面的場合，尊者無一例外地重提只謀求名副其實的自治，不謀求西藏獨立這一立場，希望通過接受會見的華人和媒體傳遞給北京政府和中國民眾。其實北京永遠是充耳不聞，中國民眾由於無獨立自主性只聽從政府的政治灌輸而拒絕接受和相信。尊者孜孜不倦的努力只能等待水滴石穿。

記者會

藏人行政中央安排了這個記者會，現場有德國媒體提問：西方政客會因支持西藏而遇到來自中國的壓力，作為海外的中國民主運動人士，在支持西藏時是否會受到中國的壓力？

我回答：只要心中有足夠的勇氣，就無懼中共的施壓，壓力也就頓失。我還批評西方的民主國家表現得很偽善，任由北京施

暴，甘願被北京分而治之，其根本就是政治目光短淺，缺乏政治勇氣和智慧。進而提出了一個十年前參加五十週年紀念時候的一個觀點，唯有中國獲得了自由，才會有西藏的自由。

《自由西藏之聲》向我提問；

問題一，今年是達賴喇嘛和藏人流亡六十週年，請問參訪以後的體會，對與藏人爭取民族自由有何建議？

我的回答：藏人有道義制高點，享譽全世界，應該主動承擔起領導職責，主動聯合中共政治反對面的幾種政治力量。

問題二，未來在解決西藏問題方面與藏人行政中央可以進行哪方面的合作？

我的回答：把握政治機遇，做好後共時代的準備，在後共時代通力合作架起漢藏溝通理解的橋梁。

問題三，關於達賴喇嘛轉世問題。

我的回答：中共充分利用金瓶掣籤制度企圖消滅藏傳佛就從而達到同化藏族的最終目標。尊者停止轉世是杜絕中共效仿班禪喇嘛造假再次用於達賴喇嘛轉世的政治應對。尊者乃大德高僧，世間去留不取決與生老病死。見到並感覺尊者身體和智慧如前，甚是欣慰。尊者與中共是生命的競賽，堅信尊者可以目睹中共的敗亡。

問題四，關於「中間道路」。

我的回答：「中間道路」是以柔克剛的最佳方式，有中間道路才能維持西藏宗教文化民族最終克敵制勝的智慧之策。

民主中國陣線第十四屆達蘭薩拉換屆會議

這次會有其特殊性。其一是地點，在一個從未舉行過民運組織會議地方；其二是時間，在西藏精神領袖達賴喇嘛一九五九年拉薩抗暴六十週年紀念活動時期；其三是會期加長，多次休會和

復會，由於借用印度達蘭薩拉參訪的機緣見機行事，克服安排繁忙和聯絡困難等艱難困苦，不得已前後花費五天時間完成；其四是充分借用天時地利人和，首先是風雲變幻出現有利於民運事業的重大轉機的天時，其次是達蘭薩拉佛山聖地的地利，最後是尊者達賴喇嘛加持的人和。

經過換屆選舉，產生了第十四屆的民主中國陣線理、監事會。我蟬聯民陣主席。

民主中國陣線堅守民主運動的前沿陣地，枕戈待旦，迎候中共走向滅亡、民主在一個反動腐朽的政權轟然倒塌以後的廢墟上建立起來的偉大時刻。

新德里的活動

印度南亞次大陸一個大國，人口數量已經接近中國，國土面積僅中國的三分之一。兩國亦敵亦友，一九六二年那場中印戰爭讓印度人銘刻於心，至今難以釋懷。印度收留了流亡藏人，並且闢出達蘭薩拉為尊者達賴喇嘛和流亡藏人行政中央所在地，已經長達六十年。印度最大人口民主國家，但是國際地位卻不彰顯。若非佛山聖地達蘭薩拉，那裡駐著當今世界佛教最高聲望的尊者達賴喇嘛，中國民運人士斷不會屢屢飛往簽證、旅行、食宿、衛生等均感不適的印度。

德里有一位長期支持尊者達賴喇嘛、理解流亡藏人的訴求的記者兼攝影師維傑・克蘭蒂（Vijay Kranti，1942-）先生，得知民陣組團前往達蘭薩拉，並欲藉此機會與印度政府或者學者取得互動的願望，遂幫助從中穿梭引薦，相約民陣參訪團結束達蘭薩拉活動、返程停留德里之際，與一個印度公共政策智庫展開對話

探討，該智庫屬右翼且與印度政府密切配合。民陣此舉為未來後中共時代而未雨綢繆，棋盤一角飛一子，我、盛雪、張小剛前往會談。對方出席的有六人，均為智庫主管、高管和重要研究員、前印度政府高級官員和軍事情報專家，其中有一位懂中文。智庫人士表示印度同情中國民運，但對中國了解有限。建議中國民運應該不偏離政治訴求的主旨：建立民主制度，加強此一追求而不離題、不被稀釋。另一方面感覺北京強勢，讓印度感到不適。尤其是新近發生在聯合國安理會在印巴爭端中，北京行使否決權造成有利於巴基斯坦而對印度的不利。

會談後維傑熱情送行，看到了印度奇特的一幕。停車場內橫豎停滿了車，而他的車則被堵死在裡面，看似無法動彈。他居然開始動手推動堵在他車尾那輛車主不在的車。納悶了，豈不違規？居然車動了。原來印度人遵守一個心照不宣的潛規則，堵住他人車輛的車主會把車安放在空檔上，不上手剎車，前輪對直。這樣便於非車主移動車輛，閃出位置和距離，讓被堵的車取得空檔而得以駛出。其他在場的人也會樂意幫助推拉，閃轉騰挪。用維傑的特殊用語來描述印度的混亂秩序，就是Well organized chaos（有條不紊的混亂無序）；還有對印度的髒亂狀態要習以為常，還是維傑的用語，Don't be shocked, just be surprised（無須震驚，驚訝足矣）。

把握政治機遇順勢而為

二〇二〇年六月下旬，在美國參議員盧比奧（Marco Antonio Rubio，1971-）等倡議下，八個民主國家的一群國會議員宣布建立新的跨議會聯盟，旨在應對中國在全球貿易、人權和全球安全

等國際問題上不斷上升的威脅。這個聯盟對於中共的應對還是一種以防禦為主的措施。其實中共雖然野蠻殘暴，但實際力量遠不能與全球聯盟相對抗。關鍵是中共雖然弱，但採取攻勢，西方雖然強，仍採取守勢。要害是中共敢於冒險搏殺，而西方迂腐而缺乏以雷霆萬鈞之力，以及對中共予以迎頭痛擊的決心和決斷。

2018年7月在美國華府，與參議員盧比奧短暫交流，一起參加的還有盛雪
（作者提供）

　　我因此公開發出倡議，建立「全球反共聯盟」。

　　三十年河東，三十年河西，中共躲過一九八九年天安門事件的滅頂之災，主因就在美國總統老布希，送給了中共三十年為惡中國和世界的時間。今天中共的敗亡就在眼前，首先是習近平的倒行逆施，在大陸，在香港，在維吾爾人地區，在西藏，在臺灣，在全世界，都露出青面獠牙和猙獰兇惡。其次亡共在於西方的覺醒，西方的覺醒關鍵在於美國，美國的覺醒重中之重在於白

宮。中美關係和形勢日新月異，川普政府時期，包括國務卿蓬佩奧在內的連續四個美國的重磅演講，承認了美國過去近八十年對中共政策的錯誤和失敗，宣告了美國對中共政策的根本改變，吹響了終結邪惡中共的號角。

顯然美國的鷹派團隊是比較清醒的，川普總統也是一位敢於作為的總統，只有他敢於做出迅雷不及掩耳的動作，讓整個世界瞠目結舌。美國衛生部長到訪臺灣是打擊並且擊潰邪惡中共有效的一策，完全突破了中共的外交底線。若川普行政當局快馬加鞭率先對臺灣外交承認，以此鼓勵和帶動其他西方國家對臺灣中華民國的外交承認，則可以一舉擊碎習共的心理防線。此舉可頓使中共內部產生政治裂變，可使中國民眾有所選擇和期盼，是選擇與習共生死與共還是選擇世界文明和價值。

蓬佩奧公開呼籲中國民眾和中共內部開明力量起來破除習共，然而美國此舉太遲太小（too late and too little），而且遠遠不到位。因為蓬佩奧提出的滅共時間表太遙遠，是下一個世紀完成的事業。其實只要決心下定，中共是可以在美國稍稍打擊之下灰飛煙滅於旦夕之間。希望美國能夠身體力行蓬佩奧在尼克森圖書館所言，給予中國民眾實際的力量（We must also engage and empower the Chinese people），與美國和西方民主世界一起摧毀習共專制政權。這句話極為關鍵，中國人民改變中國和中共所需要的不僅僅是精神力量，更為關鍵的是實實在在的物質力量。

值此難遇的「天時地利人和」在中共建政七十多年後第一次清楚無誤地背離中共而去，轉向了被壓迫和統治無助的渴求自由民主的中國民眾。地無分東西南北，人無分男女老幼和種族膚色，所有懷有建設中國憲政民主的人士，懷有創建和平美好新世界的人士，一起加入到這個反共的洪流中，同心協力，以完成中

國人建立民主憲政的百年夙願，也開創一個沒有中共專制邪惡的嶄新世界。為此本倡議中心議題為建立「全球反共聯盟」，如果已有現存的「聯盟」，則提議加入這個現有的「聯盟」。

在中國大陸的民眾，人自為戰，對政治權力和權威採取不附和、不盲從的姿態，自我保護，不輕舉，不妄動，以顯見的中共政權崩塌為標識，伺機而動，牆倒眾人推，破鼓萬人捶。

在西方國度的人士，在美、加，在英、法、德，在荷蘭、丹麥、瑞典、西班牙和東歐列國，在日本，在臺灣、香港、澳門和泰國，在澳、紐，在世界各地組建反共聯盟，與當地民主政府進行互動，取得聯繫，爭取同情理解，甚至是直接的支持。過去三十多年，西方視中國人爭取民主為無物，是側重於眼前唾手可得的國家利益而與中共經常沆瀣一氣。現在西方國家也飽受中共的高壓和霸凌，正在痛定思痛的醒悟過程中。今非昔比，他們的立場和態度也在轉變之中。

美國承擔著打擊中共的最主要重拳手的作用和職責，希望這個反共聯盟也以美國為主要基地，與盧比奧倡議組建的「跨議會聯盟」相呼應，協同配合，從而達到將中共澈底掃進歷史垃圾堆的最終目標。

主席與內部的關係

海外民運如火如荼的一九八九年至一九九三年時期，民運組織主席或者領袖們與地區組織和普通成員之間，似乎有一種上下級的關係。隨著民運陷入低潮，領袖或主席原有的關係就隨著陷入低潮也基本消失。民運高漲時期的成員大量湧入都是虛幻，絕大多數投入民運的基本以自身的私利為主要取向，只是外包裝還

是漂亮堂皇：為了追求中國的民主和自由。當西方政府接二連三地給予了因為天安門大屠殺事件滯留在西方的中國人士政治庇護和永久居留（在美國就是綠卡），絕大多數的人就悄然離開了，還有為數不少的甚至走向了反面，跑到了中共的陣營中去。海外民運長期陷入彈盡糧絕的淒慘境地，全憑為數極少碩果僅存的民運人士堅守著民運陣地，幾乎是毫無前景和希望地苦撐這個艱苦卓絕的民運局面。以民陣為例，本來澳洲是民陣會員人數最多的地區，澳洲政府做出決定給予中國人士澳洲永久居留以前，擁有人數近兩千，是全球會員數量一半以上。一九九三年十一月一日澳洲政府政策出臺，就帶來了民運組織立刻土崩瓦解的副效果，只剩下屈指可數的鳳毛麟角存留在民運中。這一狀況不僅是澳洲，而是全球性。繼續參加民運國際會議的人基本上也就是各個地區堅守者，隨著時間的流逝，堅守者愈來愈少，也漸漸離去。到了近年，尤其是美中關係發生逆轉以後，重新燃起了人們對民運的興趣和熱情，陸陸續續地有人加入或者歸隊。民陣內部的關係實際上是十分脆弱的，總部主席與地方分支機構的骨幹的相互關係只能是彼此認同關係，而不能視作為上下級關係。對於這樣的認識的定型，源於一九九三年十一月民陣三大以後。因為那個時候的民陣地方分支部，底下不過幾個人。更多的分支機構其實已經瘦得皮包骨，常常是光桿司令。我接任民陣主席的時候，深知民陣的實際困境，所以對所有民陣理、監事或者地方分支部都採用相互認同的工作關係，而摒棄自我為中心的上下級關係。歡迎分支機構的成立組建，鼓勵自己選舉，不輕易任命，因為任命就產生上下級關係，而這種關係是脆弱的，不具有形成有效吸引力和契約關係的權威和力量。不止一次有地方分支部創建者向我提出任命的要求，我都不接受。

對於領袖的感言

　　領導者應具備以下素質：領導才能，處事果斷，思路清晰，視野開闊，勇於承受困難的勇氣，沉穩內斂，具有內省和準確思考的能力，解決問題的創造力，「士未飲不言渴，士未食不言飢」，等等，不一而足。民運領袖應能虛懷若谷，自我鞭策，不計前嫌，為了中國民主運動在中國大陸得以成功，即使不能精誠團結，也應做到策略上的妥協。如果大家堅持自己的以往行之有效的行事風格，也認同他人的行為方式，多一點理解和寬容，少一些誤解和刻薄，形成一個海外民主運動的整體形象，擰成一股整體力量，則這個事業的成功才有一絲希望。須知，泰山不讓土壤成其大，河海不擇細流就其深；要使民運大業得以成功，廣羅人才、凝聚力量，是必不可缺的一環。民運領袖更應切記心懷：「帝者與師處，王者與友處，霸者與臣處，亡國與役處」。

　　我不能保證一定可以弭合民陣內部的原有矛盾和衝突，但是我會盡力使之降低弱化。我不保證民陣在我執掌期間蓬勃發展，因為我深知這不是人力能夠達到的，民陣將來前景如何全憑中國政治局勢的演變，取決於天時地利人和有利於整個民運返回中國大陸逐鹿中原。如果有這一天的到來，那麼民陣就會有機會。我的觀察和預見，這個政治機會正向我們走來。我會竭盡個人所能把民陣這面旗幟在我的任上繼續飄揚，就如同田徑賽場上跑好自己這一棒。我夢想我能跑完當代中國民主運動的最後一棒，如果我這一棒跑完而歷史的機遇仍然未到來，我則妥善地交傳我這一棒給下一位。

滿懷期待迎接未來

　　二〇二一年美國總統大選前夕，我接受媒體訪，媒體列出以下題，我相應作答。

問：離美國總統大選還不到一週，結果將如何影響澳大利亞的生活，我們應該引起注意嗎？

答：我不認為大選結果對澳洲有直接的影響，澳洲仍然可以按部就班地生活。

問：美國大選結果將如何影響澳大利亞的外交政策和地區安全？

答：這個影響將十分巨大。川普勝，澳洲可以按照目前的外交政策繼續進行，無須更動。如果拜登（Joe Biden，1942- ）勝，那麼澳洲會迫不得已修正目前的外交政策，尤其在地區安全議題上與美國川普行政當局步調一致的外交政策。因為拜登會採取與川普差別巨大的外交政策，尤其是在應對北京對外強勢和擴張具體行動步驟，澳洲就不能如目前參與川普對中共強勢遏制的外交政策。澳洲一定不會再衝鋒陷陣，而會退回到以前對北京態度和立場上，謀求關係緩和，而不至於被北京槍打出頭鳥。

問：您認為，下一屆美國政府在政治和政策上最重要的一兩個優先事項是什麼？

答：我以川普行政當局說事，拜登的就不考慮了。對內必須以霹靂手段，大刀闊斧，矯枉過正，排乾華盛頓沼澤，

回歸美國立國先賢的傳統和價值，實現美國再次偉大。對外主要解決中共對世界迫在眉睫的危害，解決中共問題，是抓綱治世界，抓一綱萬目張。

問：最近，推特因涉嫌與民主黨總統候選人喬・拜登的兒子亨特・拜登（Hunter Biden，1970-）有關的報導而暫停了《紐約郵報》（*New York Post*）。《紐約郵報》仍被鎖定其帳戶。我們知道，唐諾・川普總統繼續批評他所謂的假新聞媒體。您對大型科技公司和媒體對選民意見的影響有何看法？

答：美國大型科技公司和媒體傾向民主黨，受中共滲透、影響甚至是操控非常嚴重。我相信中共對它們的影響也許已經直逼他們的神經，他們會隨中共的曲調翩翩起舞。李菲菲們和持HB1工作簽證的來自中國的高科技人才，他們都會為中共服務，他們在過去的三十年中完全接受了中共意識形態的灌輸。聽任中共對中國人民的洗腦灌輸的機會和提升這個實力，都是美國提供的。這個嚴重的後果是美國長期不認識中共的後果，在無知無識中開門揖盜，已經歷時至少有二十年之久，冰凍三尺非一日之寒，現在已經積重難返。要解決這個問題，只能在川普第二個任期以霹靂手段，大刀闊斧，矯枉過正。美國民眾如能在這次大選中用自己的選票再送川普入主白宮，則美國有救，世界有救。不然美國在拜登民主黨行政當局下會拱手出讓給中共世界主導權，中共已經給了柯林頓、歐巴馬（Barack Obama，1961-）和民主黨、左媒和大型科技公司一碗又一碗「紅豆湯」。聖經故事

中的以掃和雅各，今天在這個世界上演。美國會淪陷，世界也會淪陷。

問：如果川普獲勝，美國大選對中國意味著什麼？如果拜登獲勝，對中國意味著什麼？

答：川普勝，中共危。拜登勝，中共存。

問：您認為中共是否參與影響選舉？（如果是這樣，如何？）

答：中共一直在影響著美國，這次大選結果對中共生命攸關，滲透和影響則更為重要的海外操作。中共的對外影響和擴張是長期的，潤物細無聲的。美國和西方的高科技公司幾乎無一不受中共影響，谷歌、臉書、推特等網路的後臺運作都是中共可以大顯身手的用武之地。中共藉著西方對中共長期的無知無識，上下其手，玩得美國和西方暈頭轉向。川普幾乎是憑他一人之神力，獨自面對民主黨、左媒、整個西方看川普不順眼的左派，中共巧用中國固有的謀略輕而易舉地利用以上提到的各種力量對川普的選情進行干預。而這些，你只能心會，難以言狀。而中共得心應手地影響和滲透美國和西方這樣的局面，還是因為美國長期對中共基本認識缺乏所致。扭轉這一險情的，只有美國民眾手中的選票，讓川普連任。紐約前市長朱利安尼（Rudolph William Louis "Rudy" Giuliani，1944-）向美國人民發出了緊急求救信號，拯救美國和世界，在不到十天的美國總統大選，只有美國選民的選票來決定美國的未來，決定世界的未來。

問：如果川普政府獲勝，您認為它將對臺灣採取什麼外交政策方向？

答：我相信是臺灣的枯木逢春，川普勝選後任時候就有川蔡通話，就是觸碰北京外交底線。此舉讓我看到了川普不循規守舊，有勇氣或者蠻力，敢於砸爛一個已經固化的世界格局而重建一個以商人交易方式的川普世界格局。美臺建交或者復交一定會實現。

問：美國大選結果（川普或拜登當選）對國際格局和對澳洲的區域政策、對華政策的影響：

答：按照川普執政近四年形成的格局和動力繼續強力改變世界。套用中國話語「繼續深化改革」來說，就是「繼續深化川普商人政治行為模式」，進一步推動澳洲堅定不移地「按照既定政策辦」，也就是亦步亦趨地緊跟美國，在五眼聯盟中做出表率。對於中國，則是進一步強化對中共的全方位遏制甚至是打擊，完全可能因此摧毀中共政權。

第五章　與臺灣的關係和互動

　　蔣介石臥薪嚐膽二十五年籌畫「反攻大陸」，蔣經國堅持「三不政策：不接觸、不妥協、不談判」，李登輝十二年有「兩國論」，陳水扁八年有入聯公投，馬英九也有「三不」：「不統、不獨、不武」。二〇〇八年國民黨馬英九從民進黨手中奪回政權，開始了海峽兩岸關係從緊張趨於緩和的新局面。在馬英九執政期，為使對岸寬心，效仿香港而非常自律。

　　在我的視線裡，與中國民運有相同政治敵手的是退守臺灣的中華民國，和一九五九年出逃的西藏精神領袖達賴喇嘛以及他的流亡政府，與他們取得聯繫以及合作是有意義的。因此可以暫時放下已經散了隊伍的民運，而憑自己個人的堅守和政治理念開始與他們發生互動。前行政院長郝柏村到訪雪梨，雪梨華僑文教中心邀請我們一行人前去會面；臺灣民主運動與黨外運動先行者黃信介到訪，《自立快報》社長胡元輝和媒體人蘇拾瑩安排了比較長時間的會談；民進黨主席許信良到訪，陳冠文先生安排了我們民運圈的幾位與他寒暄了一下，不過這些會面禮節性大於政治性。民進黨在臺灣的合法化最引起我們的興趣，希望從中學得什麼。很多年以後，才明白過來，橘生於南則為橘，橘生於北則為枳，很難學到其中絕妙。因為臺灣有蔣經國和李登輝，前者思想開明，敢於開放黨禁報禁，還政於民；後者為臺灣推進民主進程，把握千載難逢的政治機遇帶領臺灣「出埃及」。而中國是專制猛虎鄧小平，他輕而易舉地制服軟弱的趙紫陽，堅定沉著擺出「空城計」嚇走老布希，毫不手軟也毫無底線地使用野戰軍血洗

京城大肆屠殺。

　　民運之初是臺灣外省人對我們民運的支持，與臺灣人士的交往始於那個時候，一九八九年的四月。二○○○年臺灣總統大選，代表本土派的陳水扁戰勝連、宋國民黨聯盟而以微弱優勢險勝。我隨即通過當時尚能有言論自由的澳洲《星島日報》發表講話，向民進黨的朋友道賀，祝賀民進黨經過多年努力首先成功地衝破黨禁成為臺灣合法的反對派，又經過多年的奮鬥由反對派成為執政黨。我繼而感慨民進黨的成功向海峽另一邊的中國人民和政府發出呼籲，中國人是能夠享受民主這樣一件在中共眼裡所謂的「奢侈品」的。同時我期待陳水扁先生能以更加務實的態度謹慎地處理兩岸關係，以一位政治家的寬廣胸懷，為社稷，為兩岸黎民福祉，展現新的政治思維。同時也規勸對岸江澤民等中共領導人，處在歷史的重要轉折點，成為歷史偉人和歷史罪人都在一念之間，呼籲中共進行政治改革，縮短與臺灣的政治差距，才有指望實現兩岸的和平統一。

　　陳水扁當選，實現了臺灣第一次政黨輪替，我在雪梨一個退伍軍人俱樂部舉行了一次「臺海兩岸國是座談會」，就海外華人所關心的臺灣海峽兩岸關係諸問題進行了探討。參加座談會的有來自雪梨和坎培拉的各界華人約四十人。與會者各抒己見，暢所欲言，就兩岸關係的各個方面發表了自己的見解。

　　墨爾本臺灣社區領袖林萬德先生希望我能夠幫助邀請澳洲政治領袖去臺灣參加五月二十日的總統就職典禮，我明告澳洲現任政治領袖就不必考慮了，絕無可能。不過可以嘗試一下退出政壇的前政治領袖。因此我分別聯繫了前總理霍克和基廷。霍克辦公室的回覆耐人尋味，問是否還邀請了其他人，我沒有回答是還是不是，我的感覺是霍克忌諱基廷；幾天後霍克辦公室回覆我，不

克出席；基廷辦公室回覆很快：不克出席。臺灣社區領袖只是一片好心，為總統就職典禮增添光彩，卻不太明白澳洲政客心理。澳洲和臺灣沒有正式邦交，在位政治領袖不敢冒犯北京，過氣澳洲領袖正愈來愈靠攏北京，他們不值得為臺灣去丟失自己在北京的巨大利益。

中國海外民運起於一九八二年王炳章博士的中國之春運動，與臺灣維持到了一九八八年初蔣經國去世這段時間的政治合作關係。李登輝以後與民運的關係漸行漸遠，臺灣官方與民運的關係從陳水扁開始更加趨於疏遠，在當時的思想情緒下，曾拒絕民進黨人邀請參加他們活動，以表示對阿扁政府停止對「北春」和「中春」財政支持的不滿。蔣經國時期對民運是政治合作，李登輝時期下降為使用，到了陳水扁時期更是揮刀斬斷僅有的有限經援。

我一直一廂情願地寄希望於臺灣政治領導人，無須恐懼中國大陸的政治高壓、軍事威脅、外交封殺和經濟滲透；我堅信臺灣領導人若有戰略眼光的話，可以勇敢地接受北京的政治談判的要求，而且可以在與北京的政治談判中擊中對方的政治軟肋而制勝。在雪梨我曾不止一次地與臺灣友人探討這麼一個問題，假設如果臺灣接受北京進行政治談判的要求和壓力，首先允許中國共產黨進入臺灣成為合法註冊的政黨，允許中共媒體進入臺灣自由發行。作為對等，必須允許臺灣的國民黨、民進黨和任何其他政黨進入中國大陸合法註冊，臺灣的各大媒體也自由發行。可以斷言，中共一定害怕，就失去指責臺灣不敢進行政治談判的制高點。如果中共敢於接受臺灣要求的對等政黨和媒體的交往，就等於打開了中國大陸的黨禁和報禁。我深知，首先我的聲音一定很微弱，難以上達天聽，傳遞不到臺灣政治領導人的耳朵裡；其次，更為重要的，臺灣具有本土情節的領導人的政治目標是「走

出埃及」，而非「入主中原」，與我的理想是南轅北轍。

馬英九在二〇〇五年中國國民黨主席選舉中成功當選，讓我對臺灣的政治走向燃起希望之火，我遂致電臺灣的民運密友錢達，期望他與馬英九取得聯繫，為民運未來與臺灣重建政治聯繫和聯盟預先準備。錢達是民陣創始人之一，兩次擔任民陣監事會主席，一九九五年被選為新黨僑選立委，放棄美國國籍，返回臺灣。錢達根據我的建議，給馬英九一份萬言書，主旨希望馬英九推動中國大陸民主化。次年二月四日，錢達告訴我，他與馬英九的談話沒有可看得見的預期效果，出師不利無功而返。

二〇〇六年五月馬英九到訪澳洲雪梨，駐雪梨臺北經濟文化辦事處的吳文齡組長通知我一定前去雪梨大學參加馬英九的演講會，當時馬英九還只是國民黨主席，顯然是未來臺灣總統競選的有力競爭者。那天我應邀去了馬英九的演講會，卻赫然發現出現了許多二十出頭中國大陸背景的年輕女性，有幾位我認識，我感到好奇，不禁問她們：「妳們對臺灣議題也有熱情？」她們不好意思地回答我，不是對臺灣議題有熱情，而是對馬英九有興趣。我明白了，她們沒有把馬英九視作為一個政治人物，而是把他視作為一個俊男影星。馬英九長期對一九八九年中共殘暴的天安門大屠殺事件持批判立場，對流亡的民運人士持同情的態度。他贏得二〇〇八年總統大選，給了我們民運一個新的期盼。我一廂情願地夢想馬英九是一位有為政治領袖，在任內繼續完善臺灣民主，同時積極推動中國大陸的民主。

二〇〇八年我開始走出自己圈地澳洲，兩次落地臺灣，開始了我與臺灣的互動，開始我心目中的民運戰略轉移。四月受邀去日本進行題為〈中國的政治和軍事對周邊國家尤其是日本的影響〉的演講，途經臺灣，在臺灣與久別十年的胡元輝先生重逢。

胡先生原來是澳洲《自立快報》的社長，該報於一九九四年五月創刊於澳洲雪梨。我在雪梨民運陷於低潮繼續堅持中與胡先生從相識到相知，出於對我堅持求索中國的民主路，胡先生很是理解和認同，因此結下了友誼。胡元輝曾經是臺灣著名記者，一九八九年天安門事件以後北京一片肅殺氣氛，他卻接受採訪報導任務，冒著生命危險隻身進入北京進行實地採訪。一九九六年達賴喇嘛訪問雪梨，我邀請了胡先生一起拜會。他可以移民澳洲，但是他選擇了返回臺灣，那裡有他更為廣闊的天地，他曾出任中央社（相當於中國的新華社）的社長，以後又出任臺灣公共電視總經理。我與元輝已經失聯多年，碰一下運氣給定居澳洲雪梨的臺灣老報人蘇拾瑩女士打了個電話。恰逢她當時在臺灣，當她得知我去電的目的，遂很熱情地把我到臺灣的消息轉告給了我希望見到的摯友元輝。得知我抵達臺北，胡先生立刻抽出時間前來相會，三人一起在一〇一大樓的餐廳共進午餐，久別重逢相聚甚歡，我們重新接續了十年前的友情。以後胡元輝離開新聞界，移步學界轉任國立中正大學傳播學系兼社會科學院教授和副院長。這數十年來，胡元輝教授對我民運求索予以的相助可謂臺灣友人中之最。

十一月二十二日至二十八日我們以民主中國陣線名義的代表團前往印度達蘭薩拉拜會達賴喇嘛和藏人流亡政府，臺灣的胡先生、錢達先生和我構成了我們這個團的核心，這是我具體落實聯結臺灣、西藏，推動中共政治反對面形成聯盟的重要舉措。我從澳洲先去臺灣做短暫停留，在此期間分別會見了馬英九政府與民運具體接洽的行政院大陸委員會副主委趙建民和聯絡處處長盧長水；走訪了臺灣民主基金會，與執行長林文程博士進行了坦率而有成效的意見交換，林執行長直接向我提問二〇〇六年柏林會議

以後民陣一裂為二之事，我也毫不隱諱地據實直言相告內情和來龍去脈；拜會民進黨國際事務部主任林成蔚博士，就兩岸關係和民運在兩岸之間的作用進行交流，會談結束時，民進黨主席蔡英文回到民進黨黨部場，因此有緣一面，寒暄一番和短暫的交流。當時立刻感知，這位溫文爾雅的知性女性有望成為臺灣未來總統。

二〇〇九年三月初，我全球範圍再組三十一人團去達蘭薩拉，澳洲一地七人隨我取道臺灣。三月五日我們參觀了民進黨黨部，立法院院長王金平撥冗會見我們一行七人，據我所知這是馬英九政府最高階官員公開高調地與中國民運人士和組織的接觸。我向王金平院長提出的民運戰略重心轉移，希望得到臺灣對我們的運作給予實質性財政支持，尤其是我已經與西藏精神領袖達賴喇嘛於二〇〇八年十一月末在達蘭薩拉約定於二〇〇九年度舉行一個國際性會議，聯合民運各派力量，將請達賴喇嘛出席，希望王院長下屬的臺灣民主基金會給予大力支持。王很是讚賞，立刻表示請我們前往臺灣民主基金會進行具體商討。由於我個人低調內斂的行事風格，沒有將這次會談見諸報端。第二天，我們就根據安排與臺灣民主基金會進行了商談，副執行長董立文代表王院長安排午宴款待。下午，行政院大陸委員會聯絡處處長和其他數位官員特別邀請我們進行會談，以期通過我的視角、經歷和體會了解海外民運的現狀，聽取我們對大陸中國的觀察。

在安排下，原定與金溥聰會面，希望通過金溥聰把我們的願望和思路傳遞給馬英九，也已經獲得了金溥聰的首肯。但是最終金溥聰還是改變了主意未能與我會面。金溥聰原為滿清皇冑，因此我特意先去信，提醒金的先祖曾以「七大恨、十三副鐵甲」起於黑水白山之地，以壯志雄心，把握時機叩關而入開出入主中原二百六十八年的基業。希望他能運用馬英九關係最親近的幕僚

之便利，敦促馬英九效仿其祖先立雄心樹大志，敢於政治進取，把臺灣的政治制度推向中國大陸，從而奠定馬英九自己的歷史地位，也有利於中國進入民主社會。繼而敦促金溥聰先生的歷史作用和影響實在是關鍵，一言興邦也在絲毫之間。

六月中旬得知由於民主基金會改組，此事對我的申請案子形成釜底抽薪之勢，我的所有努力基本化為烏有。不禁感嘆，託情小詩：

> 海島政情多變遷，壯志難酬受牽連。
> 東坡託心水調歌，順天應地古難全。
> 我欲豪氣衝入天，猛虎被困出柙難。
> 好似鴻鵠欲展翅，縱有謀智運多舛。

拜會李登輝

二〇〇九年十月十六日在印度達蘭薩拉偶遇達賴喇嘛姪媳婦周美里女士，雙方進行坦誠的交流，她極其驚訝於我對中國大陸政治前景、西藏問題和臺灣問題的觀察和對於未來的預測，彼此之間長談數個小時，取得很多共識。進而她建議我應該與民進黨下一屆呼聲高且在積極籌畫準備的總統候選人蘇貞昌，以及前中華民國總統李登輝建立起聯繫，她願意幫助從中斡旋。很快，周美里就通知我，李登輝願意與我會面，希望我選擇去臺灣的日期，恰好我在十二月初有一個去臺灣觀選的行程，順道拜會李登輝就敲定了。

十二月五日周美里按約前來接我一同前往會見前總統李登輝，我們按時到達李前總統的住處。他已經等候我們的到達，熱

情地把我們引進他的客廳，分賓主坐定，下午三點鐘開始。李先生雖已八十有七，卻精神飽滿，侃侃而談，思路清晰，談鋒也健。我卻下意識地看了兩次時間，李先生問我是否時間有限。我忙回答不是我時間有限，而是擔憂先生時間有限，希望留下五分鐘時間讓自己表達。李回覆我他可以與我相談到下午五點半鐘。我立刻放下心來，總共會談有兩個半小時，遂靜心聽講，北面受學。

2009年12月初在李登輝總統的寓所會談（作者提供）

　　走出一個臺灣新天地是李登輝的政治追求，從中華民國到中華民國在臺灣，臺灣中華民國，最後目標是完成以臺灣為主體的正常國家。

　　我對政治家和政客有截然不同觀感。價值取向和利益取向何為先。重利者必短視，重義者必遠慮。政治家不僅具有政治胸襟和遠見，還有學者型的飽讀詩書、知識淵博的特性，更有悲天憫

人的宗教情懷。李登輝主動承擔起文化「新中原」的重任，他認為，臺灣的主體意識會因為民主政治的實施而變得更加蓬勃。不僅臺灣會變成一個自由健康的社會，中國也將從臺灣的成長過程中獲益。臺灣的使命就是教育政治制度落後的中國。李登輝自願扮演摩西的角色，帶領中國的群眾進入民主政治的錫安山，而臺灣海峽就是那紅海。臺灣與中國隔絕，使它能夠在孤立、安全的狀態下，發展出一個新的定位和一個新的使命。在李登輝看來，中國已經失去了臺灣，中國唯有接受民主政治，才可望吸引臺灣重回它的懷抱。這是一位政治家的政治語言，政治家所具有的深邃目光和長遠思考。我來自中國大陸，對中國大陸民眾繼續在中共專制統治下深感不安，於心難忍，不禁有這樣期盼，李登輝可以用木馬屠城計改造國民黨使臺灣經歷了寧靜革命完成民主轉型和政黨輪替，同理臺灣可以再一次使用木馬屠城計改造共產黨使中國完成顏色革命完成民主轉型和政黨輪替。

李登輝對未來臺灣的走向有憂慮。他希望他的「李登輝學校」為未來的臺灣培養政治人才，他建議應該設立這麼一些課程內容：坐禪、圍棋、哲學和歷史。哲學包含東西方哲學以及兩者的結合，歷史主要以臺灣和日本為主，兼有中國歷史，分析和理解中國歷史上的幾個重大變法，如商鞅變法、王安石變法和戊戌變法。

小人以身殉利，士以身殉名，大夫以身殉家，聖人以身殉天下。世界歷史的滾滾巨輪不停地向前，本世紀前沿話題已經不僅僅是一個地區的民主化，而是世界的民主化，人類文明的更加昌明。人類所面臨的問題也將是對我們共同生存的世界負有責無旁貸的責任。

莫道桑榆晚，為霞尚滿天。李登輝的心歷路程，非常值得我輩認真研讀。他是一位政治家。我以為，李登輝一生的經歷和求索將屬於成功者的範例。作為個人，李登輝無論是在臺灣，在中國，在日本，在亞洲甚至在全世界，都會留有他重要的歷史地位。李登輝以其一代政治家清晰思想、深邃目光可為臺灣，為對岸的中國，為亞洲，為世界，做出傑出的貢獻。

　　李登輝贈送給我很多書，當時有三本書他已經為我簽名題詞當面贈送給了我，李登輝字如其人，高峻挺拔。其他的書則由周美里事後郵寄到了澳洲。我花了數月時間認真閱讀和感受了李登輝先生，寫下了近一萬五千字的長篇文章，也發送李登輝先生閱覽。而我的資深民運同道和學長則對李登輝極為負面，經過權衡，壓下不發表，一直過了十多年以後李登輝先生仙逝以後才全文發表。

二〇一〇年中國民主化展望與探討國際會議

　　這個會議是我進行民運戰略重心轉移的一個具體的行動，得到了臺灣民主基金會的具體建議的指導，對主題、內容和具體的操作都提出了建設性意見，以便於我實施。這個會議的進行和完成，飽含艱辛，我作為大會的進行和完成的主要推手，深知臺前幕後辛苦，錢達、胡元輝教授和他率領的先驅媒體《新頭殼》、曾建元博士、周美里、臺灣民主基金會等的付出。

　　自從一九九三年初華盛頓民運會議以來，海外民運有的是不斷分離的先例，卻鮮有過重新聚合的典範。經過了痛定思痛，民聯、民陣、民聯陣於二〇〇九年七月開始探討聯合工作的可能性。四月二十一日民聯、民陣、民聯陣發表聯合公報，宣告聯合

工作委員成立，俗稱「三民」。

二〇一〇年四月，代表「三民」祕書長的我到達臺北，舉行一個關於中國大陸民主化問題國際會議。會議時間選擇在二〇一〇年的「雙十」紀念前後，地點考慮在日本或者臺灣，以滿足「三民」確定的民運重心向亞洲的轉移這一戰略目標，民陣日本分部非常希望這個國際性會議在東京舉行，但是考慮到民運艱難，尤其是財政上的捉襟見肘，籌委會最後把會議的地點確定在了臺灣。

從國際格局來看民運的走勢，分析中美關係就可得出民運的艱難處境的根源。我們分析美國與中共的關係基於安全、利益和意識形態三個方面。安全方面中美合作良好，相互不構成威脅；利益方面已經捆綁在一起，中國大量的外匯儲備都買了美國的國債。唯獨意識形態方面有差異，但相對前兩項實在微不足道。美國對中國一直是要求門戶開放利益均沾，要求經商和傳教，在文化上與西方接軌。

籌備過程中還曾有過這樣的設想和考慮：民運需要凝聚共識，吸取教訓，讓更多的民運組織共同參與這次臺灣會議。如果可以則一步到位，使得整個民運成為一個反對黨，在辛亥革命一百週年的時候整合成一個強大的反對黨。

直到八月中的時候，大會籌備在財政上遇到巨大瓶頸，因為結果和預期之間的巨大反差，而出現意想不到的尷尬處境，臺灣民主基金會執行長黃德福只批准非常少量的經費，我不禁啞然失笑，錢達憤憤不平，直接去了臺灣民主基金會，仗著曾經與這位黃德福立法院同僚的關係，拍了桌子痛斥了黃，黃才勉強追加了一部分。巧婦難為無米之炊，我很猶豫是否繼續這次會議。圈內同道們都給我鼓勵，說不可輕言放棄，大會應該繼續向前，以表

示我們民運在艱難困苦時刻的決心和意志。與此同時，表示意願參加大會的訊息從不同的地方紛至沓來，許多久負盛名、身在中國大陸的民主人士表示了參加這次大會的強烈願望，這些都堅定了我繼續推行的信心。

大會籌備緊鑼密鼓，一切基本就緒。臺灣民主基金會指導，中國民主團結聯盟、民主中國陣線、中國民主聯合陣線聯合主辦，臺灣發展與文化交流協會承辦，全球治理與區域發展學會協辦，《新頭殼》新聞網全程現場實況直播。十月末，大會承辦單位臺灣發展與文化交流協會的曾建元教授，通過臺灣媒體對外宣布大會即將舉行，十月三十日大會新聞稿正式通過各網路媒體向外界發送。

三十年來的中國海外民運有這麼一句話，外行看運作，內行看糧草。本次大會確定了這麼一個原則：有糧草大辦，缺糧草小辦，無糧草也辦。這次會議的繼續進行幾乎就落到了最後一項的艱難境地，無糧草也辦。儘管中國政治局勢朝民主化方向移動的跡象不甚明朗，中共反對力量也仍未成軍，但是散居世界各地分別來自歐洲、美國、澳紐、日本、香港的民運人士近七十人，為了中國未來的政治前途，為了追求了近三十年的政治理想和目標，保持著高昂情緒，有心願自備糧草，自籌旅費盤纏，趕赴臺灣參加此次大會，共襄中國民主盛舉，到這個沒有硝煙的戰場參與民主戰勝專制的一個重大戰役。我一直把民運視作與中共進行政治交手的力量——雖然極不對稱——兩廂對抗沒有硝煙瀰漫，沒有具體的戰場，因此我自創一詞來表示：會場就是戰場。每一次民運會議，都是民運與中共政治對抗的表現，民運堅持不懈以時間換空間。

為擴展聲勢和效應，大會前我還致函馬總統英九，聯名錢達和曾建元，感謝中華民國為本次會議的召開提供了地利之便，使得世界各地推動和關注中國大陸民主化人士得以奔赴中華民國臺北參加此次盛會。信函盛讚「中華民國經過不到二十年的民主政治的演變和發展，已經成為世界民主大家庭中較為成熟一員而足以引以為豪，更是可以展示海峽對岸仍然政治專制的中國大陸的民主典範」，進一步指出「馬總統能夠撥冗蒞臨大會，是對中國大陸民主的巨大支持和鼓勵，是對十三億翹首盼望民主的中國人民的心理寬慰，也是勇於領先世界政治領袖的一種風範」。

　　推動中國大陸民主化是全世界民主社會共同的道義責任，一個民主化的中國更是海峽兩岸和諧共存、中華民國國家安全的切實保障。馬總統身為中華民國最高領袖，若推動中國大陸民主化，幫助解救中國人民擺脫中共專制，共享民主與自由，便是政治領袖所具有的政治智慧和勇氣的清晰展現。

　　大會於十一月十一日上午八點三十分在臺北農訓中心開幕，資深民運人士、前中華民國立法委員錢達主持了題為〈中國的時局與我們的使命〉時段的開幕式，我致了開幕詞，本次大會承辦單位臺灣發展與文化交流協會理事長、中華大學的曾建元教授致歡迎詞。中華民國總統馬英九辦公室向大會發來簡短的賀詞，中華民國立法院王金平院長和民進黨主席蔡英文向大會贈送花籃，臺灣團結聯盟主席黃昆輝到會致詞。參加會議的還有香港立法會議員梁國雄、達賴喇嘛在臺灣代表達瓦才仁、中國民主黨聯總主席徐文立、八九民運學生領袖吾爾開希。西藏流亡政府總理桑東仁波切向大會發表書面致詞，澳洲綠黨領袖布朗的致詞通過預先製作的錄影向大會播放，日本民主黨議員櫻鄭萬里和日本自民黨議員平沼赳夫分別委託趕赴大會的民陣副主席林飛和日本友人安

東干將對大會的賀詞送交大會。

大會通過了題為〈迎接中國民主化時代的到來〉大會宣言，大會還通過了決議委派代表參加十二月十日在挪威奧斯陸舉行諾貝爾和平獎頒發給劉曉波的頒獎儀式。美國的章家墩未能赴會，但向大會提交了大會論文。

臺灣民主基金會

二〇〇〇年陳水扁繼李登輝成為中華民國總統，他的政府與民運的關係更加疏遠。但是在他的第一任期的後期與中共政治反對派的互動發生了微妙的變化。臺灣民主基金會成立於二〇〇三年六月成立，其宗旨為支持亞洲及世界各地之民主化，與全球各地民主領袖建立密切合作及聯繫網絡，並致力推動全球民主發展，從而達到提升臺灣民主素質，鞏固臺灣民主發展之目的。具體的運作方式就是支持亞洲包括中國的民主化。

陳水扁政府一改先前對海外民運冷淡漠視的態度，以民主基金會為中間橋梁，以海外民運組織為開路先鋒，高舉民主人權的旗幟，昂首闊步走進國際社會，突破對岸刻意封殺的外交空間。

我與臺灣民主基金會的互動關係始於二〇〇八年。第一次獲得基金會資源始於二〇一〇年，雖然杯水車薪，聊勝於無，卻也開啟了合作之路直到至今。二〇一二年在錢達兄幫助下成立了中國民主論壇，在澳洲註冊。喝水不忘掘井人，遂邀錢達同為論壇共同主席。從那時起，中國民主論壇每年都從臺灣民主基金會獲得一些小額資助，這有助於繼續我們對於中國的民主追求。

臺灣民主基金會中最能鑑賞我的是副執行長楊黃美幸，我們的論壇活動她總是盡力參加，二〇一三年在雪梨，二〇一四年

在東京，她都親臨，或發表演講，或主持一個時段的論壇。二〇
一四年事情比較多，她積極鼓勵我申請臺灣民主基金會的訪問學
者。申請報告還未正式郵寄到基金會，基金會當時的執行長黃德
福先否決了我的申請，但不知出於何種原因，他轉而邀請我參加
觀摩二〇一四年末的九合一地方選舉。

　　民主基金會新執行長黃德福二〇〇九年接替前任，他屬於
連戰系人馬。可以明顯地感覺到變化，本來的抽象推動亞洲民主
化的功能也似被擱置，把臺灣民主基金會束之高閣，作為擺設之
用。明裡暗裡地，一位副執行長明言基金會雖不撤除，但不需要發
揮不辱其名的功能。我二〇〇九年的計畫大概因此受池魚之殃。

不成功的嘗試

　　跳出民運圈的縱橫捭闔，得自於一九九二年參加我率領的
民陣支部的一位澳洲人Berry的一句話，out of Chinatown, but
close to Chinatown的啟發。他設了一個以盈利為目標專做中國
留學生政治避難的辦公室，「不在唐人街，但緊挨著唐人街」。
我也以民運為依託，但又不以民運為唯一，以此與不同政治板塊
的交往互動。與臺灣學者的交往互動，以曾建元為最早，借的是
二〇〇九年日內瓦會議的光。那次會議雖有多位來自臺灣的學
者，會後最先保持互動的是曾建元。

　　曾建元博士很儒雅，也很熱心，但凡有求他必有應。但他有
一個特點，會遲到，但不會不到。從小從張良與黃石公的故事學
會了保持耐心，對這樣的白璧微瑕我總能給予足夠的理解。這裡
有些故事，回憶起來有些淡淡的苦澀。

二〇一三年八月去臺灣參訪，最後一天，相約建元會面，晚上六點，一起用晚餐。建元足足遲到了四個多小時，我沒有不耐煩，保持著耐心。他還是來了，我們一起規劃年末在澳洲舉行的中國民主論壇研討會，建元突然提議邀請蔡英文來訪澳洲。我一聽就感覺是個好建議，有新意。只要小英願意，我相信能促成。我回澳洲就努力促成蔡英文澳洲之行，但未能嚴絲合縫，功敗垂成。

　　十月中我介紹雪梨經濟文化辦事處周進發處長和郭組長一起與雪梨學院會談，主持傑拉德‧漢德森表示他喜歡臺灣，希望去有機會臺灣。林錦蓮處長曾邀請他去臺灣，但一直忙，沒有機會去。周接口說道這個邀請時至今日依然有效，歡迎漢德森任何時候去臺灣。

　　漢德森說到蔡英文，歡迎她來澳洲，問：「十一月的澳洲活動蔡英文為何不能來？」我「偽託」蔡有其他重要事務處理無法分身。漢德森表示他喜歡蔡因為她是女性，他喜歡看到多一點女性在世界政治舞臺上出現，她還年輕，應該還有機會。

　　二〇一四年我把論壇活動轉移到了日本東京，結束後在臺灣稍事停留數天，六月五日去了「小英教育基金會」，會見楊長鎮和詹志宏，商議了蔡英文訪澳事宜。我相信蔡英文會再次成為民進黨總統候選人角逐二〇一六年總統大選，在被重新推舉成為總統候選人以前出訪次重要西方國家，有助於中華民國臺灣的國際地位的悄然提升，有助於她本人在民進黨內的提名乃至最終的總統選情。我次日晚上飛離臺北返回澳洲，登機前收到曾建元短訊，問：「要否見小英？」見短信，我無奈地苦笑了一下，回覆建元，表示感謝建元的努力，可惜我馬上要登機了。失之交臂，也許就是緣淺。

臺灣觀摩選舉

二○一四年三月中就接到臺灣民主基金會的邀請,參加十一月底的「九合一大選」的觀摩。這次參加的是二○一四年九合一選舉國際觀選團,全團八人,分別來自澳洲、立陶宛、吉爾吉斯、匈牙利、斯洛文尼亞、墨西哥和南非。除本人以外,另外七人都是國會議員和專家學者,這次能夠躋身其中,託福(黃)德福。

臺灣觀選這是第三次。第一次二○○九年底的五都選舉,第二次二○一二年一月的總統大選,這一次「九合一」選舉。前兩次都是藍營國民黨獲勝,這一次綠營民進黨大贏,贏得連自己都沒有想到,藍的也輸得自己都沒有想到,基本達成了綠營方面對選後臺灣政治格局的期望,「藍天綠地」。國民黨此敗,主因是馬英九,誠所謂「成也蕭何敗也蕭何」。不過民主社會的勝敗選情如同鐘擺,不足為慮,就像國人下象棋說的「棋子木頭做,輸了再來過」。

我更有興趣的是與選情結果有關聯事態的先前發展和事後演變。

年初看到張志軍、王郁琦中國南京之會,受此啟發寫了一篇,旨在倡議成立「廈門-金門政治特區」。對於臺灣而言,開始兩岸的政治互動,對於北京而言,則敦促效仿當年深圳經濟特區開啟經濟改革,如今開啟中國政治改革。

一道臺灣海峽阻緩了國共雙方的戰事,一場韓戰阻斷了毛澤東全境解放臺灣的政治宏願。六十五年過去,海峽兩岸如兩條平行線,各自發展到了今天。一邊大陸中國經濟躍居世界第二,政治制度依然停滯落後。另一邊臺灣中

華民國完成政治民主化已然成熟，民眾富庶社會康泰。一邊大陸中國和平崛起，綜合國力強勢，國際地位日隆。另一邊臺灣中華民國國際上日漸矮化遭受掣肘，但完好保有民族文化和道統。

在兩岸關係上，大陸一方一直處於攻勢主動，臺灣一方從來都是處於守勢被動。二○○八年馬英九率領國民黨重新執政以後，兩岸關係發生了從緊張向緩和的轉變，兩岸互動頻繁，簽訂了多項合作協議和經濟條款。今天中國新領導人習近平先生對臺關係上的表現比起前任更為積極主動，我們看到今年二月十一日中國國臺辦主任張志軍在南京與到訪的臺灣陸委會主委王郁琦高調會談，在兩岸、港澳及西方八十多家媒體兩百多記者的見證之下舉行。大陸一方還表示，兩岸的交流互動不能只停留在經濟層面，必須進入政治層面。一週以後二月十八日，中共中央總書記習近平在北京會見中國國民黨榮譽主席連戰及隨訪的臺灣各界人士，提出「兩岸雙方秉持『兩岸一家親』的理念，順勢而為，齊心協力，推動兩岸關係和平發展取得更多成果，造福兩岸民眾，共圓中華民族偉大復興的中國夢」。足見大陸一方尋求政治突破的急迫心情，以兩岸關係作為突破口，主動向有高風險的政治區域進行強行衝擊。另根據《自由時報》報導，中方張志軍在第一天工作會議時，出其不意拋出兩岸和平協議和軍事互信機制等敏感政治議題，而王郁琦則謹慎婉拒。王郁琦也以不經意的方式提出亞太峰會期間「習─馬會」，張志軍則婉言表示「兩岸間的是最好還是找兩岸的地方商談，不須籍由國際會議場合」。

由此可見習近平在兩岸問題上表現出的認真，但是兩岸缺乏互信，強勢一方的誠意還不能讓弱勢一方充分相信。要解決這個問題實際也不難，只要習近平真的誠意足俱。如何來表示這個誠意呢？我們斗膽建一言：開闢海峽兩岸共同治理的特區。

　　「深圳特區」開闢於一九八〇年，它是中國的經濟改革試驗田。經過了三十餘年的經濟改革，中國經濟取得了長足進步，讓全世界為之矚目。既然習近平清楚政治改革已經進入深水區，與對岸臺灣共同治理「特區」才可以讓臺灣對中國大陸逐漸產生信心、繼續政治互動，並且推動日後的兩岸融合。習近平與連戰會面時，微信消息說江蘇南京將被劃出作為兩岸共同治理的試點城市，如果真是這樣，海峽兩岸的互信互動就一定牢牢實實進入運行軌道。但是再一想，這個想法比較一廂情願，還看不出絲毫跡象北京會進行如此大膽的嘗試。那麼要將兩岸互動由經濟轉向政治並且產生成果，唯有真誠和真實，要體現真誠必須是真實。要真實就必須貨真價實，才能夠展示出真誠去除另一方的心中存疑。當年的「經濟特區」開闢在深圳，今天的「政治特區」就應該開闢在臺灣屬地金門島隔水相望的福建廈門。其實中國共產黨內不乏有識之士，早在項南擔任福建省委書記時期，他曾經提出過一個大膽的提議，把福建規劃給臺灣，由臺灣來施政。當然這只是一說，並沒有提到議事日程上來。

　　為了取信對方，「廈—金特區」完全按照當年「深圳」精神，提倡政治自由，實行新聞自由，任由廈門民眾學習效仿臺灣，自由選擇治理方式和行政長官。

可以預見，習近平先生若能接受這個建議並且付諸實施，一定可以獲得如同「深圳特區」的預期效果。大陸政治改革舉步維艱，「廈─金特區」可提供一個突破口和試驗田。臺灣朝野都拒絕「一國兩制」，「廈─金特區」則可以增加臺灣民眾對未來統一的向心力。「廈─金特區」的模式將在中國大陸得到推廣，最受益的還是中國共產黨和它治下的中國人民，中國共產黨在習近平先生的任期內可以實現政治軟著陸，中國人民可以通過這個特區經驗摸索出一條具有中國特色的社會民主制度道路來，而海峽兩岸才有可能在不遠的將來實現統一，中國的強國之夢也會得以實現。

原本以為四平八穩，好似為兩岸互動鼓與吹，一稿兩投北京和臺北，定在二月份發表。後來因為個人事情將此議題暫時擱置，以免畫蛇添足。但就這個議題，我還做了一點私下的功課。聽取了一位摯友的分析，茲摘錄如下：

兩岸互動頻繁，我的看法是因為馬英九總統任期僅剩餘二年餘，一方面他有使命感，認為需要在他任期屆滿前，把兩岸領導人會面的架構建立起來，也賭習近平面對中國大陸內部各種壓力及問題愈來愈大，臺灣人民隨著兩岸交流愈趨頻繁，但對於與中國大陸統一之想法反而愈來愈遠。如果不現在跟馬總統會面，下一任總統就算是國民黨，也不會在其第一次任期內與中國大陸領導人見面。換言之，如果習近平現在不和馬英九總統見面，下次想見面可能至少在六年後，更不要說如果當選的是民進黨籍總統，時間

可能更遙遙無期。習近平如果急切想要鞏固權力，塑造歷史地位，自然不會樂見兩岸領導人至少六七年之後才見面。雙方賭的都是大家都沒什麼時間，如果習近平覺得可以等，不在乎，那就會破局。如果習跟馬有同樣的想法，馬英九自然希望此事能在APEC國際論壇會議上促成。

友人的分析有見地，果然張志軍與王郁琦會面時候拒絕了亞太峰會時候的「習－馬會」。但是並沒有把路堵死，而是更明顯地表示了「習－馬會」重要性。從這一點上，不難分析出，大陸是希望把兩岸關係定位在國內事務上，北京是中央，臺北則是地方。而臺灣則希望兩岸關係可以成為一個國際問題，以此謀求會見雙方的對等。這應該是大陸婉拒在亞太峰會期間確定「習－馬會」，選擇沒有第三者在場情況下的會面，但又不願明言的原因吧。

我認為兩岸各自最高政治領導人進行政治會談，是最可能引發政治突變的因素。北京希望不戰而屈人之兵，以溫水煮青蛙的方式最終讓臺灣就範。而臺灣則卻一再表現出躲避退讓的姿態，全然不顯示政治進取之心。

以後與一位前北京具體分管臺灣事務的官員接觸，從他那裡得知一些共產黨的訊息和心態。一九七八年底鄧小平訪美之後就得出了結論，拿回臺灣是不可能了，當時的共產黨有「三弱」，政治弱，經濟弱，軍事弱，因之對臺灣只能隔海相望。我似信非信。既然如此為何又能在一九八三年中英談判中保持強勢讓香港回歸呢。此人回答說鄧小平用了蠻橫手段在弱勢之下以耍流氓嚇退了柴契爾夫人。

歷史上國、共幾次合作，都以國民黨上當受騙虧蝕老本告終。孫中山的第一次國共合作，讓共產黨借雞生蛋。當然孫先生無可奈何，得不到西方的支持，只能轉而接受蘇共列寧（Vladimir Lenin，1870-1924）、史達林的支持，其結果是讓共產黨如同孫悟空鑽進鐵扇公主肚子裡拳打腳踢。第二次是西安事變，純屬城下之盟，其結果是讓共產黨藉日本之手打殘了國軍，開始坐擁手握的雄厚軍事力量，再藉蘇聯的鼎力支持和美國杜魯門行政當局對蔣介石的厭惡而綁住蔣介石的手腳，因此打敗了國軍，拿下中國大陸的大好河山。

如果看得通透一點，就知道共產黨不會有誠信，它現在給臺灣的笑臉應該是為了靠近臺灣，趁臺灣放鬆警覺的時候就一定會吃了臺灣。這實在是像寓言故事裡的「大灰狼」，不會安下好心。馬英九國民黨政府需要警鐘長鳴，不忘前車之鑑。與共產黨交手，一定是「不見兔子不撒鷹」，小心謹慎，切忌讓對手屢屢得手，被用「假鈔調換了貞操」。

事情到此沒有完，而有了新突變。「三・一八太陽花學運」橫空出世，打亂了國共互動漸入佳境的進程。《海峽兩岸服務貿易協議》再好，臺灣年輕人就是不要，他們感受到北京的「笑裡藏刀」。這個突如其來的行動一巴掌向馬英九打去，挫敗了北京對臺北不戰而屈人之兵的長遠計畫。接著就是雙邊關係發生微妙變化，馬英九不能出席北京的亞太峰會，習馬會未能如期發生；香港爆發占中運動，馬英九高調支持香港學生爭取民主，並且套用鄧小平的話語建議北京「讓一部分人先民主起來」，讓香港先民主起來。此議遭致北京的強烈批評，「兩岸一家親」這個親切話語不提了，轉而訓誡臺灣不應該對中國事務說三道四。臺北沒有與北京直接叫罵，卻通過方式釋放消息歡迎達賴喇嘛來臺灣訪問。

驚回首，離天三尺三。臺灣「太陽花學運」強占立法院，就是對馬英九政府的旗下藍營的選戰預告。香港占中爆發，北京的「一國兩制」再露崢嶸，提醒了臺灣民眾，兩岸關係處理上與北京熱過頭的馬英九國民黨，首當其衝成為選民拋棄的對象。「九合一選舉」的選情是無法逆轉了，剩下的就是一敗塗地、鎩羽而歸。如果說以前臺灣選情有明顯的族群傾向，那麼這一次我則認為更多的是臺灣民眾的進一步成熟，兩岸服貿協議對普通民眾應該具有短期利益，但是臺灣民眾透過短期利益感知長期的危害而選擇拒絕接受，又從香港獲得間接教訓何為失去自由，因而奮力保護現有的民主和自由不受北京的逐步侵蝕。

　　這次觀選與以往不同，更有機會與這個國際觀選團其他成員發生橫向聯繫，從而幫助自己開闊視野，領略原來不認識的國際關係。團內一位中亞國家國會議員，也是國會裡面反對派領袖，他喜歡與我討論中國和俄羅斯問題。他認為中國與俄羅斯有一個明顯的不同，中國實力增長了對周邊國家的影響往往採用經濟手段進行誘惑，讓受惠國感恩戴德而屈從，而不像俄羅斯那樣對從屬國進行蠻橫的干預甚至顛覆。原來蘇聯解體出去的中亞各國現在依然很受俄羅斯的影響，這些國家經濟很大程度上依賴俄羅斯，那就必須聽話，不然就有好看。普丁有克格勃（編按：即KGB，蘇聯國家安全委員會，是一九五四－一九九一年間蘇聯的情報機構）背景，非常有手段。他完全知曉俄羅斯的窘境，經濟力量十分薄弱，充其量世界經濟總量的百分之二，強悍的就是核武。在他的認識裡，俄羅斯就是一個手段無所不用其極的危險國家。因為烏克蘭事件（編按：指二〇一四年的克里米亞危機，國際認定屬於烏克蘭的克里米亞被併入俄羅斯聯邦），俄羅斯受到了西方嚴厲的經濟制裁，世界能源大幅度跌價更使得俄羅斯雪

上加霜，普丁還能支撐的時間將會有限，這有可能引發俄羅斯發生政治變化。如果俄羅斯發生變化，一定會輻射到其他中亞國家產生骨牌效應，從而會使得中國在國際舞臺上失去擋風屏障。另一位立陶宛國會議員此行臺灣觀選後，有意進入香港親眼目睹親身體會香港的占中，也就是後來改稱的「雨傘運動」。這些新朋友都是世界民主潮流中的中堅力量，藉此機會相互認識，增進理解，都是將來的鋪墊。團內還有其他成員也都各有千秋，這裡不再例舉。

　　我藉此機會進入香港親眼看到香港占中運動的尾聲，希望繼續維持香港占中運動的後續，二〇一五年的中國民主論壇的主題就是香港問題。我提出邀請彭定康，楊黃為我尋找她的關係，直接聯繫上了彭定康本人。二〇一六年我把論壇活動安排在了美國紐約，楊黃又給了我建議，與美國智庫進行會談。智庫主席斯蒂芬・奧林斯雖不看好川普競選，但他的話卻燃起我對未來中國發現政治巨變的希望之火。

　　二〇一六年蔡英文當選，我希望民進黨政府能夠一改馬英九時期對中共一味忍讓的軟弱態勢，而且蘇嘉全即刻接任立法院院長之職，同時兼任臺灣民主基金會董事長。因此我希望新政府新董事長可以對中國的民運事業有不同於以往的有力的支持。楊黃離開基金會，被任命為無任所大使後，仍一如既往地繼續對我支持，二〇一八年當得知我想在美國華盛頓推動中共各派政治反對派集結而奔波努力的時候，還是她在紐約與我會合，運用她在美國的人脈關係盡量給予支持。

結論

　　馬英九政府對民運有理解，但僅給予小額支持和贊助。就我的觀察，國民黨不思進取，毫無「毋忘在莒」報仇雪恥的壯志豪情，如果中共發生政治危機而崩潰，它才會順勢返回大陸恢復中華民國。民進黨的政治路線是希望與對岸中華人民共和國構建對等關係，承認對岸合法性，也希望對岸接受臺灣實際存在的事實；對於民運多為自身政治路線考量，對自己有利可以支持，也可以不動聲色保持觀察。一旦中共發生政治危機而崩潰，民進黨無意趁機以民主政治領導中國大陸，而是趁機飛鳥出籠建立臺灣國。

　　我與臺灣多方（政界、學界、媒界）的接觸和交往十年以上，第一次踏上臺灣有藍綠兩個陣營各一位至交，錢達和胡元輝。現在藍營的朋友還是錢達，而綠營的朋友卻在不斷地增多。我看到了藍營總體上向北京傾斜，這是我不能認同和接受的。綠營的則傾向於獨立路線，對此我持順其自然的立場態度；但是綠營與中共關係趨於緊張和對抗，這是我樂見的，我需要在抗擊中共政權的時候有政治盟友。我對臺灣島內藍綠之爭持中立立場，我只注重臺灣政治力量是否有助於中國民運對中共的政治博弈。我自覺與臺灣的關係已經盡我個人所能做到了極致，無以復加，不可能更好於這個結果了。我唯一等待的就是政治機會的出現，中國大陸發生政治大變，期待臺灣的政治板塊可以有助於我們民運參與中國未來的政治變化。

第六章　達賴喇嘛和自由西藏

　　西藏精神領袖達賴喇嘛領導的自由西藏運動是最有意願與中國民運主動進行政治結盟的力量和板塊，西藏在未來中國發生政治變異的時候，對中國未來前途和走向最具有決定性的作用。而我與流亡藏人過從甚密，遠遠超過其他政治力量和板塊。另外一點極其重要，我與流亡藏人運動的最高領袖互動頻繁，已經保持了深厚的情誼和互信的合作關係，我相信光這一點就非常有助於未來後中共時代兩個不同民族之間的關係維持和處理。我有一種只可意會不可言狀的感覺，與尊者達賴喇嘛似有一種特別的緣分，很得他的青睞與呵護。我總感覺到未來中國發生巨變的時候，我們民運與藏人之間在共同對敵中共所結成合作關係和友情可以發生重要作用。而對於這種朦朧的感知和預見，自己不甚明瞭，我想尊者達賴喇嘛更清楚。尊者一直對人說他是一個普通的人，但是藏人和世界上受他感染的信眾是把他當作神明的。對佛教認知少的大多數人是不可能理解這一點的，或者說只有用心看過香港電影《達摩祖師》並且心領神會其中情節的才能感知一些。

　　對西藏的最初認識是小學一年級時候看的電影《農奴》，以及工作生活在青海的親友口中所獲悉的關於藏人的風俗，野蠻矇昧，很是負面。在中國生活了三十年，受中國社會氛圍的影響不小，對西藏的認識停留在電影《農奴》的灌輸之下。雖如此，得知達賴喇嘛將到訪澳洲，好像是原始衝動，不假思索就尋聲而去，提出拜會的請求。應該是下意識中的政治考量，效仿中國古代政治裡的縱橫捭闔，從零開始，從小的做起，為將來中國政局

變化做預先準備。不過這樣的想法很模糊朦朧，並不清晰。

我們民陣紐省支部一行七人於一九九二年五月十二日在雪梨拜會了尊者達賴喇嘛，地點洲際酒店。達賴喇嘛向我們贈送了代表藏人禮節的哈達（編按：西藏傳統上禮儀使用的長條絲巾或者紗巾），他的著作《我的土地和我的人民》，並為我們簽名留念。尊者很樂意與我們這些中國民運人士進行深切交談，不厭其煩地介紹西藏問題的來龍去脈。這次會談中，尊者提到我們之間應該建立起一個「統一戰線」。「統一戰線」是中共宣傳中所說的一九四九年取得天下的三大法寶之一，黨的領導、武裝鬥爭、統一戰線。其實中共之說純粹胡言亂語，欺騙天下。中共取得天下的根本原因是美國杜魯門行政當局的愚蠢，馬歇爾的國共調停綁住蔣介石手腳，又對中華民國政府實行武器禁運，直接幫助了毛共，聽任中共席捲中國大陸。

一九九六年六月，西藏精神領袖達賴喇嘛再次訪問澳洲，那個時候的民運極為慘澹。第一次見面的時候是自己沒有經驗和不事張揚的個性，不曾考慮將拜會尊者之事造成媒體效應。而第二次拜會，澳洲民運已是「門前冷落車馬稀」，即便是傾巢出動也就幾個人。一位民運朋友婉轉推辭了我的邀請，理由是要返回中國大陸找老婆。那次達賴喇嘛還是與我們進行了長時間的有實質性意義的會談。

雖然說曾經兩次拜會達賴喇嘛，我與藏人的互動還是斷斷續續的。有一個支持藏人的組織澳洲西藏委員會（Australia Tibet Council）與我保持者比較經常聯繫互動。一直到了第三任達賴喇嘛駐澳洲代表阿底峽走馬上任以後，由於他的積極努力，才促成了我與藏人的合作在開始走上了一個新的階段。阿底峽對我信任有加，我也投桃報李，兩廂合作推動共同利益和目標。

二〇〇六年六月流亡政府總理桑東仁波切來訪澳洲，阿底峽安排了我與我的民陣人士與他在雪梨市中心的威士汀酒店（Westin Hotel）進行了一個會面。當時西藏問題一般漢人不敢碰，唯恐躲避不及，所以那天的會面只有五個民運人士參加了會面。當晚在同一個地點舉行了大型的籌款餐會，我受工黨議員丹比邀請參加。席間丹比很謙虛地表示了他對西藏問題和中國問題不完全理解，我盡自己的能力給予解釋，也體會到由於東西方歷史、語言、文化等的不一樣，澳洲的政治人物對中國問題無法看透。同樣，西方的學術界雖然研究中國問題，實際上還是一知半解，主要根源就是思維方式的不一樣，對中國、中國文化、中共和中共制度的實質無法得出正確的認知。

　　獲阿底峽的推薦，我第一次獲邀請赴歐洲比利時出席二〇〇七的全球支持藏人的國際會議。在這個三天的會議中我最大的收穫不是會議本身，而是在私下交流中產生的思想撞擊，就是中國海外的民運應該從傳統的歐美為中心向中國本土臨近的臺灣為重心的轉移，以臺灣為政治輻射中心，北向日本，西向香港，甚至繼續西行到印度的達蘭薩拉，這樣可以有效地將臺灣、香港和西藏等中共政治反對面的力量與民運一起整合起來。日本在近代歷史上一直對中國有覬覦之心，相信此心不死，一旦中國發生政治大變化，日本一定不會置身事外，如有可能應該將日本的力量引入。可以佐證我這一分析的是二〇〇八年走訪日本，在大阪的「大和心」會社與他們進行過坦誠的交流，也看到他們引吭高歌的是念念不忘他們曾經實際治理過的白山黑水那一片土地。展望中國未來演變，「三共論」也許是最佳注腳，即滿清遺老滿洲國總理大臣鄭孝胥的政治預言：「大清亡於共和，民國亡於共產，共產亡於共管。」這個探討可以說是極大開闊了我個人的民運視

野和未來觀察預測中國政治變化戰略眼光。「重心轉移」和未來「後中共的中國格局」的提升都成為了我從那個時刻起民運操作的指南。

這個時候中共與達賴喇嘛之間進行了多輪的對話，但總是沒有實質性進展，阿底峽與我商量舉行一個尊者與澳洲華人的見面會，我立即一口應承了下來。應該是尊者達賴喇嘛第一次在盛大場合下與華人的互動。那天的成效很好。為了表達我對達賴喇嘛的感激之情，我事後寫了一封信希望通過澳洲代表阿底峽轉交給尊者。

第十四世達賴喇嘛：

首先讓我懷著一顆虔誠的心感謝您在雪梨接見了旅澳中國民運人士、藝術家、作家、報業人士和企業家，接受他們對您的敬拜並且得以聆聽您教誨。也許是我和您尊者達賴喇嘛前世有緣，我能夠有幸在過去的十五年內有三次機會敬仰拜見您，並且有這個機會主持您對這裡中國人士的演講會，這對我來說是一個極大的榮耀和殊勝的機遇。

您在雪梨的演講會開啟了我新的思路。您這麼多年來與中國政府的談判都不能夠得到善意的回應，既然您在雪梨有了一個走進中國人群的開端，而且效果是那麼地良好熱烈，而且是雪梨的華人在認識和接受了您以後自發地提出了推動支持達賴喇嘛返回西藏，那麼您的代表在今後與中國政府談判的時候有了新的籌碼，可以雙管齊下。一方面繼續以堅忍、策略的方式與中國政府談判，爭取早日回到西藏。另一方面現在中國大陸境外走入華人中間，讓普通的華人先接受和理解您，通過在海外的中國人的熱情和

傳播，讓中國大陸境內的人突破中共對他們進行的歪曲宣傳，形成對您的重新認識，這樣可以形成人民的力量反過來影響中國政府。

中國境內各民族和睦共處，共存共榮，在當今社會和時代，其關鍵是中國大陸的實現民主化。這是我的心願，更是我畢生的求索。皇天后土，實所共鑑。承蒙尊者您的垂聽，不勝犬馬怖懼之情。

秦晉

二○○七年七月二日凌晨於澳洲雪梨

我專程去了坎培拉，把信函交給了阿底峽。阿底峽興奮地告訴我：「達賴喇嘛這次澳洲之行這麼多天，最愉悅開懷的事情就是你主持的這場見面會。明年尊者再來澳洲，再進行一場相同的華人見面會，還是由你來主持。」得此信任，我也很高興。當即表示絕不辜負尊者的信任、阿底峽的重託。阿底峽進而表示，當時他們藏人和保安對見面會會場的熱烈的場面雖然樂見，尊者在現場近三百多漢人中的輕鬆開懷，漢人對尊者的崇敬，同時也有極大的安全擔憂，阿底峽等還真是為這個擔憂捏了一把汗。我對這個阿底峽的擔憂卻沒有絲毫的感覺，只是感覺到見面會很成功，尊者與漢人直接交流，可以打破中共對達賴喇嘛的刻意封殺。

漢藏協會和華人聯絡官

二○○八年六月十五日，時隔一年整，第六次到訪澳洲的西藏精神領袖達賴喇嘛在二○○○年雪梨奧運會的比賽場地，奧林匹克運動場內的諾富特飯店（Novotel Hotel）舉行了第二次以華

人為對象的公開演講會。我代表澳洲民陣再一次接受委託組織安排了這次活動，而這一次的見面會的氣氛比起一年前的那一次，華人的熱烈反應有所下降。二〇〇八年三月中，西藏境內拉薩爆發了抗爭，造成了無數藏人的傷亡。

這一年是北京奧運年，藏人在境內外都有抗爭，與北京的關係趨於緊張。達賴喇嘛和西藏流亡政府開啟藏漢民間的關係和對話就被提到了議事日程上，阿底峽希望我在澳洲建立一個藏漢協會，希望我能出任會長。我理解藏人的迫切需要，但是從我的角度觀察局勢，認為我出任會長只是一個新的民運團體，由於政治敏感，不易吸納在澳洲歸化普通漢人的加入，應該邀請一位社會名人出任，淡化政治色彩，強化名人的社會效應。阿底峽接受了我的建議，七月六日，藉著尊者達賴喇嘛的誕辰紀念，雪梨漢藏友好協會成立。雙會長制，一位藏人會長，我推薦了一位漢人會長，是中國一九七〇年代末著名的「新中國」電影第一吻影星。

由於藏漢民間對話的迫切性，阿底峽在坎培拉辦事處設立了華人聯絡官，需要漢語精熟，因此直接在澳洲遴選了達珍女士，阿底峽一再徵詢我對她漢語能力的認定，我向阿底峽表示，達珍的漢語熟練程度無異於漢人。於此同時世界各地的達賴喇嘛代表處都設立了華人聯絡官。

以後尊者達賴喇嘛又多次到訪澳洲，在雪梨都是由我主持尊者與當地漢人之間的見面會，分別是二〇〇九年十二月、二〇一三年六月和二〇一五年六月。由於尊者年事已高，原定的二〇一七年六月的澳洲訪問被取消，也許尊者不會再來澳洲，二〇一五年的公開見面會可能成為他訪問澳洲的絕響。

多次走訪西藏流亡政府所在地印度達蘭薩拉

二〇〇八年首次

　　我的印度之行取得了我方半壁民陣內部共識，專程拜會達賴喇嘛和流亡政府，謀求民陣對推動中國民主化政治力量進行聚合的誠意，以檢測民陣對未來中國發展變化的政治前瞻。由我帶隊，組成訪問團訪問達蘭薩拉。一行十人，分別來自澳洲、臺灣、日本、香港和泰國。十一月二十二日我們參訪團在達賴喇嘛的寢宮與達賴喇嘛進行了長達三個多小時的會談。我倡議的西藏流亡政府所在地印度達蘭薩拉參訪，是一次破天荒的嘗試，是第一次不同地域的中國人士自行組團，得到了尊者和流亡政府很高規格的接待，而我提出了達賴喇嘛對中國民運的精神領導這個要求。

　　達賴喇嘛沒有接受我的請求，但是轉而建議我舉行一個中國民運的國際會議，容納民運各派都能參加的會議，形成整個中國民運的大團結，如果這個會議能夠舉行，他將一定出席，不論何時何地。

二〇〇九年再次

　　受達賴喇嘛之託，我開始籌畫全球性民運會議，考慮選擇在達賴喇嘛訪問美國之際舉行，旨在強化中國海外民運與自由西藏運動的政治結盟，提升中國民運的國際影響力，造成對中共專制的震撼和心理壓力，點燃中國民眾爭取民主自由的熱望。舉行這麼一個國際性會議，最為關鍵的是資金。而我深知以自己在民運中的聲望獲得一筆可觀的資金舉行這麼一個會議，幾乎是天方夜譚，但是我還是要竭盡全力。我尋找的方向，首先是臺灣中華民

國政府和它的臺灣民主基金會，其次是藏方為我尋找資源進行背書。

　　二〇〇九年三月十日是藏人流亡五十週年，從二〇〇八年第一次達蘭薩拉之行結束以後，我就開始醞釀籌畫組團再度前往。這次來訪達蘭薩拉是為了表示我們對藏人流亡五十週年的艱難困苦的同情理解以及藏人爭取自由的支持。全團來自澳洲、紐西蘭、日本、香港、泰國、北美和歐洲共三十一人。另一個參訪團是臺灣的，有十二位媒體從業人士組成，由前一年隨我一起參訪達蘭薩拉的胡元輝先生發起。

2009年3月與流亡政府總理和議長在大會上。左起：議長邊巴次仁（最新當選西藏流亡政府司政）、流亡政府總理（這個職位現在改稱司政）桑東仁波切、作者（作者提供）

人權問題與政權問題

　　三月十日西藏抗暴五十週年紀念集會上，我發表了演講，提出了人權與政權的問題，演講還有後續，澳洲國立大學教授安・肯特（Ann Kent，1942-；澳中關係、國際人權法、中國和

國際法專家）很欣賞我反向使用歐巴馬的「Yes, we can.」的重複句式。

> 秦晉：
>
> 　　我很欣賞你的演講，尤其是重複句「No, we can't」。你應該送給美國總統歐巴馬過目。我聽到了BBC的報導，強調了這次活動的重要意義，不僅僅是因為達賴喇嘛的具有說服力的演講，而且還是因為是民主中國陣線的出席，你們的發言讓在場的藏人感動流淚。
>
> 　　你的反應是正確的。
>
> 　　祝你順利。
>
> Ann Kent
> 二〇〇九年三月十六日

　　我很早就認識到中國的問題不是人權問題，而是政權問題。沒有中國專制制度的根本改變，就不會有人權的進步改善。基於這個思想，提出了沒有自由中國就沒有自由西藏，告訴在達蘭薩拉的藏人和西方人權活動者們，自由西藏運動與中國的民主運動不可分割。這個提法獲得了現場的採訪的自由亞洲記者莫拉・莫伊尼漢（Maura Moynihan，1957-）的極大認可，沒有一個自由的中國，何來自由的西藏？在達蘭薩拉的藏人基本上認為西藏可以在中共繼續維持獨裁統治的狀態下獲得西藏的自身解放，而我堅持認為在北京專制結束以前沒有西藏的自由。

　　第二天上午是我們全體團員在尊者寢宮接受尊者的接見，我坐在緊挨尊者的座位上，尊者很長時間抓著我的手，很是意味深

長。會談結束後，尊者悄悄地對我說：「你有困難告訴我，我會幫助你。」我們繼續著二〇〇八年十一月的約定，我要在完成取得資源在尊者走訪美國的時候在那裡舉行一個民運會議。

日內瓦尋求漢藏共識會議

很顯然那個時候西藏流亡政府由於與北京的對話再次擱淺。為了營造漢藏非官方的互動，一個漢藏尋找共同點的國際會議於二〇〇九年夏季在瑞士日內瓦舉行。澳洲代表阿底峽出於對我的充分信任，讓我向他直接推薦澳洲與會者名單，我在推薦名單的時候盡我所能地做到公允，不偏不倚，平衡各方。我沒有讓阿底峽失望，不辜負藏人兄弟的信任。而且我則為了繼續與尊者的默契和承諾，繼續尋求資源，因此沒有從澳洲直飛日內瓦，而是繞了一大圈走臺灣、美國紐約和華盛頓，再飛越大西洋去會場。在紐約，莫拉等候著我的到達，由於她在美國的深厚政治背景，把我引薦給章嘉敦，帶領我走華盛頓，走美國國家民主基金會、自由之家（Freedom House）以及索羅斯量子基金會（Quantum Group of Funds），都好像是如履平地那麼地容易。但是所有努力換來的還是一無所獲，兩手空空。

二〇〇九年八月日內瓦漢藏會議召集了一批世界各地的中國民運人士和學者，達賴喇嘛親自蒞臨，會議經過了三天，形成了一個共同宣言。所達成的共識是一個宣示形式，其實共識是通過兩個運動（自由西藏運動和中國民主運動）長期的發展和演變逐漸形成的，而且這個共識僅限於達賴喇嘛和他領導的流亡政府，與中共政治反對派流亡漢人中一部分知識分子及民運人士之間的共識，對於北京幾乎沒有作用力。誠所謂冰凍三尺非一日之寒，

根據政治現實的嚴酷衍生出了這個共識，更為關鍵的是如何將這個共識落實到具體的操作當中去，使各自的政治訴求成為現實。

終未完成尊者與我的約定

這年十二月初，達賴喇嘛再度到訪澳洲做佛事，順便舉行在雪梨舉行了與澳洲雪梨華人的見面會，這也是尊者第三次與雪梨華人公開見面交流。這次中共的反應與以往有很大的不同，直接就出手進行反制。我在華文報紙上發通知遇阻，就是已經接受的廣告也被退回。並且揚言中共使領館將組織兩千親北京人士會，在尊者與華人見面會的雪梨展覽中心外面進行抗議，而實際上到場抗議的不足五十人。由於有了美國總統小布希和中國總理溫家寶被扔鞋子的轟動例子，為防患於未然，從安全出發，我堅持參加見面會的所有人不得攜帶相機和手機入場，這個措施對見面會的安全增添了額外的保全工作量。

二〇〇九年末尊者第三次雪梨演講會以後，阿底峽與流亡政府外交部祕書長索南達波職務對換，在他們交接之際，我還為這個迎新送舊舉辦了與雪梨華人一次見面會。阿底峽去了達蘭薩拉以後，很快就加入了甲日‧洛迪為首的與北京談判代表團去了中國進行了新一輪的談判，也很快從阿底峽那裡得知談判一無所獲，爭取尊者回西藏，「實現中華人民共和國框架下真實意義的自治」這樣的期盼毫無進展。

「瘦田無人耕，耕開有人爭。」由於我連續兩次組團前往達蘭薩拉，在民運圈裡引起了不小的反響，組團前往拜會尊者和流亡藏人就成了熱門，到二〇一〇年三月西藏抗暴紀念時候，達蘭薩拉參訪團有大有小，有幾個我數不清了。對我而言，最緊迫的

仍然是如何完成二〇〇八年十一月末與尊者的約定，在阿底峽的幫助下，見縫插針地與總理桑東仁波切會談，尋求資金的落實。以後阿底峽從印度給我打來電話，通知我向美國國家民主基金會申請。為了能夠完成這個能夠產生政治合力的國際會議，在短短的兩年中我已經前往印度達蘭薩拉高達四次，甚至中共方面都用調侃的口吻說我「上山」太頻。我很猶豫，因為我不相信我能夠獲得美國國家民主基金會的批准。之後劉曉波獲得諾貝爾和平獎，我做了評估，即使我期盼獲得資源以後可以在美國舉行國際性會議，其國際影響力必定遠不如劉曉波獲諾獎帶來的巨大國際影響力，中國民運重新被放在國際關注點上已經由劉曉波得獎完成。因此，我就停下了舉行與尊者約定的民運大聯合的國際會議的步伐。

第六屆國際支持西藏大會

大會於二〇一〇年十一月五至七日印度新德里舉行，這個會議出席者以西方非政府人權團體為主，與會者約二百七十人。尊者出席了第一天會議，中國民運界兩位代表發表演講，一位在開幕式，另一位則在閉幕式。我被安排在閉幕式，與西藏流亡政府總理桑東仁波切一起壓軸。

我的演講獲得極大成功，被認為是本次會議最成功的演講，這個演講結束時後獲得了全場起立的熱烈掌聲，我也是第一次知道自己的演講也有某種感染力。很多與會者排著長隊爭相與我握手，索要名片和聯繫方式。許多民運圈的朋友也都感覺很驚訝，都紛紛前來祝賀我演講成功。

發生在二〇一二年的林林總總

　　五月間去印度達蘭薩拉拜會尊者達賴喇嘛，一個目的，為我即將在秀威出版的拙作求得他的題字，以對我具有特別的加持作用。這也是我與尊者互動整整二十年來第一次單獨拜會。

　　我十二點半以前到達尊者會面的登記處，大約一點半以後才與才嘉（達賴喇嘛辦公室中文祕書長）見面；二點四十五分與尊者正式見面，才嘉與尊者的侄子在場。尊者很關切中國的政治局勢，我做了分析和報告，著重分析了中共的末世心態，溫家寶多次呼籲政改平反「六‧四」有一定的誠意，但是很難實行。胡錦濤的思想比較僵化，但是根據他的清華校友萬潤南的分析，胡不是一個壞人，但是缺乏政治魄力，只是交班了事，任內不要發生重大事情，共產黨的政權平安移交下去就對得起鄧小平了。

　　分析習近平可能是明崇禎，明王朝末代之君，所以有改革延長中共壽命的願望。有消息傳出，中共自己知道路末途窮，薄熙來事件可視為中共內部矛盾公開化，內部隱患的冰山一角。只要中共內部發生了問題，中國政治變化的時機就到來了。從二〇一一年的中東茉莉花革命到香港的推動，紐約會議我們聯合工作委員會的努力，也曾經寫信給美國國家民主基金會，民運的大佬對我們推動香港啟動的反應，都一一告知。共產黨內的恐慌心態、澳洲國會的人權對話聽證會。尊者對民運的不團結有憂慮，我回答至少現在民聯、民陣、民聯陣和其他多家民運組織已經進行了聯合，我是這個聯合機構的祕書長。可以感覺得到，中國政治大變化已經隱約可見，因此珍視這次殊勝的機會，未雨綢繆，早做準備，迎接歷史的時機，為未來的後共產黨時代，中國民主化、西藏問題得以根本解決的時代做預先考量。

中國需要民主，同時需要道德信仰的重建。尊者的作用將無人替代，尊者可以成為未來中央政府全力弱化以後穩定中國社會的不可替代的力量。我預先假設一個穩定的中國社會不至於分崩離析，前提就是尊者成為民主中國聯邦政體的象徵意義的國家元首。尊者就像當年我們邀請尊者作為民運精神領袖一樣沒有明確表態，只是嘉許我有計畫、有目標，繼續努力奮發向前不中斷，會給予我們支持。末了我告訴尊者我將計畫出一本書，收集了我近二十年的文章和舉行獲得民運活動，其中有相當篇幅是關於西藏的。書的封面用我二〇〇八年主持尊者公開演講會的照片，書名為《求索與守望──中國民運江湖回望錄》，請求尊者題詞。尊者用藏文寫下了題詞，才嘉翻譯成漢語。尊者還為我的家人與尊者的合影簽了名。

　　德里印度朋友維傑好事，帶我去藏人定居點，我也未加思索就同意了。一夜辛苦到達首個藏人定居點，參觀這裡的寺廟，只見一座釋迦摩尼像底座高達十五英尺，像身高達九十英尺，總共一百零五英尺高。中午居民點藏人來相見，我主講，來者男男女女，老老少少。下午去另一個居民點，受到很大的歡迎，寬敞的禮堂幾乎滿座。做了十分鐘演講，回答了許多問題。藏人對我們的到來很是歡喜。六點半離開，坐晚上八點三十分的車，到德里的時候已經是凌晨一點半鐘。討價還價坐嘟嘟計程車，三十多公里的路程，一路上涼風颼颼，真怕著了涼。只見一路滿目瘡痍，整個城市就像一個大垃圾城，灰塵漫天。到住處的時候已是三點來鐘。洗盡兩天來的塵土，再工作兩個小時，入睡的時候已經是五點。

　　後來得知我此去藏人定居點有違印度法規，他們向流亡政府外交部進行了查詢，流亡政府估計「私入」藏人定居點按時間應

該是我，屬無心冒犯，為我說情，免去了諸多麻煩。對印度政府對待流亡藏人的這個「清規戒律」我事前毫無知曉，鑄成大錯，險些被拘押。以後二〇一四年在入境印度申請簽證過程中屢有麻煩，應該是二〇一二年種下的因。

雪梨會議的漣漪

二〇一二年六月，「中國二〇一二──大變革的前夜」國際會議在雪梨舉行，西藏流亡政府司政洛桑僧格博士來雪梨參加會議。他先前的雪梨學院的演講引起了本地退休政界元老的進一步關注。

二〇一二年六月三十日，在午餐會上認識的前溫特沃斯（Wentworth）選區自由黨聯邦議員彼得‧科爾曼（Peter Coleman，1928-2019）來郵件，希望寄給我一本他女兒根據西藏寓言故事編寫的兒童讀物，我也有心與他進一步結識。他年事已高，一九八七年的時候就退出了政壇，我一九八八年才到澳洲，所以對他幾乎毫無知曉。大概二〇〇八年曾去雪梨學院聽他與女婿的聯袂演講，內容是岳丈與小婿合著的小婿政治生涯回望錄 *The Costello Memoirs*。我藉提問的機會揶揄了一下講者，引得哄堂大笑。他的女婿是霍華德聯盟黨政府的財長彼得‧寇斯特洛（Peter Costello，1957-），在澳洲政壇排位老二。他致電給我表示要來參加西藏首席部長洛桑的午餐會。午餐會後收到他女兒編寫的兒童讀物，便約他進一步交談，約定在七月二十五日在州立圖書館見。午餐會以前還邀請了雪梨學院主持人傑拉德‧漢德森，他雖然沒有到場，但也致函表示歉意，希望找時間見個面。

他的郵件被駭客先讀了，因此在郵箱中體現得不明顯，過了

好幾天我才發現，因此去電問他。因為要與彼得‧科爾曼見面，如果傑拉德能夠抽出時間，我就可以一次進城安排兩個會見。傑拉德回答可以見個面，但是時間比較緊，也許只有十分鐘，約定在下午三點半。我準時到了，在他的辦公室裡坐下，傑拉德告訴我他總是很忙，每週有兩個專欄要寫，每週有一到兩個內容包羅萬象為時一個小時的演講會，還要盯著一份月刊和一份季刊，經常接受電臺的訪談。家務事情有很多，所以錯過了午餐會，實在抱歉。他還說洛桑已經在他的地方做了演講，而且講得很好，都是政治問題，全無宗教問題。說到中國的變化，我感覺中國政治大變在即，傑拉德則表示他沒有絲毫感覺，不認為中國會發生如同前蘇聯的一夜之間的政治突變。接下來傑拉德向我簡單介紹了他所知道的彼得‧科爾曼，記者出身，先是州議員，後來才是聯邦議員，時間不長，也沒有進入過前排，一九八七年退出政壇重操舊業，這個人比較反對共產專制。

我知道每週二《雪梨晨鋒報》（*Sydney Morning Herald*）上有傑拉德的專欄，另一個專欄在何處我就不知道了。我抓緊時間問傑拉德是否願意加入我們的「中國民主論壇」，我已經邀請了丹比，丹比問我有沒有邀請傑拉德。傑拉德未加考慮就婉言拒絕了，說他從不加盟任何組織和論壇。然後他問我是否知道反對黨領袖艾伯特（Tony Abbott，1957-）這幾天訪問中國的事情，怎麼看待他在中國的表現。我回答稍微知道一些，我對反對黨領袖在中國的發言比較讚賞。其實我對反對黨領袖的發言中只有一句話是讚賞的，其他的講什麼並不十分清楚。比較讚賞的是他對中國說，澳中不僅需要有共同的利益，還需要有共同的價值觀。也就是shared interests, shared value。艾伯特還敦促中國進行政治改革。我對他的讚賞僅憑這些。傑拉德則說他對反對黨領袖艾

伯特失去了繼續支持的興趣，沒有對我的話進行評論。我看看時間差不多了，準備告辭。他卻說還可以聊一會。我們聊到了趙紫陽、嚴家祺、胡錦濤、萬潤南；聊到了年底的漢藏會議，他說估計安排演講有困難，但是希望跟來參加會議的人見見面。

我講到了這次六月末的會議，抱怨工黨政府太向中共靠攏了，使得我們會議幾位主講人到不了澳洲，並且告訴他，根據澳洲澳洲西藏委員會網站的公開披露，司政洛桑僧格在國會電梯門口偶遇外長博卡，博卡僅對洛桑說了一聲Hello，就匆匆鑽進電梯走了；在走廊裡巧遇總理吉拉德，吉拉德身邊的幕僚對她耳語了幾秒鐘，吉拉德不打招呼把頭一低下匆匆地溜走了。傑拉德聽了這些感到很驚訝，怎麼工黨政府這麼缺乏基本的外交禮儀。然後問我，這次洛桑來有沒有反對黨陣營的會面。我回答估計沒有，以往一向對西藏問題關注的只是工黨的丹比、綠黨的布朗和自由黨的彼得‧斯利珀（Peter Slipper，1950-），如今布朗已經離開政壇，彼得‧斯利珀又是麻煩多多，只剩下丹比一人在澳洲國會支持西藏。如果是聯盟黨執政，也會這樣對中共那麼聽命嗎？傑拉德馬上說不會，二〇〇七年霍華德總理還不是見了達賴喇嘛，好像那次反對黨領袖陸克文也見了達賴喇嘛。傑拉德說霍華德不想給人聽命於中國政府的感覺。我因此估計，如果中國政府當時不通過外交途徑向霍華德施加影響，不見達賴喇嘛，總理霍華德他還真的不見達賴喇嘛了。中國政府的努力適得其反。那年陸克文也見了達賴喇嘛，那時候是反對黨領袖。但是第二年達賴喇嘛再次訪問澳洲，陸克文就沒有見達賴喇嘛，那時他已經是總理了。

我起身告辭，下一個約會時間四點鐘只剩下五分鐘了，還得走過兩個紅綠燈街口。傑拉德陪我下樓，送我到門口。這時候

我又說起丹比沒有來參加午餐會，至於什麼原因我不知道。傑拉德說丹比太不應該，估計是吉拉德政府向他施加了壓力。我說我不會因此生氣，我知道丹比是長期支持中國民主和自由的澳洲議員，他已經盡力了，他要我把邀請函發過去，然後自己在辦公室打印出來，逐個郵寄出去。不管他因為什麼原因不能到場，我都表示理解。也許是他的個性，做事波動起伏比較大，比較散漫，總是像蜜蜂一樣地忙亂（as busy as a bee）。傑拉德說他太了解丹比了，就是這麼一個人，看看他的辦公室總是亂七八糟的，在這方面「沒救了」（hopeless）。這讓我回想起有一天打電話到丹比的墨爾本辦公室，接電話的是一位英語對話能力極差的老嫗。我還懷疑是否撥錯了號碼。那位老嫗告訴我辦公室只有她一人，她會為我傳話給丹比的。我還真擔心她搞不清楚傳錯了話，聽她的口音像是俄羅斯人。怎麼丹比會聘請這位做他的接線員？

　　四點剛過我就走到了州立圖書館，只見彼得‧科爾曼已經端坐在入口處等著我。我們坐定，他就拿出一份資料給我，是他從一九五九年的刊物上複印下來的。他誤以為我是藏人，我告訴他我是漢人，二十多年一直致力於推動中國的民主和自由。只有中國民主化和自由化，西藏問題才能解決。我們談了一個小時，講到了西藏的歷史地位和錯失的歷史機會；二戰以來的國際關係；小羅斯福（Franklin Delano Roosevelt，1882-1945）和杜魯門的政治錯誤導致的冷戰；八九年中國民運的失敗和老布希、柯林頓兩位美國總統的中國政策再次失誤，聽任國際資本與中共政治權力的結合，造出一個更有實力的中共帝國；澳中人權對話破冰之旅；他的女婿未能出任澳洲總理的遺憾等等。

　　我對彼得‧科爾曼說，其女婿不如工黨的基廷有魄力，霍克總理違背承諾不交權力給基廷，基廷就向霍克發飆進行挑戰，

第一次失敗、第二次就勝了。「在我局外人看來，你的女婿也應該這樣。」他告訴我情況有所不同，基廷有自己的強有力的支持度，而他的女婿彼得·寇斯特洛從來沒有機會握有足夠的票數擊敗霍華德，無法挑戰。我又對彼得·科爾曼說：「二〇〇七年七月份的時候，我曾對傑拉德如是說，看架勢聯盟黨要下臺，這個時候應該換領袖了，不然年末的大選要輸的。你曾經是霍華德辦公室主任，不能勸他一句嗎？你拍拍他的肩膀，是該放權讓路給你的副手了，這麼做應該有利全黨而不至於輸掉大選。」

那次是我陪王軍濤去見傑拉德，傑拉德當時是這麼對我說的。「Chin，秦晉，我告訴你，霍華德是個很固執的人，他不會聽我的，他的老婆和孩子都鼓勵他繼續幹，他就更下不來了。」傑拉德早在一九八八年就從霍華德那裡辭去了他的職務，以後自謀生路建立了現在的雪梨學院。

彼得·科爾曼聽了我的，他回答我的與傑拉德的一模一樣：「霍華德很固執，不聽人勸。」彼得·科爾曼進而告訴我，現在女婿雖然離開了政壇，還是很忙，有很多事情要做。昨天帶著自己的太太去了英國倫敦看奧運去了。我對他說：「世事難料啊，如果當時彼得·寇斯特洛接受黨內提名出任領袖，也許下一屆選舉可以一了心願拿下澳洲政治最高職位。我當時寫文章是讚賞你的女婿不接受領袖一職的。現在艾伯特機會很高，誰也不會願意退下來把職位拱手相讓的。」我對他也提到了總理和外長對西藏首席部長的冷淡處理，彼得·科爾曼聽後反應與傑拉德一樣，覺得政府做得很不好。老人家一九二八年出生，當時八十四歲，身體很好，耳聰目明的。三個孩子，兩個女兒一個兒子，一個女兒是作家，一個女兒嫁給了澳洲前財長彼得·寇斯特洛，一個兒子在坎培拉工作，是澳洲的經濟學家。

會談完了彼此相約保持聯繫，實際上此後彼此再未相見。

信步回返。久違了，雪梨市中心的步行街。聽到街上賣藝人吹奏的悠揚樂曲，不覺心動，上前扔了一個硬幣。看賣藝人的模樣，應該是美洲來的印第安人，長得與中國人很相近，只是皮膚更深更暗一些，二十年前的時候看到過來自美洲的印第安人在雪梨街頭賣藝，跟眼前吹奏著一排管笛差不多。其實從很小的時候，大概是六〇年代末七〇年代初的時候，受一部電影的影響，對乞討者不輕易動心。電影叫《大浪淘沙》，于洋扮演的靳恭綏見了窮苦可憐的人就會從自己的口袋裡面掏錢施捨，老師趙錦章對他說：「我的姑病了，我的嬸沒飯吃了，我的舅沒衣穿了，我的叔沒房住了，你能給我一點嗎？」學生說：「你在耍我嗎？」老師說：「不是在耍你，而是要告訴你，你的慷慨和施捨是沒有用的，要拯救他們，唯一辦法就是起來革命，革命成功了，就可以按照你的想法建立一個人民幸福的國家。」這個想法深深地烙印在我的心坎中，也許就是我從事民運的最初思想和動力。眼前的樂曲悠揚入耳，飄送幾個街區，感謝印第安賣藝人，所以破例解囊。

我經歷的漢藏事務二三事

二〇〇九年六月二十二日孔子學院舉辦中國藏人代表團的公開活動，當場發問：

西藏人大副委員長先生，聽了您剛才的關於西藏的介紹，首先讓我深深感觸的是您如此流利的漢語，其流利不亞於我這個漢人。對此，我表示由衷的佩服。因為您們的漢語程度都那麼地

好，我就用漢語直接與您們進行溝通交流。在座無法聽懂漢語，也只能委屈將就一下。

您高度地讚賞了從一九五九年以後發生在西藏翻天覆地的變化，中國共產黨在西藏進行了五十年的民主改革。我不禁產生一個疑問：據我所知，中國到今天為止還不是一個民主國家，沒有民主選舉，怎麼會讓西藏超越全中國進行民主改革呢？您的人大副委員長這個職務是經過什麼樣的程序選舉產生的？或者還是被更高一級任命的？

上個世紀三〇年代末的時候，中國的汪精衛集團依靠著日本建立南京政府，他們也是擁護日本天皇和日本軍隊在亞洲和中國建立大東亞共榮圈的。您今天在這裡對西藏的介紹和宣傳與汪精衛當時的情景有異曲同工之妙。

中國三國時候有一位亡國之君叫劉禪，在司馬昭主持的酒會上嬉笑如常，說道：「此間樂，不思蜀。」成為千古笑柄。今天您的演講是否也有相似之處？

去年「三‧一四」騷動，您們與境外的藏人各執一詞，而且相互說詞距離很大，這裡面究竟誰沒有講真話？當然我很能理解你們的處境，也理解你們的真實思想。你們必須按照這樣的標準方式講話，這是從你們的宣傳效果出發。

雪梨大學裡的孔子學院的主持人和那位西藏人大副委員長對於我的友情提問無以言對，面面相覷。

西藏自治區代表參與「澳洲國際事務論壇」座談

二〇一三年四月十日，在「澳洲國際事務論壇」（The Australian Institute of International Affairs，AIIA）有一個活動，西藏自治區的代表前來進行座談。我很早就報了名要求參

加，AIIA也回覆了我的要求，歡迎我參加。在此之前把訊息傳遞給了達珍和其他一些支持西藏自由運動的澳洲朋友。下午二點接到白菲比電話，問我有沒有收到論壇主席科林‧查普曼（Colin Chapman）的郵件，我回答沒有。白菲比告訴我中國駐雪梨領事館向論壇提出要求，不希望秦晉參加這個會談。但是科林‧查普曼回覆中領館表示秦晉是論壇的成員，不可以被拒之門外。與此同時科林‧查普曼發了郵件給白菲比：

> 菲比，當你邀請秦晉出席會議時，你是否向他明確了這個會議是交換意見，而不是抗議的場合？如果沒有，您能否給他打電話明確這一點。當然，我們是很歡迎他參與的，而且我們已將他列入與會者名單。科林

白菲比那時不在澳洲，那天早晨返回澳洲，一看到電郵就來電表達了這層意思。我問：「是否論壇感覺尷尬？我可以只聽不提問題，也可以不去參加。」白菲比急忙告知，科林不是這個意思，只是希望知道我去參加這個活動的意向和舉動。我回答我不會為難西藏自治區的代表，不為難中領館，更不為難論壇。二○○三年胡錦濤在澳洲國會演講，我獲得綠黨領袖布朗參議員的邀請作為綠黨的客人參加，民運圈有人要求我藉此機會向胡錦濤發難，我沒有同意。我希望冷靜地在會場內感覺一下胡錦濤。但是胡錦濤、李肇星還是不放心，緊急聯繫澳洲外長和上下兩院議長，一定要阻止我進入國會公眾席，否則胡錦濤的國會演講取消。澳洲方面理解中方心情，需要與中國建立良好的貿易關係，按照中方的要求把我和另外兩位綠黨客人（兩位藏人）一起引到有隔音設備的兒童廳，既滿足了中方要求，對綠黨的三位客人也

有所交代，沒有被完全趕出去，通過隔音玻璃還可以清楚看到胡錦濤和中方官員一行人。事後澳洲外交部特意給邀請我前去，向我解釋了背後發生的事情，也對我理解澳州政府的做法表示欣賞。

白菲比知道了我的想法，再緊急聯繫了科林，然後再回覆過來。科林很欣慰，他的態度是，秦晉必須參加，也可以提問，如果中領館繼續堅持的話，科林就會提出把這個活動取消。

準四點我到了活動地點「澳洲國際事務論壇」，賓主已經坐定，我看到主人們都戴上了哈達。然後主人開始依次自我介紹，最後輪到了我這裡，科林也讓我自我介紹。我是這麼說的：「我叫秦晉，論壇的會員，來自中國大陸，現在已經是澳洲公民。我長期致力於推動中國的民主和人權進步。我遵崇尊者達賴喇嘛已經二十多年，過去幾次達賴喇嘛來澳洲與雪梨華人會面，我都是這些活動的主持人。今年六月尊者還將來訪澳洲，還會與華人見面。很榮幸，我還會主持這個活動。我原本中國生長，我非常熱愛中國，非常關注西藏問題。我希望向中國中央政府表達一個善意：是否可以尋找機會重啟中國方面與達賴喇嘛之間對話？」

主賓晉美旺措（西藏自治區對外文化交流協會祕書長）主講，西藏有高度的自治，宗教得到很好的保護，寺院有一千六百多間。然後主人們提問。主人方面陣容比較強勁，有兩位資深外交家，一位長期駐北京的市政基礎設施工程師，三位AIIA理事會理事，我這麼一位新加入的普通會員。提問比較客氣禮貌，達賴喇嘛放棄了獨立的要求，只要求自治，達賴喇嘛轉世問題，中央政府能否與達賴喇嘛就下一世達賴喇嘛轉世達成協議等等。回答基本按照中方官式進行，不出格，四平八穩，絕對可以向北京交差。白菲比提問比較尖銳，主要談到西藏境內不盡人意的負面報導比較多，希望主談人解釋，但還是符合外交禮儀。晉美旺措解

釋很多都是西方罔顧事實的歪曲報導，主要原因還是外界對真正的西藏缺乏了解，歡迎大家去西藏訪問，用事實說明真相。

我接著這個話題提問：「我很珍惜今天與來自西藏的兄弟姐妹進行交流和溝通，用我學到的一句藏語向各位問候，札西德勒。自從二〇〇九年起，西藏境內外已經超過一百多人自焚，你們是否知道？你們作為藏人，有何感受？我雖為漢人，但是看到這麼多的藏人絕望地用自焚的方式進行抗爭，感覺很悲傷。請問你們或者中國政府如何去阻止這樣悲劇繼續發生？另外，你講到了要了解西藏，就應該去訪問西藏。我對此非常地熱衷。現在的問題是，我如何獲得你們的許可進入西藏呢？」

回答還是官式的，自焚不是普遍現象，只是集中在幾個寺院裡面。弦外之音是有人鼓動，批評達賴喇嘛，但並不嚴厲尖刻。至於去西藏訪問，這位祕書長熱情地邀請了論壇主席科林，科林也非常爽快地表示接受邀請前去西藏訪問。

活動結束時候這位祕書長給了我他的名片，也向遲到的白菲比和我補贈了哈達。這個時候我突然想起，我的準備工作不充分，我應該隨身帶上尊者給我的哈達轉贈給那幾位藏人官員，看看他們的反應如何，看看坐鎮在後面的中領館領事的反應。中方出席的有三位藏人（祕書長，好像不會英語；一位學者，一位女教師，這兩位英語都很好）。一位翻譯，翻譯水平不錯，比較準確。一位記錄。一位我能認得出的領事（因為在前一年十月我申請中國簽證被拒領回護照時候就是這位把護照交還給我）；原定總領事來參加這次與談會的，我猜測因為論壇堅持我的參與，因此總領事沒有參加，是一個無聲的抗議和不滿的表示。兩位年輕人，看不出他們的身分。還有一位也許是攝影。按理說他們應該在與談結束後賓主合影留念的，也許我在場的原因，如果合影

沒有辦法把我擠出去。這位持相機的在我與祕書長簡短交流贈送哈達、名片的時候抓緊機會對我狠狠地抓拍了好幾張照片，也許會被用作檔案資料吧。

喜見香港建立世界佛教中心

二〇一三年連續兩次得以進入香港，心生詫異，似乎得來全不費功夫。香港友人幫助聯絡拜會香港政治和文化要人，當晚就邀請了《前哨》雜誌發行人劉達文先生。劉先生很豪氣，作東宴請了我在內一桌十幾人。劉先生率先問：「是否看到了最新一期《前哨》內容，心存異議想當面澄清？」我回答劉先生，對九月號《前哨》新一期內容毫無知曉，請求會見與雜誌內容風馬牛不相及，純屬巧合。

九月號《前哨》雜誌上醒目的封面人物，從左向右數過來是大寶法王、達賴喇嘛和當今中國第一夫人彭麗媛。這三位相互之間有什麼關係？不禁好奇拿來翻閱。達賴喇嘛是享譽寰宇的佛教世界最高峰，我自一九九二年起至今拜會並且接受加持呵護過十數次；大寶法王輪迴轉世第十七次，聽一位噶舉派藏傳佛教在家眾親口告訴，他將輪迴轉世二十二次，還有五次輪迴，前一世圓寂前指明下一世大寶法王姓什名誰，家居何處，我有緣拜會過三次；唯彭麗媛久聞其名未見其人，習近平崛起政壇，得知是其老婆，女以夫為貴，得為中國第一夫人，定睛一看，也是佛教徒。三者合為一處，感覺有點穿鑿附會。再一看封面多個小標題，有一條特別吸引我的眼球——「民運與愛國者『爭奪』達賴」，翻開一看，文章標題是〈北京治藏新策或藉香江搭橋〉，內還有副標題「港商與海外民運爭奪達賴，謀籌建佛教中心化死結」，署名張一傑。按圖索驥看下去，還真有不小的篇幅與我相關，與我無

關部分不敢妄加評論，奈何與我相關部分的敘述，有不少失真。

　　先糾正一個普通中國人容易犯的錯誤，「達賴」一詞是中國政府對西藏精神領袖的稱呼，在藏人心目中感覺含有貶義和蔑視，所以最好不這麼用。正確地稱呼應該至少是「達賴喇嘛」，或者再加上「尊者」二字。國民黨蔣介石被解放軍趕到了臺灣，但是心不死，還是不斷地派遣特工從福建浙江登陸收集情報搞破壞。由於兩岸隔離，大陸的變化臺灣特工感知不到，大陸少年兒童戴在胸前的紅領巾臺灣特工不知道如何稱呼，想當然地把紅領巾說成「紅領帶」，因而露餡被捕。使用「達賴」一詞是否與臺灣特工把紅領巾說成「紅領帶」有相似之處？

　　文中說道海外民運「天時地利人和」三缺失日趨式微，因此想到尊者，藉他的影響力整合民運。從我的角度，看似如此，實際並非如此。二〇〇四年四月我寫過一篇〈中國反對運動的天時地利與人和〉，認為中國民運，或者說中共的政治反對派相對中共專制而言是順天時，無地利，但要爭人和。有道是「天時不如地利，地利不如人和」。總體來看，反對派若能夠遠處觀察，近處著手，也即從大處著想，從小處著手，爭取成為未來中國政局變化過程中的政治力量，在與中共專制進行政治角力時可以用力一搏。當然這是觀點和看法的不同，現在分辨不出誰對誰錯，由將來的實際結果判定。整合海外民運，在現今階段和條件下，是可以做但不會成功的一件事情，這有點像希臘神話中薛西弗斯硬頂著巨石上高山一樣，周而復始卻不會有結果。邀請達賴喇嘛作為中國民運的精神領袖或者心靈導師這個想法的確有過，也曾經嘗試過，但目的不是為了整合民運大小山頭，而是為了困境中的民運走出一條新路。

215

尊者達賴喇嘛是藏人精神領袖，一九八九年諾貝爾和平獎得主，以他的國際影響力和聲望怎麼可能是淪為與民運拉幫結夥呢？民運想要「拉他入夥」豈不是癩蛤蟆想吃天鵝肉，我沒有那樣的異想天開。希望尊者同時也能成為中國民運的精神領袖，持有這個想法的人不是我一人，而是這廂半壁民主中國陣線當時的共識。作者用拉幫結夥來看待中國民運與尊者和西藏流亡政府之間的互動，這個觀察太走眼，這個提法也太離奇。

作者在文中對我描繪部分明顯是從網上摘錄下來，這哪是民運內部的政敵作為，更像是來無影去無蹤的「五毛」寫手的傑作，他們的資訊之多比有親身經歷的民運中人還多，但是對具體的事情卻是似是而非的。捕風捉影，張冠李戴，隨意誇張，郢書燕說等等，幾乎就是家常便飯司空見慣，作者順手摘來貼上補缺，我想會影響文章的可信度，但毋庸置疑有很大的趣味性和可讀性。

看到小標題「秦晉高調參與流亡政府五十年慶」，實在忍俊不禁。一九五九年尊者達賴喇嘛流亡印度，八萬多藏民緊緊跟隨，翻山越嶺從高原到了喜馬拉雅山南麓印度低海拔丘陵和平原，「國破山河在，年年淚濕襟」，何慶之有啊？五十年了，還在流亡。我帶了一群人，從世界各地來的，總數三十一人，來自歐洲奧地利、德國、北美、澳洲、紐西蘭、日本、臺灣、香港和泰國的，絕大多數是中國人背景的，只有少數幾位非中國人士，兩位日本人和一位金髮碧眼的奧地利人，香港一地就去了十人。我們去達蘭薩拉參訪是拜會尊者達賴喇嘛和流亡政府，參加藏人流亡五十週年的紀念活動，那不是一個慶典。就像中國發生了八九「六‧四」一樣，香港年年紀念，全世界各地但凡有民運人士的地方，年年總有這樣的紀念，不論規模大小，人數多少，緬懷

那個時刻為中國民主被中共用武力鎮壓而不幸死去的青年學生和北京市民。但等那風雨過，陽光照花吐豔，民主中國到來，我們才可以敞懷歡慶。我第二次率團去達蘭薩拉，目的有二：眾多的漢人，也許是尊者達賴喇嘛和流亡政府流亡印度有史以來第一次大數量漢人參加他們稱之為的「抗暴紀念」活動，而且又是五十週年，這有比較大的象徵意義，且容我「黃婆賣瓜自賣自誇」一回。另一個目的，則是臺灣公視節目《流亡中的約定》中所表達的含義：今年是拉薩抗暴的五十週年，剛巧也是天安門事件的二十週年，不論對圖博（編按：即西藏）人，還有長年在海外推動中國民主運動的人士來說，都是反抗壓迫、改變人民命運的重要時刻。這兩股力量會採取什麼行動，備受國際矚目。其實在二〇〇八年的十一月二十日，民陣一行人，就曾經去過印度達蘭薩拉，拜會了西藏流亡政府的精神領袖達賴喇嘛。

我還以可觀篇幅的文字，盡量地還原部分民運人士和組織與尊者達賴喇嘛以及流亡政府之間互動的自然過程，應該不存在張文所說的「拉人入夥」一說。張文說到我「盛邀尊者為華夏精神領袖，亦步亦趨地緊密跟隨法蹤，不僅精心組織澳洲弘法，還跟隨到東京，到美國」，把我描繪成神通廣大且能一個筋斗十萬八千里。作者對我的過分拔高或者讓我無地自容，真不知是應該感激呢還是心生怨惱？我常無奈地自嘲，引用小時候看的阿爾巴尼亞電影中的臺詞：「就你們這幾個人，湊在一起連根上吊繩都買不起，還想打義大利？」說實在我沒有這個能力、動力和實力。

我生來不善與人搶奪，「是你的就是你的，不是你的抓到了手心裡還會跑掉。」對這條，我深信不疑。香港愛國人士有心推動藏方與北京的理解和互動，對此我深表欣慰和贊同。不用搶奪，如果我在不知不覺中處在一個擋人道路的位置上，一旦知道

一定趕快讓道。我頑愚，真是有眼不識泰山，最近兩次進入香港，都沒有想到這一茬的事情。下回若再有機會進入香港，還煩請「張先生」虛懷大度引見L先生，甚至Y先生。既然L先生婉拒我當年盛邀，想必L先生與我認識，只是隱身於林，有緣兩廂得見，我定然北面受學。

張文中還有一個石破天驚的消息，就是在香港籌建佛教中心，以化解西藏問題的死結。首先我很讚賞這個具有破局嘗試的設想，但又一想可行性幾乎沒有，「我本將心向明月，無奈明月照溝渠」，但還是很認真地去了解了一下，我寫信去問尊者駐臺灣辦事處。

　　索朗先生：

　　　　在香港看到《前哨》雜誌新一期九月號上第二十頁刊文〈北京治藏新策或藉香江搭橋〉，文中指出北京欲讓尊者在香港建立佛教中心，讓尊者常駐香港講法。我覺得此訊太過樂觀，有點離奇。所以來函詢問此事的真偽。

　　　　　　　　　　　　　　　　　　　　秦晉敬上
　　　　　　　　　　　　　　　　　　　　九月三日

　　索朗回覆：

　　　　《前哨》報導真偽一事，我真的不知道。問問達珍在達蘭薩拉開會時是否有聽到這方面的消息。

　　　　　　　　　　　　　　　　　　　　　　　　索朗

一個佐證還覺得不夠不充分，又去問了達珍女士在達蘭薩拉流亡政府或者尊者處，有沒有聽聞在香港建立世界佛教中心的構想？達珍回覆說：「我在達然薩拉也是看到《前哨》雜誌得知此事的。至於在香港建立佛教中心的構想我還真的不知道，您有空可以給才嘉先生發個電郵問一下好嗎？」還是覺得缺了些什麼，於是打電話問澳洲代表達波，沒有接通。但撥通前代表阿底峽的電話，問在香港籌建佛教中心的事情。回答還是他沒有聽說過。雖然連續三個詢問答案是一樣的，但我不願意斷然認為此事子虛烏有，自知俗人俗眼，看不見、聽不到、想不到的事情不見得不存在。也許這是一件尚在接觸試探過程中、仍然高度機密的事情，不為外界所知曉。就好像中美建交一樣，全世界都蒙在鼓裡，只有卡特（Jimmy Carter，1924-）和鄧小平和他們各自身邊近臣知曉、悄然進行的驚天動地的大事情。等全世界都知道的時候已經木已成舟，蔣經國也還是在半夜時分，距離正式斷交只有七個小時的時候，從被窩裡被叫醒。我不必此事去才嘉那裡窮根刨底，等揭曉就是了。這也讓我聯想起上海脫口秀表演的一段內容，說的是髮廊足底按摩女神祕兮兮地對客戶說，她有股市漲落的內線消息。

　　行文至此，有關我的部分粗淺解釋差不離了，當然還有不少細枝末節容後再敘。

二○一四年達蘭薩拉拜訪尊者達賴喇嘛

　　二○一四年十一月中的印度之行由臺灣民主基金會執行長楊黃美幸女士率隊，一共八人，除我隔洋跨海來自澳洲，另七人來自臺灣和香港。籌備這次行程開始於六月，由駐臺北的達賴喇嘛西藏宗教基金會董事長達瓦才仁從中聯絡牽線，約定了十一月

十七日在印度達蘭薩拉拜會尊者達賴喇嘛。我還將於十一月下旬去臺灣觀摩「九合一」大選，此行恰好一石雙鳥。

尊者達賴喇嘛於三年前進行了藏傳佛教宗教改革，放棄了自己的政治領袖地位，專事宗教事務。雖然如此，尊者的感染力和號召力依然不減，敬拜者依然絡繹不絕。這一行人除了我多次觀見過尊者，餘皆第一次，故都興奮異常。臨行前不久，我突發奇想：香港占中形勢逆轉，前景看淡，約見一次尊者不容易，何不邀上香港占中運動中堅人士一同前往印度達蘭薩拉，促成臺灣、香港、西藏這些政治板塊移動和接觸。遂向本次參訪團領隊表達了這層意思，領隊不拂善意，欣然允諾，惜最終未成。但是臺灣《蘋果日報》對我們此行很有興趣，派了記者隨行，完整地記錄了達蘭薩拉之行。在此聯絡溝通之中得知馬英九政府為達賴喇嘛訪臺關閉了紅燈，是轉亮綠燈還是無燈自由行走，皆可心領神會。這個消息為本次參訪團到訪達蘭薩拉增添了閃亮點。

尊者身體狀況依然良好，饒有興致地與我們一行暢談一個半小時，主要都是宗教文化方面議題。尊者親切地歡迎楊黃美幸率領的一行八人：「歡迎你們到來，你們追求民主，我特別歡迎你們。一九五九年剛到印度時候我住在另一個地方，一年以後一九六〇年我才搬到這裡，那時經常地震。五〇年代初，我認識到當時的西藏噶廈政府權力太過集中在少數人手裡，這不好，我就在西藏開始政治改革。六〇年代我開始推動噶廈政府民主化。二〇〇一年起我開始半退休狀態，二〇一一年我全退休，同時主動地、愉快地、自豪地終止了長達四個世紀的達賴喇嘛制度。」達賴喇嘛進而很詼諧地說道：「我也考慮過由第十五世達賴喇嘛來決定，如果第十五世達賴喇嘛來了，他是否同意我的決定，我還不知道。不過這沒有關係，他不會來了，所以我可以做出決定。

我全心全意地推動民主化。你們都是推動民主化的人士，我再一次歡迎你們的到來。」

團長楊黃美幸才開言，尊者一眼看到了楊黃手上的寫真集，順手拿了過去，並且解釋開來：「寫真集的作者長期支持西藏獨立，而我們已經遵循『中間道路』，在中華人民共和國憲法框架下，全部藏族地區的自治，所有藏區的民眾都應該擁有相等權利保持自己的文化和語言。他（維傑・克蘭蒂）對我們的中間道路政策持批評的立場。」尊者提到西藏自治的時候，用清晰的漢語發出「自治州、自治縣、自治區」。全體參訪成員十一月十五日抵達印度新德里時候，印度朋友維傑・克蘭蒂，攝影師兼記者前來相見，他支持達賴喇嘛和藏人長達四十餘年，這次他拿來了他的幾十年來為達賴喇嘛拍攝的寫真集，團員見寫真集都很喜歡，紛紛索要。他說全集只有一幀照片是非他所攝，就是尊者幼年時候的那一輻。

參訪團不失時機提出尊者達賴喇嘛訪問臺灣和過八十大壽的事宜。尊者很高興地回覆：「我第一次到臺灣是一九九七年，再一次去的時候是二〇〇一年。有很多藏傳佛教的信徒在臺灣，他們熱情地邀請我去臺灣，當時我就決定了，我隔一年去一次臺灣。以後我隔年訪問臺灣的計畫沒有能夠付諸實施。每年都有很多臺灣的佛教徒前來達蘭薩拉，還有其他臺灣各界人士，他們都很希望我訪問臺灣。我的回答是，如果臺灣政府允許的話，我當然樂意前往臺灣，因為眾多的臺灣民眾來達蘭薩拉，花費不小，還不如我一人去臺灣向他們傳授佛法。只要臺灣政府允許，我隨時做好了去臺灣的準備。」

楊黃美幸立刻回應：「尊者去臺灣的可能性愈來愈大，這個月底的選舉以後，歡迎尊者訪問臺灣的力量會更大。」尊者回

答：「如果能去臺灣的話，在那裡過八十大壽也是可以的。」在場的聽了尊者這話都興奮地鼓起掌來。

拜會尊者一個半小時，所有人都興奮滿意。之後才嘉與參訪團再次交流溝通，商議未來幾項事宜：尊者訪問臺灣、推動北京接受達賴喇嘛去中國。前項尚靠譜，後項則看天。友人與我交談，談起將去印度拜會尊者，他提議推動中國接受尊者回中國，他提出的理由是：達賴喇嘛具有國際威望和數百萬藏人的景仰，北京習近平一定要對著幹，則兩敗俱傷。如果允許達賴喇嘛回中國，有助於北京獲得更多的國際尊重，有助於習近平有別於前任，對自己的政治改革和歷史地位奠定都有益無害。他相信習近平應該懂得從善如流，但是前提條件是達賴喇嘛的「中間道路」不謀求西藏獨立是貨真價實的，而非權宜之計。我不禁笑了，以我無數次拜會尊者達賴喇嘛，深知尊者的「中間道路」是真心實意的，北京無須多慮。問題是北京明知達賴喇嘛的想法，就是有意曲解，以期阻攔達賴喇嘛返回中國和西藏。

拜會尊者達賴喇嘛後參訪團拜會流亡藏人議會副議長、司政洛桑格桑博士，晚上流亡藏人外交部達波祕書長和剛從臺灣返回達蘭薩拉的達瓦才仁、索朗等一起晚宴款待參訪團。

十一月二十二日，參訪團賦歸之前在印度新德里受喜馬拉雅亞洲研究中心和甘地和平基金會聯合邀請，出席「中國民主化面臨的挑戰」專題研討會，團長楊黃美幸和我分別發表演講。楊黃美幸談到：「我們是臺灣人而非中國人，在臺灣只有百分之二十的人傾向於統一，其餘的則傾向於獨立或者維持現狀。臺灣民眾對兩岸的服貿協定持懷疑態度，要求協定對臺灣民眾透明化。」我談到：「有形的中國民主運動在境內沒有生存空間，只能流亡在海外。西方對中國民主運動很漠視，西方對中國的生意和市場

有興趣。二〇一一年阿拉伯之春對中國略有影響，但是很快被中國政府制服了。香港是北京的軟肋，我們希望香港以推動二〇一七年的特首直選和二〇二〇年立法會普選，起到領軍中國發生民主變化的作用。印度是世界上最大的民主國家，印度應該在地區乃至世界發揮作用。」

餘下的就是臺灣社會如何藉此機緣恭迎尊者到訪。據知，臺灣多個團體和個人已經聞風而動，積極張羅，營造良好氛圍。參訪團成員、臺灣著名作家李昂自告奮勇出面奔走廣泛聯絡島內多個縣市長、佛教協會和其他社會團體共同籌備達賴喇嘛訪問臺灣這一盛事，另有央廣節目主持人楊憲宏先生也不落人後期待在此盛事上先拔頭籌。

尾聲

二〇一一年三月，尊者做出決定放棄了最高政治權力，專心於宗教事務，從而改變了西藏四百年達賴喇嘛政教合一制度。我認為這個決定會打亂中國政府利用轉世靈童中央任命再版班禪的步驟，也將迫使中共拒絕與境外西藏流亡政府接觸既定方針做出調整。更有前瞻性的是境外流亡藏人社會已經實行的民主制度對未來西藏的變化、未來中國的變化具有示範作用。尊者同時表示，尊者將繼續他在人世間將近四十年的時間。懂佛之人明白，得道高僧在人世間的去留不取決於自然的生老病死，而是取決於高僧自己。在時間賽跑的跑道上，中共有獲勝的可能嗎？

二〇一一年四月二十七日洛桑森格正式當選西藏流亡政府新一屆總理，二〇一一年八月八日在大法官阿旺沛嘉（Ngawang Phelgyal）見證下，正式宣誓就職，他不同於前任，尊者已經放

棄了政治權力，改革了西藏政教合一體制，從此揭開了流亡藏人謀求最終訴求新的一頁。

　　作為個人，我自承已經與流亡藏人精神和政治最高層面形成了穩定互信的關係，盡力維繫好這樣的政治聯盟關係，期待在未來中國政治變化中發揮一定的作用。對於西藏的前途，問題的最終解決，只能在民主化的中國以後，至少是中共不存在以後的事情。

第七章　地位特殊的香港

　　我很早就關注香港。在我的民運思考中，總是期盼香港可以成為反對北京專制的橋頭堡。香港有一百五十年殖民歷史，雖然民主制度不完善，但是有很健全的新聞自由、言論自由、結社自由和完備的司法體系。

　　我第一次進入香港是由以下一個突發事件所引發的。

　　二〇〇五年五月末，發生中國駐雪梨總領事館一等祕書出逃澳洲事件，出逃人陳用林本意是悄然無聲地向澳洲提出政治庇護的申請，但是澳洲移民局很快拒絕了他的申請，婉言規勸他回到中國領事館。陳在情急之下通過法輪功學員在六月三日向我發出尋求幫助的信號，表示希望對外公開宣布他與中共的政治決裂，希望我幫助把他出逃的事件向澳洲媒體發布。我建議陳於第二天六月四日星期六下午在雪梨的馬丁廣場舉行的「六·四」十六週年紀念集會公開露面，陳同意了。然後我就把陳出逃一事盡我所能向雪梨的主流媒體電臺、電視、報紙做了新聞發布，同時也向雪梨的華文媒體做了新聞發布。

　　次日參加紀念活動的人數不算多，因為有了法輪功的參與，人數超過了百人。主流媒體電視、電臺、報紙都紛紛出現了，顯然不是對「六·四」十六週年紀念活動有興趣，而是中國駐雪梨領事館一等祕書的出逃有興趣。之後比較長一段時間媒體表現出了濃厚的興趣，追蹤報導這個事件。我認為此事是中國自一九八九年以來發生的最大外交事故，牽動了澳中兩國的政治關係，引起了澳洲參議院對此事進行了幾場聽證會，我參加了在雪梨舉行

的一場聽證會。在聽證會上我是提證方主要陳述人，對方席上是多位聯邦參議員。有一位參議員向我提出一個問題：「你現在能否進入中國？」我不假思索地回答：「不能。」該議員繼續問：「你現在還保持中國籍嗎？」我回答：「我已經在一九九九年由於中國駐雪梨領事館拒絕延長我的中國護照而被迫失去中國籍，轉而申請入籍了澳洲。」參議員停止了提問。回頭再自我審視這個對答，感覺我的回答有漏洞，我並未嘗試過申請進入中國的簽證，何以武斷地認為我不能進入中國？過後我就向中國駐雪梨領事館申請去中國的簽證。

　　四天以後，出乎我的預料，我毫無懸念地獲得了進入中國的簽證。我不經意間把球開了出去，一場我這個低級別的地區性的民運實踐者與中共的政治「球賽」就開始了。既然我能獲得進入中國的簽證，其他澳洲的民運人士應該也可以獲得。我遂邀請了兩位在雪梨的民運中堅與我一起進入中國，看看我們是否可以觸發一場小小的政治風波。但是我的設想被兩位雙雙拒絕了，我只能單人進入中國，與中共的政治對抗的意義大減。基於此，出於測試水溫，我於十一月十八日抵達香港。沒有遇到阻礙，順利地進入香港，在香港停留了五天，盡力感受香港的政治氣氛，觀察了香港街頭運動爭取民主自由的集會。很湊巧，在街頭集會上巧遇二○○四年我被阻攔進入香港時候質問董建華政府損害「一國兩制」的涂謹申議員。我還走訪了堅持了十六年組織香港「六·四」紀念的香港支聯會，與香港民主運動的標誌性人物司徒華進行了會談，氣氛是禮貌客氣。這次短短五天的香港停留，對香港民主運動的有了初步的認識。印象深刻的是香港民主力量可以分為菁英派和草根派這兩大派。菁英指的是在香港有社會地位和影響力的民主人士，他們要麼進入香港立法會，要麼就是律師和媒

體的從業人士，他們的方向是香港本地事務，爭取政治話語權和擴大香港自由度。每年巍巍壯觀的「六‧四」紀念大型活動都是由他們的「香港市民支援愛國民主運動聯合會」發動、組織和實施，主軸政治口號一直維持不變，「平反六四」。草根則是香港底層的關心民主的人士，這些人職業不定，有時間但是經濟上和生活上相對捉襟見肘，而且他們對中國大陸的民主興趣和熱情似乎高於香港本地，這個群體與海外民運組織的接觸比較主動積極，迎來送往，還很熱心地參加海外民運組織，尤其是民聯、民陣、民聯陣、海外民運聯席會議發起組織的國際性民運會議。根據我的親身體驗，菁英派對待我們海外民運人士保持著矜持、禮貌但有距離，而草根派對我們海外民運人士則熱情隨意且可以推杯換盞，「親如兄弟情同手足」。

二〇一〇年度的諾貝爾和平獎頒發，對於中國民運和香港都是極為重要的大事件。而我的出席屬不請自到：雖然沒有受到獲得握有此項活動主持者的邀請前往參加，但是我得到了民聯、民陣、民聯陣聯合工作委員會的授權，代表這個委員會飛往挪威奧斯陸去親身經歷這麼一個對於中國民運極為重要的偉大時刻。我認為諾獎頒發給〇八憲章的領銜簽署人劉曉波博士，是幾乎二十年沉寂、不受國際社會或者民主社會注視的、中國人民追求民主自由的訴求和願望，重新回到世界的關注焦點上的一個最重要的標誌，我一廂情願地認定它將有助與推動中國產生政治變化，也希望這個事件能夠在國際社會進一步發生多米諾骨牌效應。

來自香港的民主派陣容比較齊全並且強大，展示了香港與中國大陸民主化的休戚相關。他們之中有：壹傳媒創始人黎智英、社會民主連線的長毛梁國雄、陶君行、吳文遠、民主黨和支聯會的何俊仁、劉慧卿、李卓人等，《開放》雜誌的蔡詠梅，還有數

不過來叫不上名的香港人士。頒獎時前一天,由於飛機誤點,香港民主黨和支聯會的何俊仁、劉慧卿、李卓人等都沒有能夠趕上十二月九日下午三點在中國駐挪威大使館門前的由國際特赦組織、香港支聯會等機構組織的要求釋放劉曉波的抗議示威。也許是由於這個原因,十二月十一日上午十點,由何俊仁、劉慧卿、李卓人等領銜,再次去中國駐挪威大使館門前補了一次抗議示威。

　　一個星期後,十二月十七日,北非突尼西亞發生了茉莉花革命,成為阿拉伯國家中第一場因人民起義導致推翻現政權的革命,並對北部非洲及中東產生了極大的影響,立刻波及阿爾及利亞、埃及、利比亞、葉門、敘利亞等,導致反政府的示威浪潮在一個月內席捲整個北部非洲與中東地區。這場革命又被改稱為阿拉伯之春。爾後茉莉花革命又繼續向東飄進了中國,一條匿名的網路帖子號召積怨的中國民眾在二月二十日星期天下午二時起在中國十三個大城市同時進行「中國茉莉花行動」。中共的嚴加防範,將「茉莉花行動」掐死在襁褓之中,消滅在萌芽狀態。在以後連續的三個星期日,在北京和上海以及其他城市,當局出動的軍警在人數上遠遠超過了響應「中國茉莉花行動」上街散步的可能的潛在的聚眾。一些香港人受到啟發,香港泛民主派遂發起「洋紫荊革命」,通過網路號召在二〇一一年三月六日進行抗議活動。

　　基於當時的形勢,我曾嘗試聯繫澳洲議員,希望他們介入進入香港,尋找與香港民主派的互動。我聯絡了綠黨領袖布朗辦公室,布朗辦公室回覆我沒有資源進行這個行動。

香港占中

　　二〇一三年初，香港大學法律系副教授戴耀廷、香港中文大學社會學系副教授陳健民及基督教新教牧師朱耀明，發表〈讓愛與和平占領中環〉信念書，表示這個運動的目標是要爭取二〇一七年普選特區行政長官，認為這運動的成敗取決於公民的覺醒。認同其信念者為了實踐理想而共同承擔責任。行動亦自此正式命名為「讓愛與和平占領中環」，縮寫「和平占中」。得此訊，我心中大喜過望。因為他們的「占中」，正是我二〇一一年奮力推動的香港民主派領袖們進行的政治行為，現在總算有港人覺悟了，提出了這個抗爭模式，我就靜觀其變，等待著香港發生一場疾風暴雨的革命吧。必須明確一點，占中三子的倡議與我沒有關係，我不認為我在二〇一一年的推動對他們的倡議有影響，他們的倡議與我的推動充其量是不謀而合。

　　我的個人謀畫和活動還是很受北京方面的關照，二〇一三年五月五至八日我在香港停留了四天，本來是受香港草根民運人士的熱情邀請而進入香港會會老朋友的，順便舉行一個自己的新書《求索與守望——中國民運江湖回望錄》發布會，除此以外沒有特別的計畫，並沒有刻意聯繫「占中三子」。不想此行還是被親北京的香港《鏡報》對我做了一番文章，在它的七月號上發文〈香港內外反對勢力緊密串連勾結〉對我進行了修理。不過其中有一段與事實相去不遠：「二〇一一年一月二日，香港支聯會主席司徒華去世，『聯合工委』認為可以引發香港民眾爭取民主、要求中央政府兌現基本法的政治呼聲，就如同一九八九年四月胡耀邦的去世引發了『八九民運』一樣，於是與香港反對派一起策畫，通過司徒華追悼會複製『八九民運』的爆發。」我的確有此

想，只是一廂情願，並未事先爭取獲得香港支聯會的首肯，更重要的原因是從臺灣飛到了香港被阻攔了下來，被遣返回了臺灣。

香港「占中」和北京的政治艱難

粗看中國的政治環境，毛時代是嚴冬，鄧時代開始解凍，江時代比鄧時代略嚴，胡時代比江要嚴，今天的習時代比起胡時代，則更加嚴酷寒冷，不過尚未回復到毛時代的嚴冬。

自從一九八九年天安門事件以來，中國共產黨一直以其堅韌頑強，與世界潮流相對抗，如同在經濟層面成績，也取得了矚目的成績。它成功地對美國為首的世界西方民主世界實行了分而治之，尤其讓美國不太敢於理直氣壯地為民主自由發出強音；它有效地遏制撲殺了境內的反對聲音；它對境外的反對聲音也有效地將之與本土隔絕開來，並且使其在海外不斷地邊緣化；它贈新疆少數民族的政治反抗以恐怖主義的桂冠；它威懾西方政府首腦，有效地化解達賴喇嘛在世界範圍的宗教影響力；它卓有成效地統戰臺灣馬英九政府，使之畏首畏尾進退失據；它更是有效地讓港人不斷「自律」，儘管每年六月四日晚有十數萬眾聚會維園一片燭火蔚為壯觀，次日便灰飛煙滅。中國專制主義好似固若金湯，防守嚴密絲毫不漏。讓中國千年專制走進歷史轉折點究竟在哪裡？

「青山遮不住，畢竟東流去。」無奈中國專制主義畢竟背歷史潮流而行，不能長久。香港至一九九七年七月一日回歸，已歷三世，歷屆特首均對北京俯首帖耳，唯北京馬首是瞻。香港民眾不整體發出民主呼聲，要求普選、自選特首，北京心滿意足的現狀不會改變。

港人從嚴峻的現實中清醒了過來，二〇一三年一月，香港大學法律學者戴耀廷教授表示，若市民不再施以更進一步行動，普選的目標將會無法達到。「和平占中」應運而生，出現於世。這是一個具有歷史性意義的事件，但是外界反應是普遍地懷疑，反對聲浪巨大。北京和港府均明確表示堅決地反對。即使眾多認同行動的受訪者擔心行動將以暴力收場，並且損害香港經濟。

　　「占中」行動日益迫近，組織者對於結局並非完全具有信心。在前景不明朗之際，開始啟動「占中」民間公投，於六月二十日下午開始。而此前北京發表香港問題白皮書，用意十分明顯，阻嚇香港民眾。但是事與願違，原本對占中行動持觀望或者反對意見香港人士受白皮書的刺激而紛紛轉向，白皮書擺了個烏龍，朝自家門裡送球。根據香港人士反映，白皮書百分之百地助長了「占中」民間公投的聲勢，截止六月二十四日，已經超過七十萬港人參加投票，離截止日六月二十九日尚有時日，樂觀估計最終可能突破百萬。儘管北京和港府一再表示「占中」民間公投無效，但是隨著香港民眾不斷地參與抗命，港府不得已變換口吻，無可奈何地接受民意現實。但是北京仍然堅持立場，通過《環球時報》發文對「占中」民間公投吐槽，聲稱「香港非法公投，人再多也沒十三億人多」。我評：此言差矣，十三億中國人可能參加公投嗎？北京敢於開放十三億中國人對香港「占中」公投進行反公投嗎？顯然是以己之短比人之長。只要北京敢於按照《環球時報》的妙招出牌，動員其全國民眾針對香港進行反公投，可以斷定，北京當時就亡。

　　北京很清楚香港的「占中」民間公投是二〇一四年七月一日香港「占中」行動前哨之戰，若香港通過公民抗爭推進民主逐漸靠攏普選，勢必影響內地，給內地民眾一個可以學習的榜樣，必

將對中國專制獨裁統治的衝擊形成骨牌效應。誠然北京也是竭盡全力力圖將香港的政治行動扼殺在襁褓之中。

北京同時還很清楚，即使「占中」行動大獲成功，也只是香港民眾的意願表達，不構成直接改變特首選舉方式的實質性威脅。對北京來說，所有的努力和政治恫嚇，其目的都是為了防患於未然。即使到了無路可退的地步，北京仍然可以使用其專制政府的特有手段和方法，對香港市民的呼聲和要求置若罔聞，不予理會。

「七‧一」迫近，屆時多少數量香港民眾上街參加「占中」行動，是顫振北京政治神經程度大小的一個重要因素。不管最終成效如何，香港民眾都在改變中國政治態勢，由專制邁向民主的漫長進程中盡一份心力，此一事件必將載入史冊。

為習近平著想也著實處在險象環生之中，即使躲過香港，尚有不服管的臺灣、新疆維吾爾人的暴力相抗、西藏僧侶和民眾的自焚抗議、高於國防經費進行化解的民間維權和反抗，以及越、菲、日等周邊領土紛爭、經濟增長放緩甚至停滯、生態環境極其惡劣、社會道德幾乎崩潰、體制內部吏治腐敗已經病入膏肓不可救藥、社會矛盾總爆發的火山口已見噴岩湧出。

習近平也真難，難於蜀道，難於上青天。北京面臨的是臨危不亂安居平五路還是在終結之前意守玄關，排解來自四面八方的索命咒符，安詳謝世？

占中運動於二〇一四年九月二十八日在香港正式登場，很快占中運動被改稱為「雨傘運動」甚至是「雨傘革命」。見此景，我興奮異常，應澳洲外交論壇（Australian Institute for International Affairs）屬下的Australian Outlook約稿，十月八日撰文〈Umbrella Revolution in Hong Kong〉謳歌這場運

動，並繼續發文評論香港占中運動。

圈點香港占中各相關方的心態和作為

　　香港占中是一場政治戰役，香港民眾為進攻方，港府為防守方，就如同一場賽事攻防轉換跌宕起伏。表面上看，是港人通過占中啟動了這場政治戰役，但往深處看，卻是北京早早啟動了這場戰役。港人自一九九七年回歸之日開始等待了十七年，幡然猛醒北京是不會兌現「雙普選」這個承諾的，不自己行動走上香港大街，不衝擊服膺北京的穩定和秩序，民主就不會到來。北京自中英聯合聲明簽署之後就定下基本策略，不擬香港進行民主選舉，港人的訴求對於北京無異於與虎謀皮。設身處地為北京考慮，也應該明白北京的內心苦痛。

　　香港彈丸之地，用武之地狹小，雙方的著力點在香港的大街上，在陣仗之上的是占中香港民眾和梁振英為首的港府，在陣仗外圈的有運籌帷幄的北京，作壁上觀的西方民主社會，還有隔火觀戰的利益持份者的方方面面。

　　香港三子提出占中，不管三子有意還是無意，無疑點了北京解困極為艱難的死穴。北京神器護衛嚴實，一旦有人想到了本屬於自己的權利不應該被北京獨家壟斷，北京就困難了。香港占中就可以成為當代的「大澤鄉」，啟事之後若初見成效，則很快蔓延內地，北京就會很快進入風雨飄搖的多事之秋，這是北京極為恐懼的結果。北京看似巨人，實為泥足鋼臂。

　　以梁振英為首的港府擔任了北京代理這一角色。公允地說，梁振英的表現要比起前任董建華和曾蔭權都要出色，北京年前真是選對了人，只有他能死心塌地肝腦塗地效忠北京，以一夫當

關之勇，奮力阻攔關下香港萬民衝擊著真普選的關口，以個人的血肉身軀為北京阻抗香港民眾的民主訴求滾滾潮流。不論後果如何，北京都應該表彰梁的忠勇，封梁為鐵帽子王，而且世襲罔替。外媒報導梁受賄一事，認為梁承受巨大政治壓力而黯然下臺。我不以為然，梁為北京立下汗馬功勞，斷不會如此下場。

北京眼裡的占中，不僅僅是要求香港的真普選，而是為北京政權掘墓的第一鏟，千里大壩決堤的第一缺口。雖然香港占中三子、學運領袖和民眾不見得這麼看，不見得有這個強烈的意識，但是北京一定這麼看。香港占中對於北京等同於政權的生死保衛戰，所以北京毫不含糊，深知千里長堤毀於蟻穴這個道理。

一九八九年時候鄧小平深明這一點，所以不惜一切代價用武力鎮壓，換回了中共迄今的存活時間。鄧小平以後的江澤民、胡錦濤和今天的習近平，在關乎中共生死存亡之際，全力阻抗歷史潮流都莫大地一致。中國共產黨人正在以他們鋼鐵般或者糞坑石頭般的堅強意志，力圖在逆境下走出一條自己的新路。

蔣經國先生在面對民主訴求的時候，順應了歷史的潮流，才有了今天中華民國臺灣的民主體制。鄧小平面對中國民眾民主訴求的時候，則選擇了野蠻和暴力。今天習近平也面臨了鄧小平當年所面對的情況。

怎麼辦？已經時過境遷，鄧小平時候的冷戰對峙國際環境已經不復存在，鄧的鐵腕意志習也許會有，對香港出動野戰軍鎮壓也許奏效，但更可怕的是香港民眾民智已開，資訊暢通，軍隊鎮壓更大可能是激起全體港人中的絕大多數上街對抗。到那時，軍隊的槍口更會調轉方向對準北京。

前車可鑑啊，前有西奧塞古（Nicolae Ceau　escu，1918-1989。前羅馬尼亞共產黨總書記、前羅馬尼亞總統。1989年羅

馬尼亞革命中被推翻，遭新政府槍決），後有穆巴拉克（Hosni Mubarak，1928-2020，埃及前總統、獨裁者）。事到此間好為難。所以北京新出一計，學習普丁。用戰術拖垮占中民眾，待凌晨時分，占中人數稀少困倦疲乏之時，出其不意攻其不備迅速清場。等到占中式微，民眾散場香港回歸平靜的時候，再行秋後算帳。

北京的計算是，民主只能束之高閣，不可讓中國人民真正擁有。中國一旦實現民主，共產黨的特權頃刻盡失，無疑是死期的到來，阻止中國實現民主就是共產黨延年益壽的福音。可嘆天下盡東郭先生，期待習近平帶領中國走向輝煌，不是迂腐就是自私。

西方領袖多政客，政客為自身的政治利益考慮著想，不為道義原則挺身而出。他們會錦上添花，但不會雪中送炭。值得一提的是二〇一一年埃及的變革，美國的態度很是曖昧，模稜兩可。但是埃及人民不懼怕穆巴拉克的恫嚇，奮勇上街，局面立刻改觀，美國和西方也隨即表態，支持埃及人民。香港占中民眾以堅韌持久奮力對抗梁振英和北京，曠日持久，也會贏得曖昧西方的回神和支持。

遙想中日戰爭時期，僅陳納德飛虎隊作為志願軍援華抗日，待珍珠港事變以後美國加入戰爭，中日戰況從此改變。占中的港人也必須承受巨大的困難堅守香港街頭，等待這個時刻的到來，占中才能得到最後正果。香港繁榮和穩定的暫時受挫，是港人獲取真實民主的必要的代價。天下沒有免費的午餐，要有捨才能有得。

中國民眾的多數應該由於資訊閉塞或忙於生計對影響自身未來的香港占中並不知曉，並不過問。而能夠獲取資訊了解香港占中的海外華人和中國境內富起來的一批，對香港占中持批評的聲音不小。這些人應該屬於利益驅使，一屁股坐定了利益一邊從而

決定了腦袋思想方向，不做「賣國賊」，但願做「愛國賊」，為了利益聽任洗腦，為虎作倀聽任驅馳。

許多在西方民主國家享受民主自由的中國人，不希望全體中國人享受民主自由。我將之稱為「擠車效應」。從前中國許多城市高峰時間擠公共汽車的人，車下的人拼著命要擠上車，對著車上高喊：「往裡擠擠。」一旦上了車，就對尚未上車喊叫：「別擠了，沒位了。」

香港占中與臺灣本沒有關係，但是北京對香港的打壓無疑是給臺灣打了一針清醒劑。臺灣已然民主，還能走回頭接受北京的專制嗎？香港抗爭，北京之舉措對於臺灣是為淵驅魚，臺灣只能如驚弓之鳥逃之夭夭，北京營造多年的兩岸互動和睦關係若非毀於一旦，也毀去一大塊。

對於境內外追求中國民主的人士來說，我估計是都希望香港占中鍥而不捨地堅持下去，直到北京撒手香港。這裡會產生一個引一發動全身的極大可能。香港爭取民主活動成功，很快波及中國大陸，北京就會搖搖欲墜。

北京很清楚，一旦香港失守，就不僅僅是一個香港，而是隨之而來的中國境內的骨牌效應的紛紛效仿，北京則亡無日矣，習近平就成了明思宗了。所以北京一定防微杜漸，全力以赴窮盡計謀壓住香港。

誠然，香港占中會短時期影響香港的穩定與繁榮，但這是香港人民必須支付的代價，這個代價不僅僅是為了香港，也為臺灣，也為十幾億苦難的大陸民眾。這個代價還是非常值得付出的，大陸民眾以後會飲水思源感念香港的。

因為這場發生在香港的社會運動是我期盼已久的，它深藏在我的內心。這場運動持續了七十九天之久，在運動進入尾聲之

際，我還親身進入香港，與一位來自立陶宛的國會議員曼塔斯·阿頓梅納斯（Mantas Adoménas，1972-）一起到運動的現場，與一群香港占中學生領袖進行了會談，給予他們精神和道義的支持。次日再去金鐘，黃之峰近在咫尺，被眾多媒體包圍，這一幕雷同一九八九年天安門學運領袖。以後中國民主論壇在澳洲雪梨和日本東京兩次舉辦香港議題國際研討會，以及雪梨大學雪梨民主網的活動都邀請了他，他未予回應。澳洲一些人士對黃不認同，理由與看不上龐統一樣。我覺得此議太失偏頗，人不可貌相，海水不可斗量，黃英雄出少年，小小年紀敢於對抗北京對香港教科書修改，阻止對香港小學生的洗腦，為後來的占中和反送中運動起到了添磚加瓦作用。風起青萍之末，不可對此小覷，更不可視而不見，朱皇帝出生至微至陋，照樣得大明國祚二百七十六年。

進入香港目擊「占中」

　　這次能夠進入香港，像是受冥冥之中的安排，完全不是自己的初衷。臺灣觀選時候同在一起的立陶宛國會議員曼塔斯告訴我他將去香港看「雨傘運動」，我還為自己進不了香港感到可惜，雖然出行前已經將離開香港時間從十二月一日改換成了十二月四日，心裡的準備卻是香港進關時候被阻擋然後送往澳洲。

　　十一月三十日晚從臺北飛往香港，起飛時間一再誤點後延，抵達香港的時候快午夜了。進關處遞上護照，官員頭也沒有抬，三下五除二在護照裡夾上了允許滯留到二〇一五年三月一日的一張小紙片就放行了。實在出乎預料！取了行李匆匆走向迎客大廳，藉著機場的網路匆匆聯繫其他香港朋友：「我進來香港了。」內心的興奮真像老電影《戰上海》中邵壯一腳踩著防禦工

事，一手用拐杖將自己的帽簷往上一頂：「給老頭子發報，就說我已經站在了自己的前沿陣地。」另一位朋友原來也說好來機場接機的，此時他正在金鐘，不克分身。他告知當時金鐘場面激烈，有好幾千人聚集在那裡，希望我立刻趕過去看一看這個壯烈的場面。自己一想已經後半夜了，折騰了一天，人困馬乏的，還是先落腳安頓為好。

在旺角住下，人群剛散去，滿街還都是警察。既然進入香港，最為關切的就是「占中、雨傘運動」狀態。香港的抗爭已經為世界所關注，在我的心目中也是重如千鈞。到了金鐘，只見安營紮寨的帳營還在，一眼望去還是蔚為壯觀。再定睛一看，在臺灣觀選相識的曼塔斯就在眼前，茫茫人海中的巧遇。在雨中，學生領袖們在高臺上發表激情的演講，只可惜聽不懂廣東話，不知所云，只能矮子看戲，跟著拍手叫好。雖然天上下著雨，意興仍濃。回想占中以後一段時間，香港《蘋果日報》直播占中代表與港府代表的對話，有朋友打來電話，再三要求我看一看。時辰到，打開電腦一看，才知道此番是平時不燒香，臨時抱佛腳的尷尬。四分之一世紀來，一直沒有學說、學聽廣東話，而這對話的工作語言就是廣東話。只能聽懂隻字片言，我索性只看不聽了。這個對話從形式上看到對等，一個仲裁人，鄭國漢，港府和占中派各出五位代表，連性別也對等，各一女四男。對話雙方從表情上看，從發言的語速上感受，都顯得平穩平和理性。學生代表在此舉世矚目的直播沒有絲毫怯場，短短二十餘天的占中運動使他們得到了極大的鍛鍊。在對話以外的正面意義，就是本次對話全部過程和記者問都是公開透明的，不論今後走向何方，這個模式是一個正面、正確的典範，就這一點平心而論，北京是得分的。

演講很快就結束了，趁此機會我和曼塔斯一起走上前去向從

臺上下來的「雨傘運動」青年學生領袖們致意，與周永康、梁麗
幗等人進行了簡短的對話。曼塔斯用英語、我用漢語向他們領導
香港民眾堅持理性抗爭表示敬意。到金鐘的占中現場就是表達起
碼的道義支持，在現場也體會到香港的莘莘學子沉得住氣，穩得
住心，頂得住壓，這些領袖和在場香港學生和民眾為了自己，為
了香港，更為了中國承擔了歷史的重任。

　　旺角雖然被清了場，連續幾個晚上都可以看到被驅散的民
眾變了法子又捲土重來，「購物」行動取代清場前的占領。男女
老少都有，晚上溜達出來，聚眾遊走，眾多的警察則警戒著各個
路口，隨時準備應急。聽年輕的學生歡快地向人高喊一聲聲「購
物」，就如同早期東歐國家電影裡的「消滅法西斯，自由屬人
民」。我與朋友會心接過不用付款的飲料，感受購物的歡快。他
們雖然被清了場，占據馬路是不行了，但是走人行道還是可以
的。每天晚上大家不約而同地走上街頭，時而呼喊起「要真普
選」的口號，弄得警察疲於奔命。一對年輕的學生對我講解，他
們就是要用這個方法天天來到街上，爭取香港民主，也為中國大
陸建立一個模範榜樣。大約從晚上九點起到半夜結束。香港占
中、雨傘運動以一種新的方式繼續維持著，好像香港年輕人從毛
澤東那裡學來了十六字軍事用語──「敵進我退，敵駐我擾，敵
疲我打，敵逃我追」，並且在活學活用。

　　香港的抗爭給了北京習近平一個很好的機會效仿蔣經國，走
出王朝循環的歷史。臺灣民進黨人若不自強抗爭，蔣經國也不見
得會主動開放黨禁和報禁，讓國民黨走出一條新路，不至於在新
一波民主化浪潮中遭受滅頂之災。這個時候的習近平沒有按照梁
振英的要求對香港進行鎮壓，這是正確之舉。剩下來的就是香港
與北京繼續較勁，軟磨硬抗，看誰耗得起、熬得住。香港即便是

這一輪輸了，可以斷定一定還會東山再起，捲土重來，就像海浪和潮汐一樣，不斷沖刷著堤岸。北京贏了，習近平就丟失一次真正意義上的政治改革的機會，當然習近平可以不怕政治風險丟掉眼前的機會，以後自己再創造一個。今天中國經濟的巨大成功，源於「讓一部分人先富裕起來」這個經濟政策，今後中國安然站立於世界民族之林的前列，應該「讓一部分人先民主起來」，現成就是讓香港先民主起來。對於習近平，放手香港，就是為自己政治解套，為將來鋪設金光大道。

在香港停留了四天，見了許多老朋友，去目睹金鐘占中現場，在旺角與「購物」的年輕人交流，去了立法會與劉慧卿議員進行了探討，臨行前走訪了支聯會。自認為得以進入香港是一個意外的收穫，從這個意外中隱約感受到某種寬鬆，是否欲擒故縱的寬鬆？或者是有關方面有心寬鬆而海外的政治反對派意料不到而沒有想到去嘗試一下？聽香港的民運朋友說，占中開始到現在，在他們所接觸的範圍內，海外來人共三人，正好是開始時候、中期和尾聲的時候，我是尾聲的時候。隔岸觀火海外有關運動策略爭吵到現在，但是能夠嘗試進入實地考察的為數不多。蓋因預想此刻高敏感期，飛赴香港無疑無功而返，且容易被視為「做秀」。我有幸是因為其他事情的安排有巧合，所以才神思遐想認定是冥冥中的安排。香港占中是我期待多年的，有案可稽。所以當占中運動未開始時候一次網路會議上兩位民運前輩對未來的占中會影響香港經濟而擔憂，建議海外民運應該與其保持距離。我啞然失笑，多年前我們發表文章大聲疾呼予以推動，現在香港民眾覺醒過來啟動了，我們卻躲避，這與葉公好龍有何異？

我分析觀察這一輪的占中，客觀地說沒有看到動搖北京堅守專制堡壘的決心和意志的跡象。但是這場運動不會因為強力清場

就此結束，而只是運動這一個階段的完結，不久定會東山再起，捲土重來。如何重新調整策略，重新蓄勢再發，顯得極為重要。香港「占中運動」關乎北京的生死存亡，北京定然不會掉以輕心，這就決定了這個運動不可能一蹴即成，一定會出現反覆，所以這是一場持久戰，是政治對壘雙方北京與香港民眾之間意志、決心和謀略的長時間對抗。

歷史機遇如同球場內激烈比賽時候球滾到了港人腳下，香港成功可以激發中國內地的民眾追求，進而對中國專制政治制度產生作用和衝擊，香港澈底失敗則起到阻嚇中國民眾起而效仿的作用。中國民運、臺灣、藏人和國際社會都關切非常。我因此萌發舉行國際會議的想法，而這個會不是開門廣迎各路人馬，也不是閉門造車，而是引入國際持續關注香港，維持香港雨傘運動動能和勢能。

二〇一五年澳洲雪梨香港議題研討會

藉在臺灣觀選之機會，與民主基金會副執行長楊黃美幸以及澳洲雪梨大學教授、雪梨民主網的主任基恩教授對這個研討會有過專門商討。我曾建議研討會宜早不宜晚舉行，趁這一輪香港「占中運動」餘溫尚在，趁熱打鐵，安排在二〇一五年一月末舉行。此議被認為過於急迫，籌備困難。根據基恩教授的建議，會議在二〇一五年三月末或者四月初舉行為好，而且他所在的機構雪梨民主網也將承擔相應數額的會務費用。

我在香港時候與民主書院的鄭宇碩教授有過協商，他認為這個研討會應該盡早舉行，如果安排在香港舉行，他所在的香港中文大學可以提供免費或者低價會場。如果安排在香港以外地區舉

行這個研討會,他本人一定到會,還將動員與這場運動的領導者和組織者赴會。鄭教授認為此會議是「箭在弦上不得不發」,有經費資源最好,沒有經費資源也應該排除困難舉行,這個研討會關乎香港爭取民主的下一步行動,也關乎中國未來的政治變化。

我認為在香港舉行這個研討會應該是最具有意義的,但是港府和北京定然對這類會議嚴密關注,甚至採取斷然措施不讓香港以外的與會者進入香港,這是香港舉行研討會一道不可逾越的障礙,只能放棄。

我繼續開動腦筋思考,援引古人的智慧,他山之石可以攻錯,認識到要使得會議舉行得卓有成效,則必須找到關鍵性人物出席。這個關鍵性人物就是香港最後一任總督彭定康,他在任期內推動香港的民主化,因此他被北京斥為「千古罪人」。在香港占中期間他又大聲放言,批評英國政府對香港的背棄。因此認定他是不二人選,也推測他對這樣的會議應該有熱情,彭定康與會產生一個綱舉目張的效應。如果彭定康能與會,他思想理念得以揮灑,任何其他人物定然聞風而至趨之若鶩,會議籌備者再邀請其他人與會自然不費周折,事半功倍。如是,這個研討會就不是走過場或者應景,而是一個集學術和政治為一體並且具有國際影響力重要事件。地點還是臺北為好,可以確保會議的進行,選擇香港舉行研討會就不會有如此保障。會議在臺北舉行好處有二:一可不費吹灰之力吸引臺灣本地學界和政界要人參與;二提升臺灣自身的地位,彰顯民主臺灣的形象。相信中華民國政府在與對岸交手中處於下風,吃了大虧,以至於九合一大選一敗塗地。北京一九八四年中英聯合聲明對於香港的「一國兩制、港人治港」政治承諾進一步露出廬山真面目,乃是廢紙一張、廢話一句,這些足以警示臺灣。此時舉行這個研討會,中華民國政府理應汲取

經驗教訓，給予研討會打開方便之門。這個會議可以重新積蓄國際力量推動香港爭取民主，突顯臺灣在東亞民主化進程中的積極作用，一石多鳥滿足各方面的政治訴求。

臺灣民主基金會副執行長楊黃美幸根據我的建議幫助我與彭定康取得聯繫，一月二十五日楊黃通知我彭定康願意接受邀請赴會，但須知道主辦單位和會議主題。我得此消息，立即通知聯合主辦方雪梨大學雪梨民主網的基恩教授，請他出面邀請彭定康赴澳洲參加這個國際研討會。二月三日彭定康回覆，表示會期時間段有衝突。我希望基恩再去信彭定康，我們的會議可以將就彭的時間，基恩認為彭是婉言推託，不必再去信。我心有不甘，直接去信彭定康，信中高度讚揚彭作為香港末代總督推動香港的政改，讚揚彭在得不到英國政府支持的時候轉而向美國總統柯林頓求援的策略，敦請彭為香港的未來前途再次出手給予支持，來雪梨參加中國民主論壇香港問題的國際研討會就是對香港的實際支持。二月二十三日我收到彭定康的祕書佩妮・藍欽（Penny Rankin）的郵件，再次重申彭不能前來澳洲。邀請彭定康赴會的設想到此澈底畫上了休止符。

後來中國民主論壇與雪梨大學雪梨民主網聯合舉行了六月六日至八日為期三天的「雨傘運動：香港和未來中國」國際研討會，從香港邀請來與會的有香港「占中三子」之一的香港中文大學社會學系副教授陳健民、香港專上學聯祕書長周永康、副祕書長岑敖輝、香港對沖基金管理人錢志健。香港亞洲電視副總裁時政節目《把酒當歌》主持人劉瀾昌和具有臺灣背景但生活在香港的吳恩萍也熱心與會。

李柱銘、陳方安生走訪澳洲

　　二〇一六年一月初的臺灣總統大選後，我順道進入了香港。一月十九日拜會了香港民主黨創黨主席李柱銘，力主李柱銘充分利用他在國際間的巨大聲望，繼與美國副總統拜登和眾議院議長裴洛西進行閉門會談的餘熱遊走澳洲、紐西蘭等英聯邦國家，向英國和世界發出中共違背一九八四年中英聯合聲明和香港基本法，正在不斷蠶食香港原有的自由和阻撓民主選舉特首和立法會這一警訊。我願意為李柱銘遊說澳洲政府與社會，鞍前馬後牽線搭橋。李柱銘同意接受。

　　二月末，李柱銘確認了走訪澳洲，我開始安排李柱銘訪問澳洲事宜，聯繫多方，雪梨民主網、雪梨學院、傑拉德‧漢德森、綠黨、工黨後排議員丹比。很快得到傑拉德回覆，可以安排三月一場演講，但不出資。我回覆傑拉德，無須出資，只須安排演講即可。前後給李柱銘兩封信，告知這裡的進展。三月中，李柱銘告訴我，他將攜同陳方安生和另一位年輕人一同來澳洲。我把這一新變化轉告了傑拉德，他沒有任何表示，但是以後也沒有再安排李、陳到雪梨學院的演講。李柱銘曾經在他那裡進行過演講，屬座上賓，當我開始提出李柱銘前去演講的時候，他很爽快地答應了。但是為何因為有了陳方安生，他反而不熱心了？我百思不得其解。不過雪梨大學的基恩教授很是熱心，很歡迎，表示雪梨民主網願意出資李、陳澳洲雪梨之行的住宿和機票，則爭取雪梨大學的中國研究中心（China Study Centre）共同接待。我心中初定李、陳來訪時間為八月二十九日至九月四日一個星期，其中有國會日四天，有足夠的時間安排坎培拉拜訪、國會聽證會和澳洲政治領袖會談。九月二日星期五傍晚可以安排大學演講，週六

大學繼續安排活動，九月四日輪空，可以安排香港社區餐會。

　　澳洲綠黨外交事務發言人斯科特・勒德倫（Scott Ludlam，1970-）參議員表示有很高熱情會見李柱銘等人。當然我更關注的是推動在澳洲國會舉行一個香港問題的聽證會，而非一個會面。

　　五月十八日李柱銘來信表示他們一行九月四日香港立法會選舉前不宜出行，要往後延遲到九月十九日至二十二日，而且希望一次性走兩個國家，澳洲和紐西蘭，準備花兩個星期時間。這次香港方面的國際遊說團除了以上兩位，還有其他若干位，陣勢比較大。李柱銘等香港團到訪澳洲在時間上與我們「中國民主論壇」原先計畫的紐約會議時間正好相撞。若把論壇活動延遲到九月末或者十月初，我們「中國民主論壇」連續舉行兩次大型活動，我很是擔心力不從心，精力不濟，貪多務得，反為其累。因此我重新考慮把二〇一六年度的研討會退回澳洲舉行，以李、陳為研討會的主軸演講人，澳洲國會關於香港問題聽證會也作為論壇研討活動的一部分，再邀請美國、臺灣、香港、加拿大、歐洲的專家學者一同來澳洲。

　　六月上旬李柱銘通知我他們訪問澳紐的確定日期，準備走訪墨爾本、坎培拉、雪梨三個城市。我就開始忙起來，計畫把李柱銘、陳方安生等人的澳洲之行，根據重要性的順序安排在政界、媒界、學界、智庫和華人社區共五個不同層面展開。首先聯繫澳洲國會，以確定國會聽證會的可能日期；聯繫政界安排會談，目標是與澳洲總理、外長、反對黨領袖、其他小黨領袖和對香港前途願意關心的澳洲議員，進行廣泛會面和交流。其次聯繫媒介安排訪談，把中共違背對香港「一國兩制」之承諾，以及蠶食香港現有自由的危急狀態，通過澳洲媒體反映出來；醞釀籌畫華人社區大型演講會和餐會，達到警醒在澳洲的全體華人「中共無政治

誠信」這一目標。一切都在按部就班有條不紊地進行中。澳洲國會回覆了，初定聽證會放在十月十一日或者十二日；前外長伊文斯表示希望與李、陳進行餐聚。前聯邦參議員陳之彬主持在墨爾本進行的一場學術演講。雪梨大學雪梨民主網舉辦一場演講會，由於主任基恩教授屆時不在雪梨，他邀請我代為主持演講會。

　　七月中旬，李柱銘與我通話，表示陳方安生對中國民運人士的我統籌安排他們澳洲之行比較忌諱，希望與民運保持距離，希望換一位學者型的人物進行他們澳洲之行的統籌安排。我未有絲毫猶豫，即刻表示尊重李、陳的選擇和決定。對此李表示欣賞和欣慰，並告知我陳方安生訪問倫敦遇到澳洲前外長唐納，唐納願意從協助他們澳洲之行取得預期的成效。二十日，把我草擬的李柱銘、陳方安生澳洲之行的議程安排發送給了李柱銘，其中許多具體的安排尚未落實，則有待後繼之人負責完成，我則隨時聽候後面繼續者調動和指派。

　　以下信函記錄了我為李柱銘、陳方安生走訪澳洲、紐西蘭所做的種種努力，時間、精力的大量耗費，以此展示作為中國民運中人為推動中國民運所面對的艱難困苦之冰山一角。

2016年10月李柱銘、陳方安生走訪澳洲。左起為李柱銘、何沈慧霞（澳洲首位華裔議員）、陳方安生、作者（作者提供）

李柱銘大律師：您好。

澳洲大選已經確定在了七月二日，總理Malcolm Turnbull已於昨日獲得了總督的恩准，從即日起解散澳洲國會上下兩院，全國現在進入了如火如荼的選戰之中。本來執政的聯盟黨壓倒在野的工黨，但是最新民調顯示兩黨處於焦灼狀態（neck-to-neck），結果難料。

您及時調整，推遲訪問是正確的。現在我這裡還需要進一步確定的是大選後的國會會期（Parliament Setting，八月二十三、二十四、二十五、二十九、三十、三十一日，九月一、十九、二十、二十一、二十二日）是否會發生變化，如果發生變化，我們還將調整您到訪的日期，以確保您來訪期間有國會會期。

雪梨大學雪梨民主網的主任基恩教授非常樂意參與您到訪澳洲的活動安排，並且願意出資六千澳元作為你們的食宿開支，他與我的商定是你們八月二十九日至九月四日一個星期的活動時間。

八月二十八日從香港啟程。

八月二十九日至九月一日有四天的國會會期，期間有足夠的時間安排澳洲首都坎培拉的國會聽證會和與選舉後的澳洲領導人會談。

八月三十一日基恩從海外返回澳洲，九月二日星期五傍晚安排你們在雪梨大學做香港問題的公開演講。

在你們訪問澳洲期間，還可以舉行一個以具有香港背景為主體的華人餐會，在餐會上你們可以發表關於香港未來前途的演講。

目前我這裡尚需要進一步確定大選後的國會會期是否變化。

秦晉　敬上
五月九日

李柱銘先生：您好。

根據您的時間要求，我們這裡做了調整，雪梨大學的演講活動暫時安排在九月二十二日星期四傍晚舉行，請見下附的郵件往來。

我們正在聯繫澳洲國會議員安排香港問題聽證會的時間，時間段安排在九月十九至二十一日三天中的一天，由聯邦議員確定他們能夠的時間。澳洲國會會期一般星期一到星期四，星期四議員們趕著結束會議離開坎培拉返回自己的選區所在地，所以星期四舉行聽證會不是好的時間。星期一到星期三是比較好的時間，估計這個聽證會應該安排在星期二或者星期三舉行。

在雪梨期間，我們考慮安排一個與主要以香港背景的華人晚餐會和澳洲主流媒體的新聞訪談。

墨爾本的活動我的理解還是以大學演講為主要，基恩教授在墨爾本有學術聯繫，我在墨爾本有幾位朋友可以幫助，現墨爾本港的工黨議員邁克爾·丹比應該對你們的到訪有熱情，但是他目前忙於七月二日的再次當選，估計在此前他的確定不容易，不過我會繼續跟進（follow up）。前聯邦國會議員陳之彬、前自由黨州議員維克多·佩頓（Victor Perton）都會有熱情。

紐西蘭方面我有點鞭長莫及，在威靈頓一所大學有一位學者相識，不知是否幫得上忙。

秦晉　敬上

五月二十三日

　　後又根據香港和澳洲的選舉時間重新將李、陳澳、紐之行確定在十月間，墨爾本是李、陳首訪城市，因此委託前澳洲聯邦參議員陳之彬先生代為安排相關事宜。

　　尊敬的陳之彬先生：您好。

　　別來無恙。

　　上次墨爾本一見轉眼快兩年了，白駒過隙啊。

　　我從去年開始在雪梨大學讀博士學位，所以這個郵箱是學校的。

　　有一事相煩。香港著名大律師李柱銘先生和前香港布政司司長陳方安生將於十月份來澳洲，將在墨爾本停留二至三天。請問陳先生是否有哪個機構可以推薦李、陳二位就香港問題發表演講。

　　我對墨爾本不熟，此事也許您陳先生最駕輕就熟。

秦晉　敬上

六月十一日

　　尊敬的秦晉博士（馬上是！），您也好。

　　我想主流社會比較更適當這兩位。我試試看。

再聯絡。

陳之彬

六月十一日

李柱銘大律師：

　　相信您已經收到了從我這裡發出的以及雪梨大學發出的邀請您和陳方安生十月十三日雪梨大學演講的邀請函。

　　墨爾本方面尚未有進一步進展，但是畢竟時間還早，還有三個多月的準備時間，我們這裡一定會妥善安排的。基恩教授這些天在臺灣，下週返回澳洲。他的機構給了我墨爾本大學一個機構的聯繫方式，也許那家機構會是一個比較好的演講地點。當然我還要繼續等候陳之彬先生回覆。

　　現在澳洲在大選期間，在大選結束以前聯繫聽證會和會面等事宜不是恰當時間，等七月二日大選結束後我們再行聯繫安排。

　　這幾天澳洲政壇把南中國海的摩擦列入大選的議題了，反對黨直言若贏得大選將支持美國依據國際法浚通國際航道，也派軍艦巡弋那個地區。前澳洲駐美大使接受訪談發表相同觀點。

　　可以感知，以美國為首的西方開始從過去四十餘年對北京政策的錯誤有所醒悟。北京過去二十多年的良好國際環境不再，曾經的良好國際環境極大地助長了北京專制，使得北京在存亡絕續的關鍵時刻得到了又二十多年壽命。但是形勢在變，香港民眾認清了北京，不抗命不會有民主。臺灣政黨輪替，相比較馬英九不利於北京。美國認識到對北京的一廂情願落空了；澳洲兩邊取巧，安全仰仗美

國，經濟維繫中國，而中國的經濟眼看就要「硬著陸」，澳洲在中國下注的紅利將不再，安全仍然需要美國，所以在南海問題上選邊了。

對於西方政客，我們與之純講道義和價值，他們不會認同，除非是高瞻遠矚政治家。如今時候是到了，習近平為維護共產黨少數人私利，對內繼續堅持專制獨裁，對外挑戰現有的美國主導的國際秩序，就是自尋了斷之路。這也許可以給了追求民主自由的歷史機遇。您與陳方安生為香港的前途，遊說南太平洋英聯邦國家、原英屬殖民地將一定會產生您預期的效果。今天澳洲反對黨拿中國問題說事就是一個先兆。

班門弄斧，還請寬宥。

秦晉　敬上
六月十七日

陳之彬先生：

歡迎來雪梨。

前不久澳洲一個微信（WeChat）群裡還有人評論澳洲從政華人，您獲得的評價最高。我通常在微信群裡默默不語，僅僅旁觀，未參與評論。您離開澳洲政壇已經多時，相信仍然活躍於社區，多年來在澳洲華人中留下了極好的口碑。既然難得來一次雪梨，還真希望您能撥冗與雪梨的朋友們見見面，大家都一定會很高興的。如果之彬先生能夠與夫人協議擠出一點時間，我可以組織安排一下雪梨的作家、藝術家們以及關心澳洲社會和中國政治局勢的跟您聚會一下。

我週末做兩天工，週一到週五攻讀博士學位。我現在開始做的論文是《大中國的社會運動》，其中包含「中國民主運動、自由西藏運動、臺灣獨立傾向、維吾爾人的抗爭運動和中國改革開放以後的信仰變化」，也就是北京所指控的「五毒」。

這次煩勞您安排李柱銘、陳方安生等香港來訪者澳洲、紐西蘭活動的墨爾本一站，非常地感謝。他們的首站是墨爾本，暫定抵達日期為十月九至十日；第二站坎培拉，十月十一至十二日；第三站雪梨，十月十三至十六日。然後飛往紐西蘭。我的理解是李柱銘與陳方安生為了香港的前途奮力遊說英聯邦、原英國殖民地國家澳洲和紐西蘭，所以關鍵是坎培拉的國會聽證會和高級會談（總理、外長、反對黨領袖和影子外長等）。在墨爾本的公開活動可能就是十月十日星期一的時候。在我能夠預計考慮到的計畫裡面，墨爾本一場公開演講，約翰‧費茲傑羅（John Fitzgerald）教授的斯文本科技大學（Swinburne University of Technology）應該是一個好場合。十一日和十二日安排在坎培拉，除了安排上述的聽證會和會談，還爭取在澳洲全國新聞俱樂部（The National Press Club of Australia）進行一場演講，所以安排兩天時間。十三日已經定下在雪梨大學舉行一場公開演講會，十四日一場華人（以香港華人為主）演講餐會。

居時恰逢一個「民國回歸」國際研討會將在墨爾本舉行，他們的會期是十月八至十日，旅居美國著名歷史學家《誰是新中國》一書作家辛灝年教授將前來墨爾本。不知道您是否有興趣和時間出席觀摩，我有興趣安排一個餐聚

會面。

　　再次懇請之彬兄撥冗，我很希望將不久未來的一些具體操作和心得與您分享一下，也可得到您的指教和提攜。

　　祝雪梨之旅順心如意。

　　　　　　　　　　　　　　　　　　　　　秦晉　敬上

　　　　　　　　　　　　　　　　　　　　　六月二十四

李柱銘先生、陳方安生先生：你們好。

　　澳洲聯邦大選於七月二日舉行，但是雙方勢均力敵，都沒有達到獲得七十六席執政的席數，估計重蹈二〇一〇年覆轍，有一段時日才能見分曉。無論如何，若聯盟黨勉強組閣，執政的一面倒優勢將不復存在；若工黨在今後的計票中勝出，也將因為一到兩席之差而執政艱難。

　　從現在起，你們聯袂走訪澳洲、紐西蘭的安排我這裡可以著手具體進行了。

　　你們澳洲之行之重，在於坎培拉的國會聽證會和與澳洲政治領袖的會面。根據今天查看的資訊，澳洲聯邦國會會期仍然維持不變（十月十至十三日），這樣就可以繼續現在達成的日期上的共識進行安排，十月十一日和十二日兩天安排在坎培拉為好，給足澳洲政府和政治人物時間，安排聽證會和會談。星期四往往都是議員離開坎培拉回自己所在選區的時候，所以不安排這天的活動。

　　十月十日星期一是你們到墨爾本唯一的一天工作日（business day），只能留給墨爾本你們做公開演講活動的時間。

擬準備近日聯繫澳洲前外長伊文斯，他離開政壇以後擔任了包括聯合國在內的多個國際組織的重要職位，現在長住墨爾本。

坎培拉活動，計畫兩天（十月十一日和十二日）：

（一）香港問題聽證會（聯盟黨、工黨、綠黨、和新近選進國會的上下兩院的議員）。

（二）與澳洲政治領袖會晤（政府總理和外長、反對黨領袖和影子外長、綠黨領袖和外交發言人）。

（三）澳洲全國新聞俱樂部的演講（已經發函聯繫了）。

雪梨活動：

十月十三日傍晚，雪梨大學演講（the Sydney Democracy Network, Sydney Ideas）。

十月十四日晚上，雪梨華人公開演講。

前澳洲駐香港總領事Jocelyn Chey（中文名：梅卓琳，現雪梨大學客座教授）也希望能夠邀請你們去澳洲外交論壇做一場演講。從時間上看，只有十四日的白天。

與澳洲主流媒體安排你們接受訪談還未開始，我想應該等其他事項的落實有了眉目以後再進行不遲。

附上我發出給澳洲全國新聞俱樂部的信函，請查看是否信函的行文有不符合你們出訪澳紐初衷的意味。如有的話，或者需要加強的話，敬請指出，以便接下來發函給其他相關受函方時候補正。

而如果你們能夠在十月八日星期六到達墨爾本的話，次日以華人為主體的（尤其是原香港移民）的公開演講也

是可以進行的，事實上在這些天（十月八至十）還將有一個國際論壇在墨爾本舉行，與會者是來自澳洲各地、北美和港臺的研究中國大陸憲政問題的專家學者。

秦晉　敬上

七月四日

由於陳方安生刻意與民運保持距離，李柱銘也在七月中正式知會了我，我從李、陳澳紐之行的協調人的位置上退下，因此不可能在李、陳首站墨爾本時候安排具體的事宜，只能委婉地通知並希望陳之彬代勞主持。

陳之彬先生：您好。

李柱銘、陳方安生等訪問澳洲首站是墨爾本，十月八日抵達。

十月九日星期天中午可以舉行一個以華人為主的午餐演講會，您可否以您的名義做主持人？具體動員和出資我會動員墨爾本當地的民主人士做。

十月九日晚上由前外長伊文斯做東宴請請李、陳。

十月十日星期一是公共論壇（無論是大學還是類似雪梨學院的論壇），是白天還是傍晚由您聯繫安排結果來定。當天插一個媒體的訪談，邁克爾·丹比建議找謝里丹（Greg Sheridan）做。

十月十一日他們飛往坎培拉，Secretary of Joint Standing Committee on Foreign Affairs, Defense and Trade已經回覆我在十一日和十二日這兩天安排聽證會。

我把自擬的他們活動程序發給您過目。

希望盡快得到您的回覆。

秦晉　敬上

七月二十一日

陳之彬先生：

謝謝您的來函和提出的問題。

今年一月我去香港拜會了李柱銘先生，初步商談他訪問澳洲事宜。大約一個月後他確定來澳洲。我理解他來澳洲的目的是國會聽證會，談香港問題。所以選擇來澳洲的日期必須是國會會期。傑拉德‧漢德森很願意為李在雪梨學院舉辦演講會。但是時間上太緊急，國會方面聯繫來不及。以後李通知我他將與陳方安生一同訪問澳洲，我即刻告知傑拉德，傑拉德頓失興趣，是何原因我不知道。雪梨大學雪梨民主網的基恩教授熱情很高，遂決定大學邀請，訪問時間是五月份，並且考慮出資。但是Helen提醒我由於提前聯邦大選，五月份下旬將休會。我根據Helen的提示建議李推遲來訪時間，可以安排在九月中。最後李因為香港九月選舉而確定十月訪問澳紐。我原本的考慮他們訪問坎培拉和雪梨兩個城市，但是李要求加上墨爾本。因為行程安排上墨爾本只有十月十日一天是工作日，而十一日必須前往坎培拉，所以才有了他們十月八日星期六抵達墨爾本的計畫。十月九日星期天只能對華人活動，而且有「民國回歸」議題的國際研討會，所以我才考慮當天的一個午餐會，與會的世界各地學者和民運人士自然有熱情出席聆聽李、陳的演講，而餐會的主持人邀請您擔當，則對

李、陳等香港人來說就有了場面、體面和情面。

七月中李柱銘先生與我通話，表示由於我作為主要的聯絡人的中共反對派色彩偏重，希望換一個比較學術化的人物來形式上取代我。我當即非常樂意地接受了李柱銘、陳方安生的調整，並把我已經完成的聯絡工作移交給了現在的聯絡人羅賓·菲茨西蒙博士（Robin Fitzsimons）。我一式三份將我草擬的活動安排給了李柱銘先生、羅賓·菲茨西蒙博士以及您。而且表明這個活動安排是草案，完全可以而且應該根據實際情況進行調整和修改。

現在活動安排正在調整我提供的活動安排。先前您發給我的關於斯文本大學活動的郵件我即刻轉發給了李柱銘先生，這屬我應該繼續盡力的善後工作了。我已經初步聯絡妥伊文斯前外長會面和國會聽證會事宜，都已經第一時間轉交給了李柱銘先生，包括活動安排。由於李柱銘、陳方安生比較忌諱與中共反對派交往密切，而我在墨爾本的關係又幾乎清一色民運人士。我原來的午餐會設想就不會繼續推動了，所以敬請您放心，這個活動應該等於取消了。相信羅賓會在這個時間段有其他新的安排。

大選前我沒有找邁克爾·丹比，估計他忙於選戰，無暇顧及。選後我聯繫了邁克爾·丹比，他建議我在墨爾本謝里丹進行媒體訪談，所以列在活動安排裡面。

李柱銘先生表示他們將十月八日抵達墨爾本。羅賓·菲茨西蒙博士告訴我他們一行將自行解決飛機航班和住宿等問題，也許李柱銘先生在墨爾本也有類似羅賓·菲茨西蒙博士這樣的朋友。因為他們比較在意與中國民運人士保持一定距離，我就不可自作主張安排墨爾本地區的朋友來

協助他們了。

　　同樣在雪梨，我只能自己出席雪梨大學的演講會和何沈慧霞籌備的餐會，而不能邀請其他關心香港命運與前途的中國大陸民運人士共襄盛舉了。這是我現在面臨的小小尷尬。

　　陳之彬先生，我非常感激您於我的理解和支持。這個變故給您帶來的困擾，我向您深表歉意。不過李柱銘先生和陳方安生先生能夠聯袂訪問澳洲和紐西蘭，向這兩個英聯邦國家陳情，期望引起國際社會對香港前途的關切，應該被視作為他們運用自身的國際影響力為香港再盡最後的努力，值得今後人們敬重和回憶的。他們澳紐之行，不論對香港形成何種效應，以他們古稀之年繼續努力，應該說他們盡心了。他們是為香港，我則為中國，香港已然中國一部分，香港的任何獲益，都有助於中國。因為我持這個想法，對於李柱銘先生河中易騎犯兵家大忌之舉始終坦然，只要他們覺得對他們有利就行。

秦晉　敬上

八月三十日

　　我同時也放棄了原來準備把中國民主論壇二〇一六年度的研討會安排在李、陳來訪同期舉行的想法，轉而努力積極推動論壇會議安排在美國紐約舉行。九月下旬啟程前往美國紐約主持中國民主論壇在那裡舉辦的會議。在洛杉磯短暫停留的時候，收到了李柱銘先生的郵件，希望幫助他們聯絡安排在紐西蘭的活動。未有任何耽擱，馬上通過郵件向紐西蘭的陳維健求救。深知已經不可為了，只是死馬當作活馬醫。

老陳（維健）：

　　李柱銘一行將走訪紐西蘭，能否緊急協助聯繫國會安排香港問題聽證會和政府首腦會談？

秦晉
九月二十四日

秦晉兄：

　　昨天與丁強碰面，談起此事，覺得有點搞笑。以李柱銘這樣的人物，到紐西蘭自然有香港立法會與紐西蘭的議會官方渠道安排。小丁一個割草的，我一個無業遊民且是不會英語的人，如何有能力有關係去做這樣的官式訪問安排。當年報社在，還可以勉強以媒體的名義去通風報信，此也今非昔比。

　　祝美國會議成功！

維健
九月二十四日

維健兄：

　　皇帝嫁女有愁時。李本來與我約定訪問澳洲，我只設坎培拉、雪梨兩個城市。李後來擴大範圍和規模，搬來了陳方安生，希望同時訪問澳洲、紐西蘭兩個國家，澳洲加上墨爾本。我是他們澳紐行澳洲聯絡人，我問過李紐西蘭需要何人擔任聯絡人。李沒有回答我，我也就不再過問。

　　可見你們想像他們這號人在紐西蘭應該有聯絡人就是想當然了。我替他們規劃好了行程和拜會對象，李來電告知陳對我的色彩很忌諱，要求換掉我。我立刻接受，真的

沒有絲毫怨氣。我知道他們河中易騎是錯誤的，但是我沒有告誡他們，也不能告訴他們，因為這樣反而會引起「酸葡萄」聯想和反應。

直到約四天前我才知道他們替換我擔任聯絡人的澳洲博士居然幾乎原地不動，我出於同情理解他們的困頓重新幫助他們聯絡澳洲方面，但是由於我已經在去紐約的路上，估計時間上來不及了，我也很難幫他們解決難題。紐西蘭方面更是困難，所以死馬當作活馬醫試試看。你們若接手，也不見得能完成，但是可以作為一個嘗試，說不定以此可以打開紐西蘭民運外交的通途。若不成功，也無損害，反而為李和香港盡了力。這是香港和大陸民運之間的一個互動，香港欠大陸一個人情。

幾小時前澳洲的香港小夥子告知了我澳洲的聯絡在我的努力完成的項目以外幾乎原地不動。是陳方安生刻意與中國民運保持距離，這惡果他們只能自己吞食。

我不想笑話他們，還是盡量幫助他們，所以在旅途中見縫插針知會你們嘗試一下。你們若不願意，也沒有關係。我們都是沒有可值得責怪的，是李、陳他們自我耽誤。

秦晉

秦晉兄：

不是不願意，而是實在無能力，維明在時尚可，他在紐西蘭主流社會有口碑，他去美後，我這個英文當然無從說起。小丁一介鄉村野夫更是和主流社會從來沒有任何接觸，你說的那個劉建平也是同樣。如果李、陳外訪要我輩

聯絡官方，當氣數已盡。就我所知，香港各類半官方，與民間的團體在紐大把的，沒有為他們聯繫可見一斑。

維健

　　這個時候我自己也是自顧不暇了，人又在旅途中，重心不敢偏移，把自己在紐約會議做好是最要緊的事情。十月五日紐約會議結束後就匆匆返回了澳洲。

　　李柱銘、陳方安生走訪澳紐後面的事情怎麼安排的，我不知情，只知道澳洲總理沒有與李、陳會見。從另一方面得知澳洲外長在安排好時間未與李、陳會面，隔日由於時間緊迫，表示大約只能會談幾分鐘。我聽後不禁慍怒，直接短信聯繫李柱銘，建議放棄與之會談。推斷李柱銘、陳方安生對澳洲政府給他們的不熱情接待不會高興，當然李柱銘沒有接受我的建議，還是與外長進行了會談。十月十三日傍晚去李柱銘、陳方安生在雪梨大學的演講會，我遲到一些時間，聽說主持人梅卓琳在開場的時候代表李、陳讚揚了我在他們澳洲之行所發揮的作用。演講會後冷餐會上，李柱銘告訴我澳洲外長後來還是與他們會談了半個多小時。之後李、陳繼續前往紐西蘭，紐西蘭政府更是以北京馬首是瞻，原定與副總理的會談被突然取消了。我對李、陳澳洲、紐西蘭之行成效有限感到非常地惋惜。儘管陳方安生對中國民運的偏見而把我摒棄在他們澳洲之行活動具體操作安排之外，把他們如此重大的一個為香港爭取國際聲援的艱難行動交給一個不諳具體操作的人，而導致他們的南半球之行在澳洲部分努力成效銳減而惋惜，但是還是要對李、陳古稀之年，為香港的民主自由不辭辛勞奮力遊說西方深表敬意，深鞠一躬。

之後，紐西蘭來郵件知會了我李、陳在紐西蘭的冷遇遠勝澳洲。

秦晉兄：

　　李、陳兩位來紐，由奧大一位來自香港的博士安排，得以在奧大會議中心演講，人不多大約三十來個，我帶了五位懂英文的朋友過去，也算是捧一個場子。李柱銘像個棄婦，談來談去當年鄧小平如何如何，現在中共違背承諾，還是希望中共能夠遵守承諾。我的朋友發問，怎麼還把希望放在老共身上。陳方安生我是第一次聽她演講，不愧為大英帝國培養出來的菁英，口才、風度不是一般可言。雖然我不諳英文，只能從音容笑貌感受一二。我的另一個朋友提問，說中共已面臨存亡危機，解決香港問題可以有新的思維。她莞爾一笑說，似有這樣的跡象，希望你們多多為解決香港問題提供思路。

　　這次李、陳兩人深感政治社會的世態炎涼，紐西蘭沒有一個官員出面，也無主流媒體採訪。

　　我無能擔負重託，以上介紹算是一個交代。

維健

十月下旬，估計他們已經返回了香港，再給李柱銘去函表達感佩，祝賀他們為香港七百萬民眾爭取民主自由澳紐之行所取得的成果。也簡短地介紹了我紐約之行的成效和感慨。

李柱銘先生、陳方安生先生：你們好。

　　今天Ian告知了我你們紐西蘭訪問時候原定與副總理

英格利希（Bill English）的會面突然臨時取消了，並且傳來相關的報導。看了幾則報導（八五二郵報、信報）以後，並未發現報導對您和陳方安生有何負面，除多維報導的標題用詞不雅（政治敏感　港民主派二人吃紐西蘭閉門羹），基本還是平鋪直敘。這些報導都突出了一個問題：紐西蘭的軟弱和短視。其實澳洲與紐西蘭相差不大，我認為這些都表明了西方民主國家在短期利益面前的虛偽和貪婪。當今西方世界沒有政治家，只有政客。我的看法就是澳洲總理滕博爾（Malcolm Turnbull）不見你們是能躲就躲，弄個外長出來交差。前年「占中」初始，我就要求澳洲政府站在香港民眾一邊，公開表示支持香港的民主訴求。他們沒有給我答覆，我理解他們已經習慣於屈從北京，整個西方被北京分而治之了。

反觀你們二位，在重新看了相關報導，聽了訪談錄音，更加敬重你們二位，以古稀之年為香港奔走南半球，說話擲地有聲。我喜歡用美國電影《神鬼傳奇》（*The Mummy*）做類比，印何闐（Imhotep）是邪惡的象徵，歐康諾（Rick O'Connell）代表了勇敢無畏，本尼（Beni）代表了貪婪。放到當今紛擾的現實裡面，北京是印何闐，西方就是本尼，而你們就是歐康諾。回過頭來看你們澳紐之行，真正丟失顏面的是本尼，而你們則是名垂青史的歐康諾。再看陳方安生您擔任政務司長時候為香港的堅守，更增添對您的敬意。

在澳洲，你們的活動是成功的，四個層面的活動都完整：澳洲政府和國會、澳洲媒體、澳洲學界、澳洲華人社會。祝賀你們。

我這次在美國紐約主持的研討會應該說也是成功的，但是我觸摸到了一點美國對中國的態度，比較失望。

　　祝願你們身體健康，堅信你們一定能夠繼續為香港的未來做出卓越的貢獻。我可以看到你們具有改變香港獨特的作用，有亞馬遜河上蝴蝶展翅造成阿拉斯加一片鵝毛大雪的蝴蝶效應。

秦晉　敬上

十月二十四日

另：

　　縱觀這次由我和中國民主論壇主持的紐約會議，還是留下了不少遺憾。首先是會議舉行地美國的態度顯得十分曖昧。客觀地說中國民主運動的海外部分與美國政府鮮有交匯和互動，對於長期從事推動中國的民主化進程的領袖和組織不在美國領導人的視野之中，印象中只有魏京生先生出獄抵達美國之初的一九九八年與當時的美國總統柯林頓有過一次會面，而那次會面應該屬象徵性禮節性的。

　　研討會最後一天，中國民主論壇與美國智庫「美中關係全國委員會」主席奧林斯舉行了會談，根據會談得知一些美國政府對中國的真實用意和姿態。雖然這個智庫不是美國的決策者，但是對美國決策應該自一九七〇年代以來發揮了巨大作用。最令人沮喪的是他們仍然可以影響美國未來的決策者，他們對於中國的觀點是：中國是否民主是中國人的事情，由中國人自己決定。換一句話也就是說美國對當今中國的專制不加干預，聽任北京統治。可以感知和理解為何美國長期以來一直對中國推動不著邊際毫無

用處的「人權改善」，而不從根本之處改變中國的專制體制。美國的虛偽昭然若揭。

直到昨天，我看到了本地報紙上的一篇關於陳方安生的報導，才算是清楚知道了她在董建華時期為香港的民主和自由所做的堅守，以及她對香港民主做的努力和推動。讀後內心很是不安，如芒在背。我曾因為她未與您一同與邁克爾·丹比共進午餐以及Robin阻止三位香港年輕人參加聽證會時候她的忍讓態度而使得我對她產生了誤解，因而表示過對她的不滿。我想通過您向她表示我誠摯的道歉。我只有這麼做，才如釋重負。

陳方安生先生出生於上海，我則長於上海，在不同的年代曾共飲過一江之水，對她的一種特殊的鄉情鄉誼更是油然而生。黃浦江水培育了許多富商巨賈，但比較少培育出有情懷、有操守的社會活動家。在這點上陳方安生先生可謂做到了極致，因此向她敬禮。客觀地說，您和她都是歷史轉折點上書寫歷史的人。向你們致敬。

十月二十五日

力邀李柱銘走訪澳洲是我的原始想法，採用的是烏鴉喝水的方式，藉香港撬動大陸，雖然是異想天開，總是懷有此想，「寧可永遠不將軍，不可一日不拱卒」。李柱銘接受了我的邀請而使我為此事奔忙，為推動中國的變化，由於陳方安生對中國民運人士的忌諱而使得他們澳紐之行成效銳減，而我也是半年的精力和努力付之東流，只得無奈地感嘆一聲，「我本有心向明月，奈何明月照溝渠」。

二〇一九年六月香港爆發「反送中」運動，我們澳洲雪梨的民運圈的朋友幾乎每次都會參加由年輕香港人組織的集會遊行。年輕香港人對於民運團體的出現表現得很不歡迎，令人錯愕。我就陳方安生和香港年輕人這一相同表現詢問香港記者程翔先生，程翔先生這麼解釋這個現象，叫「政治潔癖」。

第八章　未來展望

民運的困境和瓶頸

耳熟能詳的一句話：「共產黨二十八年得天下，民運快四十年了，連一支隊伍都沒有組成。」

正確理解民運為何一盤散沙，就必須對民運的政治生態要有清晰的認識和梳理。根本原因有如下：

首先是領袖。民運是缺乏一個高瞻遠矚、有正確判斷力、有責任心，又有持久力的領袖。我觀民運近三十年，最能夠接近我認定標準的只有獄中的王炳章博士，其次屬民陣前主席萬潤南先生，其他都與我所認定的標準有很大的距離。民運不同於自由西藏運動，他們有精神領袖尊者達賴喇嘛，所以藏人在尊者的領導指引下可以團結一致。法輪功則有李洪志，學員可以在師父的一聲令下奔赴任何地方。縱向進行比較，可以發現，辛亥革命有領袖孫、黃，俄國十月革命有列寧，中共革命有毛澤東。當代中國民運卻產生不了這麼一位或者一群德高望重、眾望所歸的領袖。

其次是資源。民運沒有資源，民陣沒有資源，許多在民運圈外的人都有往往有錯覺，誤以為民運不做正事，只是內鬥。大錯。

孫中山領導的國民革命有條件獲取海外華僑的支持，故有「華僑是革命之母」之說。列寧發動十月革命是獲得了德國皇帝的巨額支持，而中共從成立那天起就是由莫斯科提供的財政扶持。中共席捲大陸完全是蘇聯的催生和美國的愚蠢，中共當年若

無蘇聯的全方位支持和美國杜魯門當局對中華民國的刻意釜底抽薪，就沒有今天的中華人民共和國這個紅色政權。民聯成立之初獲得了蔣經國的暗中支持，一九八八年蔣經國去世以後就資源漸漸枯竭。民陣成立之初有過曇花一現的輝煌，有過大量的民間捐款，但是老布希當局有意不予天安門流亡者支持。民陣第一年的運作資金高達一百五十萬美元，主要來自非官方的捐贈。以後就銳減，一九九三年華盛頓會議以後到今天據我所知沒有獲得過資源。民運的堅持，民陣的堅守，純粹是一群為數不多人理念的堅守。

第三，民運組織是開放型組織，入門門檻很低，只要表示認同民主自由理念的人都可以加入。民運是一個場，無門無窗無圍欄，自由進出。魚龍混雜、泥沙俱下是必然，民運的對手中共可以不費吹灰之力進行滲透、挑唆、破壞、抹黑，民運被顛覆對中共來說易如反掌。孰是孰非，全憑民運中人自己的判斷力和辨識力。

最為重要的是以美國為首的西方對中國當代民運的背棄。我承認西方對於民運一直維持了低度道義支持，一九八九年事件法國首先接納天安門流亡人士，其他西方民主國家也紛紛緊隨其後，給予提出政治庇護申請的中國人士安全保護。但是民運高潮很快退去，很多高調譴責中共的人士悄然離開了民運隊伍。三十年來不斷有人加入民運組織，但是絕大多數目的不純，推動民運是藉口和幌子，一旦獲得政治庇護以後，能夠繼續堅持留民運中的人士就是鳳毛麟角極少極少。以澳洲為例，堅定不移堅持推動中國民主志向者少得可憐，絕大多數在獲得澳洲政治庇護以後會與民運繼續同行很短一段時間，然後就消失得無影無蹤。

中國民運如同愚公移山，愚公能移山嗎？愚公只是展示了他的意志和決心，感天動地，上天被感動派神仙下凡，把愚公立

志要挖的山背走了。民運所面臨的困境和艱難常為民運以外的人所想當然地誤解，有道是：「看人挑擔不吃力，事不經歷不知難。」

身為民陣現任主席，我深知民陣的現狀，民運的現狀。民運現在還存留的只是一面旗幟，旗下並無多少人。現在的民運實際狀況是無人、無錢，門可羅雀。民運在艱難中守候著，守候著時來運轉。我期盼等待民運會時來運轉，而且不會遙遠。屆時民運一定會順勢而起，重現當年的輝煌。到那個時候，民運門前一定是門庭若市，人頭攢動。民運堅守至今，應該是在無資源、無人員狀態下存活了下來，只有極少數的理想堅守者、矢志不渝者，剩下的堅持者已經發揮到了極致，無可非議。我不接受外界、旁觀者、一知半解者對民運和民陣無根據的想當然的評判。

中國政治變化最關鍵的因素：美中關係

中國的政治變化，有賴於政治機會。翻開近代史，我們看到中共曾經瀕於滅亡的邊緣，因為西安事變而起死回生。中日戰爭進而為中共提供了生存和發展的絕佳機會。中國雖然是戰勝國，但是戰爭打殘了中華民國，通過中日戰爭得到極大發展壯大的中共卻具有足夠的實力抗衡並且挑戰蔣介石的中華民國。中國內戰被視作為美蘇的代理戰爭，我的觀察認為並非如此。其實毛共得到了蘇聯的全方位支持，也還得到了美國的同情和幫助。由於美國杜魯門行政當局對蔣介石實行武器禁運，也變相地幫助中共獲得了內戰的勝利，而將中國推入了共產主義陣營，將中國人民推入共產主義的深淵。

從這個意義上來說，美國對於中國是有虧欠的，它的虧欠就是幫助中共席捲全中國。回過頭來看歷史，看結果，美國幫助中國戰勝了日本的入侵，但是幫助中共席捲了中國。中國亡於日本要遠遠好過亡於共產主義邪惡。中國歷史上亡於外族入侵多次，中國最黑暗的時期是中共執政的七十年的淪落。我去過日本多次，赫然發現，中國古代漢唐文化保持得最完好的地方卻是日本。以後我就對汪精衛有了新認識，他認識到中國寧亡於日本，也不能亡中共。可惜中國偏偏在糊塗美國杜魯門當局的偏頗政策下淪陷給了中共，這是中國民眾最大的悲哀。

而且中共建政以後的七十年間，美國對中共保持著扶持，尤其是一九八九年天安門事件以後繼續保持這一錯誤中國政策。受害者是中國無助的民眾，美國自身也是受害者。不但被迫捲入朝鮮半島的戰爭，數十年後還成為中共崛起以後的挑戰對象。美國這個錯誤中國政策一直到了川普執政以後開始變化。

關鍵時刻關鍵人物的關鍵作為，決定一個國家和民族的走向，決定整個世界的走向。對於中國和世界都具有關鍵意義的有兩個時間點，一九四六年到一九四九年中國走向大轉折時候的三個關鍵人物：毛澤東、蔣介石、杜魯門。蔣介石迂腐，杜魯門愚蠢，毛澤東強悍。毛澤東贏了，把中國推入深淵，把世界推到新的戰爭邊緣。一九八九年中國再次到了歷史轉折點，又有三個關鍵人物：鄧小平、趙紫陽、老布希。鄧小平強悍，趙紫陽軟弱，老布希昏庸。鄧小平贏了，中國因此喪失了政治轉型的機會，共產黨由開放走回封閉，老布希幫助了鄧小平，以後歷屆美國總統都幫助中共崛起，今天構成了對美國的危害，對世界現有國際秩序的新挑戰。

在我的心目中，與中共產生交集的所有美國總統，共和黨總統好於民主黨總統。理由很簡單，民主黨總統無一例外地都是採取優惠中共、禍害中國民眾的中國政策的，從杜魯門到歐巴馬。共和黨總統只有雷根（Ronald Reagan，1911-2004）值得敬仰，因為他有勇氣戰勝了世界的最大邪惡和危害之蘇聯共產體制，雷根對於中國無功有過，但是可以體諒，因為當時世界的威脅是蘇聯。川普不是一個有一貫思想理念的政治人物，他是半路出家的商人，精明能幹，做事果斷有效。從他執政這三年來看，他是第一位開始對中共進行打擊的美國總統，他沒有明確的思想理念要從地球上抹去中共邪惡，但是他的打擊也許可以動搖中共的基礎，從而使得中國得到從中共專制體制下澈底解放的政治機會。

　　對於美國的中國政策，我一直持強烈批評態度，二〇一〇年十二月奧斯陸諾獎頒獎上我巧遇美國眾議員斯密斯（Chris Smith），我直言不諱地向他提出了我對美國中國政策的看法和批評，得到了他的高度認同。更早在二〇〇六年在雪梨會見戈什曼（Carl Gershman）的時候我也是直言不諱。我深知我個人人微言輕，不對美國的中國政策產生作用。就算我的觀點達到了美國官方，我相信美國也不會因為我們中國民運人士警告美國政策錯誤而進行修正。只有當美國一而再、再而三吃盡中共苦頭才有可能進行修正。我感覺美國似乎正在修正，但是我仍然擔憂美國虎頭蛇尾。

　　最大的問題是西方不懂中國的本質，不懂中共的本質，不懂中共的真實意圖，總是一廂情願地理解中國、中共和中共政治意圖。歸根到底，中共就是希望中國權力就是由他們少數人壟斷，有了政權就有了一切。自從很早以前我一直呼籲中國的問題不是人權問題，而是政權問題。沒有政權問題的解決，改善中國人權

的任何努力都是徒勞的。從一九七八年到一九八九年這十年間，中共為了與世界接軌，做出了政治改變的舉措和努力，如果這個勢頭不受阻礙，也許今天的中國已經有初步民主了。但是一九八九年事件是一個分水嶺，中共看到了蘇聯和東歐的變化，從中吸取了經驗和教訓，在政治上嚴加防範，力保政權在握。

而這個時候的美國和西方（無論是政界、學界）由於政治見識短淺，都錯誤地認為經濟的發展可以使得中國擴大自由度而最終走向民主。商界不屬檢討範圍，因為商界唯利是圖，哪裡有利潤，資本走流向哪裡，哪怕掙來的利潤中每一個錢幣都沾滿了骯髒的鮮血，也不是他們良心受譴責的因素。中國的本質是政權的專制，為少數人所壟斷，為少數人攫取其他利益所服務。而西方由於不懂中國，不懂中共，不懂中共真實意圖，而在無知中幫助中共強化它的國家機器，使得中共縱向比較比以往任何時候、橫向比較比世界上任何國家，都更為有效地鎮壓中國民眾的政治反抗。在美國的幫助下，中共更為有效地通過現代科學技術對中國民眾實行謊言欺騙治國，無遠弗界控制和鎮壓。

美國民主黨政客如果不是邪惡，至少是無知，幫助了中共。從一九四五年二戰結束後迄今為止的絕大多數行政當局都在這個錯誤中。尤其是美國民主黨基本就是在無心和愚蠢中戕害中國的罪人。羅斯福、杜魯門、卡特、柯林頓、歐巴馬都在無意中極大戕害了中國人民。他們都有一個共同的錯誤：不認識中共，不認識到中共的邪惡。

中共吸取了一九八九年的經驗教訓，吸取了東歐和前蘇聯的經驗教訓，在美國和西方的幫助下進一步強化，成功有效地馴化了占絕大多數的中國民眾，啟蒙中國民眾覺醒已經是天方夜譚了。中共建政迄今七十年，基本不遭受外部打擊，因此可以從容

不迫地鎮壓國內的政治反抗。

現在的中共窮凶極惡，與中共抗爭是人獸之戰，更是人與撒旦之戰。我已經深深認識到，在這場搏鬥中，我們沒有絲毫勝利的機會。能夠戰勝中共的，整個世界只有美國。「解鈴還須繫鈴人」，七十年前是美國將中共扶持起來，今天也只有美國應該還中國人民一個公道，出手解決中共。二〇一六年十月初，我與美國紐約的美中關係委員會主席有過一個會談，他告訴我，美國歡迎中國走民主化道路，但是不負有責任和義務幫助中國人民獲得民主。如果這個思想代表美國主流的話，那麼美國人的虛偽就顯露無遺，這也不是作為領導世界的美國應該表達的政治理念和思想。前面說過，美國欠中國人民，是美國幫助了中共取得天下，而且中共已經被餵養成了龐然大物，中國人民已經不具備力量去戰勝這個龐然大物。美國不知道及時遏制中共邪惡的壯大，結果就是美國自身被中共吞噬。

當今世界當美國主持正義的時候，正義就存在；當美國放棄正義原則的時候，正義就不存在。當美國與中共沆瀣一氣的時候，世界就墮落。過去的二十多年裡基本上是美國與中共沆瀣一氣的時代，所以這個世界就是一個墮落的世界。二十一世紀就是美國與中共的對壘，究竟是美國戰勝中共邪惡，還是美國願意依附中共專制，是決定這個世界上所有人民幸福和福祉的最關鍵因素。

美國不醒悟，不採取行動，中共可以繼續存在。我相信中國變化的第一推動力在外部，不在內部。就如同牛頓無法解釋天體運動而提出了上帝第一推動力。或者就是上帝真的聽到了受中共邪惡壓迫深重的中國人的哀號，出手解救中國，如現在發生的武漢疫情，也許就是上帝的作為，推動中國民間的絕望和覺醒，從而導致發生大規模全國性民變，推倒中共的統治。如中共能夠挺

過這個關卡，繼續屹立不倒，中國就在共產黨的統治下繼續歲月靜好下去，我也許在有生之年看不到中國的政治大變化，一切到此為止。如果美國採取行動，或者現在的武漢疫情導致中共垮臺，那麼就還有發展，我在此預見以後的發展，就比較有意義了。

極其可能的未來走向

十二月十日是世界人權日，一九四八年聯合國大會上定下每年的這一天為世界人權日。人權作為一個概念，在世界上得到廣泛的接受、認同和推動。我們看到，七十多年來，整個世界的總體發展充分顯示了全世界在人權方面的進步和發展。但是在整個中國，尤其在西藏和維吾爾族，人權紀錄一直惡劣，尤其是自二〇一二年習近平成為中共最高領導人以後，中國的人權狀況急劇惡化，幾乎成為中共建政七十年來惡劣之最。

我們必須清楚，一個國家和地區的人權狀態的好與壞，取決於這個國家和地區的政治制度。也就是說一個國家政治制度，與這個國家的人權得到進步或者遭受踐踏，有密不可分的關係。人權是標，政治制度是本。一個政治民主的國家，沒有大規模的人權迫害之事，因為政府的權力和掌權時間都受到限制。一個專制獨裁的國家，其人權必定是惡劣，因為政府和專制獨裁者的權力不受制約，獨裁者們可以為所欲為。

世界正在光明和黑暗、正義與邪惡生死之戰的轉折點。可悲的是只有很少的人對此有正確認知，絕大多數的世界政治領袖、社會菁英對此迫在眉睫的危險很缺乏正確認知。自冷戰結束以後近三十年，世界又一次走到了十字路口，世界出現了滑向黑暗的重大危機。中共是當今世界罪惡之源，沒有對此清晰的認識，這

個世界就不會安寧。任何與中共和平共處的迷夢，只能給世界帶來最終的滅頂之災。

中共崛起以後不願走民主化之路，反而是力抗潮流走上中共統治世界的新道路，摸索一個新模式。中國內部民間無法形成政治力量推動中國的政治變革；中共利用了美國和西方民主國家提供的經濟發展機會，進一步強化專制政權，同時強化中國的宣傳教育，幾乎控制到了民眾的每一根神經。經過了三十年中共思想意識的強化教育，中國新一代人已經全無三十年前中國人追求嚮往民主自由的家國情懷了。所以寄希望於中國民眾起來爭取民主自由無異於緣木求魚。然而，不屬我可以預知的偶然突發事件也可能改變中國現有格局，甚至一夜之間使得中共轟然倒塌。現在發生的武漢疫情，沒有可期待性，也不在通常可以預知的考量之中。它的出現，卻有極大的可能成為壓垮駱駝的最後一根稻草。

中國未來政治變化動力在外而不在內。在外就是美國的覺醒，而其他西方民主國家的作用可以忽略不計。習近平自二〇一二年全面執政以後撕下了中共韜光養晦的偽裝，迫不及待地要求改變世界規則和秩序，亮劍與美國和西方爭奪世界主導權。引來了美國從睡夢中醒來，逐漸改變對中國的態度和策略。若非習近平的愚魯警醒世界，中共仍然可以繼續扮豬吃虎。所以習近平的出現如同明朝末代皇帝崇禎，自毀長城。從另一個意義上說，習近平是中共的掘墓人，這是中國未來發生政治變化的重要因素，習近平的繼續執政，有利於世界在美國的主導下形成對中共政權的合圍。

中國病毒，中國民運圈自創並且頗為流行的專門詞彙，不僅中國民眾受害，美國和西方也是受害者。中國病毒已經極大地感染了世界，美國中毒極深，美國亟需解毒，而中國人無法自救，

需要外力。現在中國與世界的關係已經到了一個臨界點，西方民主大國不改變中國，中國將改變世界。

　　美國和其他西方民主國家聽到了我們民運吶喊和呼喚，開始直面中共，那就一定會輕而易舉地戰勝中共。中國才能發生政治革命和社會變更，中共在外部合圍和中國政治變更的雙重打擊下中崩潰，中國十四億民眾才能得救，世界才能最終安全。中國的政治轉型無望，中共自身不會進行自上而下的政治變革，只剩下中國發生革命，結束中共野蠻獨裁統治。除此一條路，別無他法。

　　今後中國的政治變化線路應該是美國合圍中共政權，從川普執政的表現，這個趨向十分明顯。中共在外部沉重打擊下發生經濟嚴重下滑，觸發境內民眾風起雲湧的社會騷動。中共在內外受困之下發生政治危機，政權基礎動搖，進一步引發兵變和政治變化，中共一夕之間崩潰，中國出現權力真空。

　　早在很多年前我就有這個預感，因此在二〇一二年五月我專程前往印度拜會達賴喇嘛，向他提出了我對未來中國政局演變的前瞻。我希望中國在未來能夠建立一個相似於美國的聯邦制民主國家，也就是以這個政體來維持現有的國土不發生裂變，現有的各個不同民族能夠繼續保留在這個民主聯邦以內。實現這一政治目標的最重要的前提，就是未來後中共時期的中國需要達賴喇嘛出任類似於英國女王和日本天皇的虛位國家元首，以此來凝聚具有嚴重分離傾向的臺灣和新疆。達賴喇嘛告訴在場另外兩位他親密的人，這是一個正確想法。但是，隨著時間的推移，北京一以貫之保持強悍、傲慢的態勢對待新疆、西藏、臺灣和香港，我二〇一二年與達賴喇嘛對話的設想也隨著時過境遷而不再具有可行性。中國一旦進入後中共時代，建立一個憲政民主統一的聯邦中國的機率就微乎其微了。

更為現實的將是，可能會趁此千載難逢的政治良機尋求獨立建國；新疆地區維吾爾人也會趁此中央權力弱化之際脫離大中國；西藏繼一九一二年獲得獨立建國政治機會後再次獲得民族自決的機會，也會尋求獨立建國；港獨理念者也有機會在港人中間凝聚共識決定是離是合。只剩下最原始的華夏中原人繼續留下來選擇民主還是威權。這是我能預見到後中共時期的中國政治現象。將來後中共時期到來，中國必將分崩離析，而為了擊潰中共而形成的政治同盟也將分道揚鑣，只剩下民運仍會一如既往地在中國的苦難大地上推動民主政治的建設。

我則垂頭默默祈禱，期盼最佳的結果降臨中國。

風雲突變，情勢逆轉

一九八二年初，中國國家足球隊已經在亞太區預選賽得七分和五個淨勝球出色戰績，早早等候以後三支球隊的比賽結果以第二名成績出線入圍當年第十二屆西班牙年足球世界盃賽。不料風雲突變，與中國沒有外交關係的沙烏地阿拉伯有意主場零比五放水紐西蘭隊，打碎中國對進入足球世界盃的希望。

十一月三日的美國總統大選在川普大面領先即將勝出的大好形勢下，六個搖擺州同時停止計票，出現必將載入史冊的離奇拜登曲線，川普的勝選良好前景立刻化為烏有。美國總統大選川普陷於困境，也直接反映到了澳中之間的關係惡化。西方對中共的蠻橫無理一直沒有行之有效的方法，到了川普行政當局才祭出有效武器予以回擊。

美國大選塵埃未定，川普處境艱難，無暇顧及同盟國家遭受中共霸凌。澳洲擔心拜登上臺以後美中關係回擺，中共解困，有

機會捲土從來，而澳洲將不會有美國堅強後盾有力支持，遂主動後退，希望不至於被槍打出頭鳥。澳洲這一放軟，露出破綻，中共便趁勢追殺。

西方的軟弱，以及對中國經濟利益誘惑的貪婪，放棄了西方的民主價值和原則，對中共一昧忍讓，變相地鼓勵了中共戰狼外交在全世界的盛行。今天澳中關係逆轉，根本是美中關係的變化。中共有足夠的力量對西方實行分而治之，獨怕美國，尤其是川普行政當局。整個西方在這個問題上非常弱智。只有川普在位，中共不敢輕舉妄動。中共藉美國大選期間向澳洲發難。澳洲想贏回面子，也想在澳中貿易上迫使中國按照國際準則出牌，這是一件亟需謀略和政治智慧的事情。但澳洲在川普、拜登之間的錯誤表態，讓中共感覺到了澳洲立場不堅定和政治軟肋，自然引來中共把握時機予以報復打擊。中國人看這個問題很清楚，因為中國人懂中共，而澳洲政治人物不懂。沒有了川普，澳洲真正的厄運就來了，希望拜登來維護澳洲利益，那是做夢。在這個問題上澳洲的認知太低，看不清川普和美國民主黨的天壤之別。中共會竭盡全力影響和改變美國大選結果，因為只要川普繼續在白宮，對中共來說就是滅頂之災。

對美國總統大選的結果充滿了憂心，二〇二一年元旦，我發文如下：

> 庚子年僅剩的四十餘天，即將成為過去。
>
> 這個庚子年對世界形成最大影響的有兩大事件：
>
> 前者中國武漢疫情爆發，影響深遠，波及全世界，極大地改變了世人的生活方式，也改變了經濟發展模式，迫使世界經濟發展停滯。

後者美國總統大選，結果至今懸而未決，鹿死誰手尚在伯仲之間。

而後者的發生根本原因還在於前者的觸發。兩者密切關聯，可見北京戰略運用之高妙。

全世界的各類菁英站立一邊，幕後有北京傾一國之力推波助瀾，眾志成城精心謀畫，誓將二〇一六年「僥幸」入主白宮的政治素人川普攆出白宮，讓世界重新回歸全球主義的軌道。

另一側則是誓將釐清選舉舞弊的川普和他的團隊、上億票投川普的弱勢美國民眾和世界各地無選票但在正邪取捨中期盼正義戰勝邪惡的無數世人。

川普的橫空出世不僅對世界滑向社會主義是挽狂瀾於既倒，同時也是改變中國的最大動力。川普本不對改變中國和鏟除中共專制有明晰的認識，但他是自中共建政以來第一位著力打擊中共的美國總統。川普被大選舞弊擊倒，中國之變希望立刻成為泡影。簡化終極目標，反川擁拜等同保共。而美國民主黨一直是中共的最大「貴人」，中共席捲中國得益於杜魯門民主黨行政當局；冷戰後走出危困得益於老布希當局；世界開門揖盜引中共進入世貿而坐大得益於柯林頓民主黨行政大局。

全世界各類菁英正在奮力把世界推向深淵，聯手撲滅絞殺世界唯一扭轉乾坤阻擋他們前行之路的川普。川普的支持者是美國廣大草根民眾，框架內法律維權已經徒然，國會權宜選舉之路基本已被堵死，千鈞一髮，生死一線，只剩華山天險一條路。

為保政權存活，北京超限戰雖然承受了武漢和全中國幾十萬黎民百姓生命喪失以及全國經濟遭受重創，卻已經大見成效，世界經濟停擺了，各國領袖也忘卻了對疫情源頭的追查和索賠；美國未來走向至今懸而未決，遑論繼續對中共的強硬政策。北京加大了對香港的鎮壓，陳秋實、方斌至今下落不明，張展遭受四年監禁。北京惡行更加得心應手，皆因世界燈塔似乎行將熄滅。

　　這次美國總統大選結果決定人類未來的命運和走向。這是最後的鬥爭，正義不一定戰勝邪惡，上帝創造世界，但又似乎放任撒旦橫行（God works part-time while Satan works full time）。誰說「邪不壓正」？一九四九年中共席捲中國大陸，不是以邪壓正？二〇二〇年香港版國安法實施，不是以邪壓正？

　　世界的正邪雙方進入了短兵相接的白刃相逼階段，不日將定乾坤。不在生死存亡中絕處逢生，便在生死存亡中無聲消亡。川普勝出，上帝懲罰邪惡；拜登勝出，上帝懲罰人類。二〇二一年一月六日，美國首都華盛頓特區將見證覺醒的美國民眾如何捍衛美國的價值原則，在澳洲雪梨同日也將舉行支持川普總統捍衛世界民主燈塔的盛大集會遊行，民主中國陣線呼籲世界各地堅持正義對抗邪惡者同日同步給予在美國戰場進行生死搏鬥的美國民眾道義支持！！

　　此役不僅直接關乎美國的前途，也直接關乎中國的未來，世界的未來，人類的未來。

　　一月六日，民陣副主席盛雪來函委婉地表示了她將以個人名

義參加支持川普的活動。我立刻回函如下：

　　民運艱難，民陣艱難。宏觀地審視一下，一月六日看似美國大選決戰日，也是世界光明與黑暗的抉擇日，它將直接關乎中國的前途和方向，也直接關乎民運、民陣的未來。生死路一條，聚散酒一杯。

　　看今天的民運，堅守者為數不算多，我們民陣幾乎是唯一可見在此困苦關頭堅守在國際政治巨大漩渦的風口浪尖，三十餘年的民陣的旗幟尚能維持在硝煙中熠熠生輝，唯我民陣橫刀立馬，向死而生。

　　我們澳洲雪梨今天有「挺川集會遊行」，民陣一定會參加。繼而用改寫〈國際歌〉歌詞最後的複唱段落：

　　　　這是最後的鬥爭
　　　　讓每個人各就各位
　　　　光明、正義、民主、自由
　　　　一定是人類最終目標

　　此役獲勝，民陣將有再整旗鼓光復中原的政治機會。此役不勝，民運也將不久沉落，包括民陣。希望你們加拿大其他民陣人士改變以個人名義參加這次「最後的鬥爭」的決定，而以民陣的名義投入支持美國總統川普的活動。許多民陣堅持者早早就到了美國東部，守候這場「最後的鬥爭」。更有一批民陣骨幹，已經組織人馬遠赴華盛頓參加這場「最後的鬥爭」。

　　最壞的結果也許是：今日一杯酒，明日難重持。

心情緊張如坐過山車

　　我深知，川普勝，上帝懲罰魔鬼；拜登勝，上帝懲罰人類。現在局面是命懸一線，川普為救美國和世界，唯一的路是走林肯（Abraham Lincoln，1809-1865）的路。他手中有克敵制勝的武器，但是迄今懸而不用，時間剩下不多了。川普真要將全世界的前途置於死地而後生、置於亡地而後存嗎？

　　全世界絞殺川普，至暗時刻降臨。民主燈塔從此熄滅，世界開始滑向黑暗深淵。此時此刻才深刻地感悟到，川普是神選之子，二〇一六年一介商人進入美國權力中心白宮，此非神力乎？川普入主白宮猶如獅子闖入狼群，駱駝闖入羊群。神保佑川普四年一路走來，取得了國際和國內的巨大成就。但是川普是政治素人，在應對全世界暗黑力量合力圍剿之際，所有手段和策略，形同政治弱智。神給了權柄，川普不懂得運用，憑一己蠻力戰天鬥地，不理解神的旨意，不使用神給予的權柄，神也愛莫能助。力拔山兮氣蓋世，時不利兮雖不逝。

　　為將帥者，必須自我奮勇，自己承擔重責和壓力赴湯蹈火，而不能仰賴他人為自己火中取栗。川普與彭斯（Mike Pence，1959-）的結局，固然是彭斯的背叛，但是川普不應該倒持太阿把刺向自己的利刃交送到背叛者的手上。川普如空中的流星劃過，為這個黑暗的世界留下了一道巨大的光彩，消失於黑暗之中。世界恢復原先的軌道，繼續在墜落軌道上急速下墜。

　　又突然感悟，川普被絞殺，是否類同耶穌被釘十字架？川普為何不用強力鎮壓叛亂集團，而是一而再、再而三的走在法律框架內，就是讓人心的邪惡徹底地顯現。他雖然被絞殺，卻留下一個燈塔熄滅蒙垢的美國和罪孽深重的世界，等待神的審判。大洪

水、龐貝火山，不都是神對惡人惡世的霹靂手段嗎？疾風暴雨就要來了，默默告慰自己：咬定青山不放鬆，立根原在破巖中。千磨萬擊還堅勁，任爾東南西北風。

最後一戰

我從人的角度看川普，他是誤打誤撞進入白宮的，是政治鬥爭的門外漢。他缺乏明晰的政治人物應該具有的政治理想和眼光，他敵我不分，不清楚誰是他的敵人，誰是他的朋友。川普一直認不清最大的敵人，他最大的敵人實際上是中共專制主義，川普一直到了武漢病毒通過歐洲的後門進入美國的時候才有所領悟。如果四年內擊潰了中共，這次大選不會這般陷入困境。中共比民主黨強大。民主黨是直接對手，但是可以應付；中共也是敵人，也可以擊敗。但是川普沒有策略，完全隨心所欲。兩個強大的對手聯合起來對付川普，川普就岌岌可危了。

冷戰四十年，以西方自由世界完勝為結局。但是留下了一個尾巴，四個共產主義陣營國家依然存在：中國、越南、北韓、古巴。西方本可乘勝追擊，徹底終結共產主義陣營，但是美國總統老布希停止了追擊，放虎歸山。唯中共最具捲土重來的活性和潛力，韜光養晦，用盡計謀，經過三十多年的生聚和教訓，不費一槍一彈，無須登陸美國本土，卻顛覆了美國，完成世界範圍內相近思想理論基礎的共產主義和社會主義的完美結合。川普眼睜睜地看著兩者聯手對他的合圍，卻一直執迷不悟，放棄以霹靂手段擊潰對他的合圍。

無奈的感嘆

　　為何美國總是在歷史重大關頭，不能澈底擊潰世界的罪惡，留下尾巴讓罪惡重新恢復捲土重來？一九三三年蘇聯在西方的排擠孤立下獲得了美國的外交承認，二戰後又幫助中共取得內戰的勝利。經過幾十年的研究考察，發現只有很短暫的時刻，保守主義入主白宮，共產主義邪惡會稍微得到遏制。現在美國即將陷落，美國左翼主導了美國社會，川普在僅剩的時間裡不能以雷霆萬鈞之力擊敗對手，東西方的邪惡聯盟就要結成，世界將進入萬劫不復之地。川普不作為，西方社會主義和東方共產專制將完美的結合，世界走向黑暗深淵。解救世界的最後手段只能是上帝出手，再降大洪水和瘟疫，來消滅世間的罪惡，只留下有限類似諾亞義人重新開始世界新紀元。

　　推特上有幾段推文與我的內心想法完全一致：

　　　　看不出二〇二〇美國大選舞弊，是你的智力問題；

　　　　看出了大選舞弊依然挺拜，是你的道德問題；

　　　　支持一個賊去統治人類文明的燈塔，是你的價值觀錯亂。

　　　　無論美國總統是誰，今後的朋友圈裡只有一種人——二〇二〇年堅定挺川的人。

　　　　他們，價值觀清晰存在，道德觀清晰純正，目標堅定明確，從不騎牆隨風轉舵……

　　　　一月二十日以前挺川普是觀點立場，堅定不移。一月二十日以後挺川普是道德人格，義無反顧。

美國大選爭議從表面上看是川普與拜登爭奪白宮，本質上是川普的保守主義——保護美國自由民主的價值——在與西方社會主義左派和中國共產主義專制聯手的全球主義進行生死之鬥。澳洲的媒體清一色地跟隨美國和西方的主流媒體對川普進行封殺，澳洲政府的表現雖然沒有出重手推波助瀾，但是很顯然稀里糊塗地站在了表面正義實質卻是邪惡的中共和美國民主黨社會主義理想一方。如果川普連任，那麼就不會有中國對澳洲的貿易打擊和中共戰狼外交對澳洲的羞辱。

　　川普的悲劇證明人可以短暫創造奇蹟，但很難真切改變現實！民心可欺，民意可違，立國兩百年的美國已經質變，利益分配逐漸固化，遊戲規則勢如天成，不容任何人攪局。我不禁為川普感到極其地悲憤和無奈。

　　美國的選舉機制也許會修補，也許將無能為力。美國面臨的所有對手和潛在敵人都比美國更黑暗，尤其是中共。通過這次美國總統大選，可以看到中共更有深謀，與川普進行戰術拖延，假以時日，等待美國內部變化。中共充分使用了中國固有的謀略和計策，不惜以苦肉計自傷，巧用美國和西方民主制度的漏洞，對西方民主國家進行了全方位的滲透和控制。可以大膽地推測，這是一場沒有硝煙的戰爭，中共取得了完勝，而美國和西方則是澈底的失敗的一方。

　　世界不能沒有美國，當今人類不依賴美國依賴誰？縱然滿腹悲憤，唯有向天祈禱：願上帝保佑美國，保佑世界。

　　二〇二〇美國總統大選不僅是民主與專制的對抗，更是正邪對決，光明與黑暗的對決，是上帝與撒旦之戰。它已經遠遠地超出了當今世界民主與專制之間的制度之爭，而是人類命運的大決戰。實在不能想像居然上帝允許邪惡戰勝自己創造的世界。拜登

入主白宮，就意味著邪惡戰勝人類文明進步，那就意味著世間的人類已經毀壞，不可救藥，必須是上帝出手重整這個世界。那麼該來的就要來臨，只有靜靜地等待和接受上天對人類的懲罰。聖經《啟示錄》所展示的世界景象將很快顯現。

不得不接受正難壓邪這個無情的現實，為中國的自由與民主奮鬥了三十餘年，眼見等待了並且已經出現的政治機會又瞬間消失了。奈何中國政治演變更加回頭走回了毛澤東時代，香港這顆東方之珠已經蒙塵，臺灣也將實實在在地感受到對岸武力進犯這柄懸在頭頂隨時落下的利劍。歷史進程突然逆轉何時止步，重新轉危為安？我不禁仰望無語問蒼天。

謀事在人成事在天，對此我深信。禍兮福所倚，福兮禍所伏，上蒼引領我一路走來，給過我機會，一次一次地在人生選擇的關口引領我走上正道，雖艱難但也可以通過；也給我設定了界限，何處可通達，何處不可逾越。早年高考成效不彰，但卻推送我早早走出國門，開眼見世界；上蒼之手將我送到人間福地澳洲，雖未相遇祖籍國經濟長浪而弄潮，卻也平安於人間福地執著於母國民眾的最終福祉。眼見得機遇出現，中國即將大變，忽然間機遇遽然遠遁乃至消失，也許此輩參與華夏大地大變革的機會渺茫。此非人力，皆因上蒼造化，足令我有所感悟，我唯有服膺遵從。

血歷史200　PC0989

新銳文創
INDEPENDENT & UNIQUE

1989-2021
——我所經歷的中國海外民運三十年

作　者	秦　晉
責任編輯	尹懷君
圖文排版	黃莉珊
封面設計	蔡瑋筠

出版策劃	新銳文創
發 行 人	宋政坤
法律顧問	毛國樑　律師
製作發行	秀威資訊科技股份有限公司
	114 台北市內湖區瑞光路76巷65號1樓
	電話：+886-2-2796-3638　傳真：+886-2-2796-1377
	服務信箱：service@showwe.com.tw
	http://www.showwe.com.tw
郵政劃撥	19563868　戶名：秀威資訊科技股份有限公司
展售門市	國家書店【松江門市】
	104 台北市中山區松江路209號1樓
	電話：+886-2-2518-0207　傳真：+886-2-2518-0778
網路訂購	秀威網路書店：http://www.bodbooks.com.tw
	國家網路書店：http://www.govbooks.com.tw

出版日期	2021年6月　初版
定　價	420元

Printed in Taiwan

讀者回函卡

國家圖書館出版品預行編目

1989-2021：我所經歷的中國海外民運三十年 / 秦晉著.
-- 一版. -- 臺北市：新銳文創, 2021.06
　　面；　公分. -- (血歷史；200)
　BOD版
　ISBN 978-986-5540-45-6(平裝)

　1.秦晉 2.民主運動 3.回憶錄

782.887　　　　　　　　　　　　　　　110007192